珍藏本
纪念版

汉译世界学术名著丛书

世界历史与救赎历史

〔德〕洛维特 著

李秋零 田薇 译

2017 年 · 北京

Karl Löwith

Weltgeschichte und Heilsgeschehen

Die theologischen Voraussetzungen der Geschichtsphilosophie

汉译世界学术名著丛书
(120年纪念版·珍藏本)
出版说明

2017年2月11日，商务印书馆迎来120岁的生日。120年前，商务印书馆前贤怀揣文化救国的理想，抱持"昌明教育，开启民智"的使命，立足本土，放眼寰宇，以出版为津梁，沟通中西，为中国、为世界提供最富智慧的思想文化成果。无论世事白云苍狗，潮流左右激荡，甚至战火硝烟弥漫，始终践行学术报国之志，无改初心。

逐译世界各国学术名著，即其一端。早在20世纪初年便出版《原富》《天演论》等影响至今的代表性著作，1950年代后更致力于外国哲学和社会科学经典的译介，及至1980年代，辑为"汉译世界学术名著丛书"，汇涓为流，蔚为大观。丛书自1981年开始出版，历时三十余年，迄今已推出七百种，是我国现代出版史上规模最大、最为重要的学术翻译工程。

丛书所选之书，立场观点不囿于一派，学科领域不限于一门，皆为文明开启以来，各时代、各国家、各民族的思想与文化精粹，代表着人类已经到达过的精神境界。丛书系统译介世界学术经典，引领时代思想，为本土原创学术的发展提供丰富的文化滋养，为推动中国现代学术和现代化进程做出了突出的贡献。

为纪念商务印书馆成立120周年，我们整体推出“汉译世界学术名著丛书”120年纪念版的珍藏本，寄望既利于文化积累，又便于研读查考，同时向长期支持丛书出版的译者、编者和读者致以敬意。

两甲子后的今天，商务印书馆又站在了一个新的历史时间节点上。我们不仅要铭记先辈的身影和足迹，更须让我们的步伐充满新的时代精神。这是商务人代代相传的事业，更是与国家和民族的命运始终紧密相连的事业。我们责无旁贷，必须做好我们这代人的传承与创造，让我们的努力和成果不仅凝聚成民族文化的记忆，还能成为后来人可以接续的事业。唯此，才能不负前贤，无愧来者。

商务印书馆编辑部

2017年10月

中译本导言

一、洛维特其人及其思想生涯

卡尔·洛维特(Karl Löwith),一八九七年生于德国慕尼黑,一九七三年卒于海德堡,是汉语学界不太闻名,而在德国和欧美甚有影响的哲学家和基督教思想家。洛维特出生在信奉新教的家庭,其父是颇有名气的画家,洛维特在中产阶级的闲适生活中度过童年和少年时代:其父在慕尼黑市区有豪华住宅,在 Starnberger 湖畔有消暑别墅。洛维特在少年时代就对哲学感兴趣,十三岁开始读康德、施莱尔马赫、费希特和尼采。《查拉图斯特拉》这部被洛维特后来视为充满激情的现代性经典,对少年洛维特的思想触动最大。

第一次世界大战打破了资产者生活的宁静和闲适。洛维特十八岁时参加自愿兵,赴奥地利—意大利前线作战,负过重伤。战后,洛维特进慕尼黑大学学习哲学和生物学,师从慕尼黑现象学小组的主要成员普凡德(A. Pfänder)和盖格(M. Geiger)。其时,慕尼黑正闹共和革命,洛维特觉得这个城市变得“太嘈杂”,转学至弗莱堡大学,听胡塞尔(E. Husserl)的课,并与其时为胡塞尔助手的海德格尔(M. Heidegger)结为知交,在一段时间里,两人曾书信往来频仍。哲学讲师海德格尔引导洛维特研读胡塞尔的《逻辑研究》[①],以及狄尔泰(W. Dilthey)、柏格森(H. Bergson)和西美尔(G. Simmel)的著作。洛维特觉得,在弗莱堡大学哲学系的三年学习(1919—1922),是其求学时代思想收获最丰的时期,在海德格尔思想影响下,洛维特逐渐感触到何为哲学思想的时代重负。

洛维特在盖格教授指导下完成博士论文:《论尼采的自我解释和对尼采的解释》(1923)。毕业后,洛维特面临人生之路的选择:要么进入文化界,加入以诗人盖奥尔格(S. George)为首的文人和学人圈子的团伙性文化活动;[②]要么跟海德格尔去马堡大学深造。一九一九年,洛维特在慕尼黑听过韦伯(M. Weber)的著名演讲"学术作为志业",韦伯拒绝学者充当时代的精神先知和救星,主张持守精神守夜人职分,[③]对洛维特的人生选择有相当影响。他对其时由知识人鼓动的群众政治运动持审慎的怀疑态度,视这些运动为知识人的非理性思想趋向的反映,实际的政治后果是法西斯主义和共产主义社会运动的出现。洛维特选择了跟海德格尔去马堡大学撰写讲师资格论文。在马堡时期,洛维特与加达默(H-G. Gadamer)、克吕格(G. Krüger)和施特劳斯(L. Strauss)结为密友,时常聚会,一起朗读陀思妥耶夫斯基、托尔斯泰的小说,尽管海德

① 胡塞尔,《逻辑研究》,卷一,倪梁康译,台北时报版,1995。

② 关于这个圈子的活动,参上山安敏,《神话与理性:十九世纪末至二十世纪初欧洲的知识界》,孙传钊译,上海人民版,1992,页21以下。

③ 参韦伯,《学术与政治》,钱永祥编译,台北远流版,1991,页131以下。洛维特推崇的德语思想家除韦伯外,是布克哈特,称他为成熟的自由精神的"教育家",在时代精神的错乱中"不疯狂",冷静地独立思想。关于布克哈特思想,参J. Burckhardt,《历史的反思》,施忠连译,台北桂冠版,1992,英译本编者序。

格尔认为这种集体阅读方式是浪费时间。[①]

海德格尔接任胡塞尔在弗莱堡大学的教授职位后，洛维特跟海德格尔再到弗莱堡，在海德格尔指导下完成了对海德格尔的思想路向带有批判性的讲师资格论文：《人的共在中个体的角色》(1928)。随后，洛维特转向社会思想研究，尤其是马克思和韦伯的社会理论。洛维特是新教徒，对基督教神学的现代论述相当关注，尤其是欧韦贝克(F. Overbeck)、巴特(K. Barth)、施韦策尔(A. Schweitzer)和布尔特曼(R. Bultmann)。此外，洛维特对历史思想亦有兴趣，被布克哈特(J. Burckhardt)、特洛尔奇(E. Treoltsch)的问题吸引。

洛维特思想的构成要素是生存哲学(尼采、海德格尔)、历史哲学(布克哈特、特洛尔奇)、社会哲学(韦伯、马克思)和新教神学(基尔克果、布尔特曼)。在获得讲师资格后至一九三三年的几年内，洛维特出版了下列著作：《黑格尔与黑格尔主义》(1931)，《理论与实践作为哲学问题》(1931)，《韦伯与马克思》(1932；英译本，1982)，《十九世纪对基督教的哲学批判》(1933)，《基尔克果与尼采：对虚无主义的哲学和神学的克服》(1933)。这些著作的篇幅都不大，却未必逊于诸多虚实不侔的洋洋大著，显示出独特的思想洞察力。

纳粹执政后，身为犹太人，洛维特流亡意大利罗马，作为洛克菲勒基金会研究员从事哲学研究，一住五年，其间撰有《尼采的永恒复归哲学》(1935)，《布克哈特：这个历史之中的人》(1936)；一九

① 参洛维特，《纳粹上台前后我在德国的生活》，Frankfurt/Mainz，1989，页 64。洛维特在二十至三十年代与德国知识界名流有许多交往，他的这部回忆录具有很高的学术价值。

三八年排犹扩大，洛维特流亡日本，在仙台大学任欧洲思想史教授，其间的主要著作有:《欧洲虚无主义:对欧洲战争的前历史的考察》(1940)，《从黑格尔到尼采:十九世纪思想中的革命性断裂》(1941，随后有英、意、日、法译本；中译本，即出)；此书使洛氏获得思想界的国际声誉。在德国驻日使馆的压力下，洛维特于太平洋战争爆发之前被迫离日，取道北平赴美，在神学家蒂利希(P. Tillich)和尼布尔(R. Niebuhr)的帮助下，到美国 Hartford 神学院教授基督教早期教父思想，著有《世界历史与救赎历史:历史哲学的神学前提》(1949/1953)，《自然与历史》(1951)；一九四九年受聘为纽约社会研究新学院思想史教授；一九五二年，经加达默努力，洛维特返回德国任海德堡大学哲学教授，至一九七三年去世，其间的主要著作有:《海德格尔:贫乏时代的思想家》(1953)，《知识、信仰、怀疑》(1956)，《对东西方差异的观察》(1960)，《从笛卡儿到尼采的形而上学中的上帝、人和世界》(1967)，《瓦雷里(P. Valery)思想的基本特征》(1970)，对德语思想界产生了数代的影响。[①]

---

① 例如哈贝马斯；参哈贝马斯，《访谈录:现代性的地平线》，李安东、段怀清译，上海人民版，1997，页 43。洛维特的思想生平资料，参洛维特的自述，“个人简历”，见氏著《纳粹上台前后我在德国的生活》，同前，页 146—157；里斯(W. Ries)，《洛维特思想评传》，Stuttgart，1992，页 1—24；卢茨(B. Lutz)，“洛维特”，见 *Metzler Philosophen Lexikon*，Stuttgart，1989。《洛维特全集》至一九八八年出齐(Stuttgart/J. B. Metzler 版)，共九卷:1.《人与人的世界:人类学文集》，1981，500 页；2.《世界历史与救赎历史:历史哲学批判》，1983，617 页；3.《知识、信仰与怀疑:出自宗教和神学的批判》，1985，469 页；4.《从黑格尔到尼采》，1988，561 页；5.《黑格尔与十九世纪中哲学的扬弃/论韦伯》，1988，454 页；6.《论尼采》，1987，555 页；7.《论布克哈特》，1984，393 页；8.《海德格尔:贫乏时代的思想家》，1984，298 页；9.《上帝与世界》，1986，421 页。其著作的英译选本有:A. Levison 编，*Nature，History，and Existentialism and Other Essays in the philosophy of History*，Evanston，1966。

虽然个人生活颠沛，洛维特从未中辍思想研究。表面看来，洛氏著述与其所处的社会历史的时代惶惑无甚关系，实则不然。除了生存本体论和认识论问题外，洛维特的著作基本上是近代思想史论述，但却是思想家的思想史论法。无论人物专论还是历史论述，都不是清单式的思想史（某年代某时有某人写了什么，主张什么，像汉语学界一大堆如此通史或人物论），而是带着时代问题的现象学询问，辨析西方近现代思想中上帝观、人观、历史观的嬗变，极于毫芒，以此探究西方现代社会的惶惑旅程的精神根源。

欧洲近几百年的思想嬗变扑朔迷离，究竟问题在哪里？欧洲社会的现代命运与现代思想究竟有甚么关系？时代的思想家躲不开这一问题。思想家式的现代思想史反思有不同的方向，如新马克思主义自由派霍克海默（M. Horkeheimer）和阿多诺（T. W. Adorno）的《启蒙辩证法》（中译本，重庆版，1990）；新马克思主义正统派卢卡奇的《理性的毁灭》（中译本，山东人民版，1988）；批判理性主义者波普尔（K. Popper）的《开放社会及其敌人》（中译本，台北联经版，1985；河北山西高校联合版，1995）、柏林（I. Berlin）的《反潮流》（Oxford，1992）、《俄国思想家》（台北联经版，1987）。洛维特与海德格尔则是现象学的思想史反思方向的代表，就涵涉面而言，海德格尔遽逊于洛维特。尽管洛维特的两部重要著作（《从黑格尔到尼采》和《世界历史与救赎历史》）在英语学界声誉卓著，流传很广，但英美学界一直对他重视不够。[1] 八十年代以来，洛维

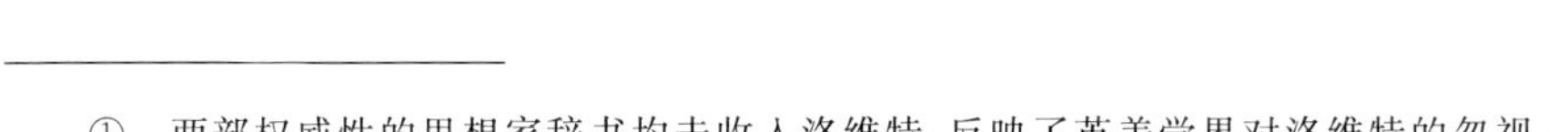

① 两部权威性的思想家辞书均未收入洛维特，反映了英美学界对洛维特的忽视，J. Wintke 编，《现代世界文化词典》，祁阿红等译，江苏人民版，1988；迪瓦恩主编，《二十

特的思想随全集出版，逐渐广为论者称道。

二、现代性与虚无主义

为什么洛维特的思想史辩述主要集中在十八至十九世纪？洛维特生活的时代，自由主义、社会主义和保守主义的思想冲突已演化为实际的社会政治冲突。这些主义论述兴于十八世纪，盛于十九世纪，引导出二十世纪一连串政治事件，连洛维特崇敬的哲学导师海德格尔亦失足其间。洛维特对各种主义论述都持怀疑的观审立场：这种态度促使他审理时代思想中漫为浮论的主义论述的哲学根源。哈贝马斯（J. Habermas）看出，洛维特想要把握现代性与古代性的关联。[①]问题是，致力于理解现代性与古代性的关联，洛维特并非第一人，亦非最后一人。在他之前的大思想家有布克哈特、狄尔泰、特洛尔奇、韦伯，在他之后有布鲁门伯格（H. Blumenberg）和柏林。洛维特的思想特色何是？

洛维特对主义论述的审视态度，尽管受到韦伯激发，主要还是基于其个体心性，韦伯的学问论只是激励其个体心性的外在契机。洛维特的个体心性崇尚精神自由、冷静明辨，不为时代浮论所惑。在他看来，哲学的职分是带着怀疑探询真实，明澈思想的虚实。作为哲学家，

（接上页）世纪思想家辞典：生平、著作、评论》，贺仁麟总校译，上海人民版，1996。由众多当代汉语学界大师“具体指导”并帮助选材的《现代西方历史哲学译文集》（张文杰等编译，上海译文版，1984）和《现代西方史学流派文选》（田汝康、金重远选编，上海人民版，1982），均未收洛文。

① 参哈贝马斯，“洛维特：历史意识的斯多亚退却”，见氏著，《哲学、政治的面相》，Frankfurt/Mainz，1987，页 195。

洛维特自有其关心的基本问题:历史的意义和个体生活的意义。这种询问不是形而上学的,而是历史具体的,即从现代性处境来询问历史的意义和个体生活的意义。就后一问题而言,代表著作应是《基尔克果与尼采:对虚无主义的哲学和神学的克服》,围绕这一论题的论著有《从黑格尔到尼采》、《人的共在中个体的角色》、《知识、信仰、怀疑》、《从笛卡儿到尼采的形而上学中的上帝、人和世界》、《韦伯与马克思》等。这些著作构成了洛维特对现代哲学思想在个体人的生存定位上的困惑的探索。洛维特虽然是一位虔诚的新教徒,但他的思考是哲学的,而不是神学的。作为海德格尔的学生,他充分懂得神学与哲学的思想语法差异:神学和哲学的差别,根本上基于理解生活的方式不同,它们的相遇和分离的土壤不稳定,哲学本质上是怀疑的思辨,与信仰的回答(神学是这种回答)不相干。对基督身上的上帝启示的信仰,是个体性的生存事件,它可能把怀疑领向信仰,却不能以信仰拆除怀疑。哲学的怀疑只能由哲学的明辨之思去解除。反之,以哲学代替信仰,是哲学的僭越。洛维特尖锐批评后期海德格尔哲学,认为这种哲学遁入一种漂浮的宗教语态和情态,以信仰语式引述诗人辞章,以诗化之思代替宗教品质的贫乏。时代精神的贫乏恰恰表现在:思想家们不能也不愿再去区分何为单纯的意见(doxa),何为真确的知识(episteme),何为真实的信仰(pisti)。这种哲学思想趋向,无助于克制时代的虚无主义精神。[①]

① 洛维特,"现象学本体论与新教神学",见刘小枫编,《生存神学与末世论》,李哲汇、朱雁冰等译,上海三联版,1995,页 79;洛维特,《知识、怀疑、信仰》,Göttingen,1956,页 5 及页 7 以下;洛维特,"语言是人与世界的中介",见氏著,《历史的生存批判文集》,Stuttgart,1966,页 208 以下。

从哲学上思考现代人的生存意义，在洛维特看来，基本问题是克服虚无主义。著名政治思想史家、洛维特的同学和友人施特劳斯看到，《从黑格尔到尼采》一书的主题是，想要厘清欧洲虚无主义，尤其德国虚无主义出现的思想逻辑，即以歌德和黑格尔为代表的人本主义如何蜕变为以荣格尔(E. Jünger)为代表的虚无主义。[1] 完成教职论文以后，洛维特基本上离开了哲学的直陈式论述，展开近代思想史的现象学辩述。他注意到，自黑格尔的绝对精神之后，费尔巴哈、马克思、基尔克果、尼采都提出了不同的人论，即便像韦伯这样的主张价值中立的社会思想家的学说，亦以其关于人的理念为基础。[2] 尼采是现代人观转变史的关键，是完成者和预言者，开启了西美尔、舍勒(M. Scheler)、克拉格斯(L. Klages)、雅斯贝尔斯、海德格尔乃至戈倍尔(Goebbel)等形形色色的人物的思想。洛维特花费了几十年时间与尼采的"查拉图斯特拉"的幽灵纠缠。洛维特以为，尼采思想力图克服虚无主义，其永恒回归论复兴了古希腊循环的宇宙形而上学，对抗近代的进步论历史哲学，抵制直线性的历史意识。但尼采的自我永恒意志论的实质仍是替代基督教的不朽信仰论，是现代意识的自我欺瞒的表征。

比较一下施特劳斯与洛维特的问题意识是有益的，俩人有相

① 参施特劳斯，"洛维特"，见 *Social Research*，4(1941)，页 512。

② 布特默尔(T. Bottmore)看到，洛维特辨析马克思与韦伯的穿透力在于他对两者学说的基础(人观)的透析。参洛维特，《马克思与韦伯》，London，1982，英译本序，页 10 以下。

同的精神关怀和学术思路：通过审理思想史与虚无主义争斗。[①]不同的是，前者致力于审理政治思想史，后者致力于审理历史观、上帝观及人观史：前者想恢复斯多亚的自然法理念，后者想恢复斯多亚的自然理念。《世界历史与救赎历史》与施特劳斯的《自然权利与历史》双峰并立，同为近代思想史经典之作。以这部著作为顶峰，洛维特撰著了好些关于历史思想的论著。重新解释人类社会的历史，是近代思想史上的重大事件。虚无主义的问题意识定位于人观和上帝观的嬗变，但在洛维特看来，这些观念的嬗变与历史观的嬗变相联系。现代历史观是启蒙思想的坚核，在德国哲学思想的近代发展中，一直处于核心位置：从赫尔德（Herder）的人类历史观、黑格尔的精神历史概念、马克思的唯物历史观到尼采、海德格尔的生存历史观，形成了德国哲学的基本论述传统。[②]洛维特认为，"转向历史思想并不只是历史的唯物论（马克思）或形而上学的历史论（黑格尔）的专利品，而是黑格尔和马克思之后所有（德国）思想的特征。历史哲学的出现，表明思想已不再信赖自然宇宙

① 关于施特劳斯的思想，参克洛赛（J. Cropsey），"施特劳斯与政治哲学史"，见施特劳斯/克洛赛主编，《政治哲学史》，李天然等译，河北人民版，1993，下卷，页1072—1112。亦参洛维特与施特劳斯讨论尼采虚无主义的书信，见 *Independent Journal of Philosophy*，Vol. 516，1988。

② 赫尔德的历史哲学思想，参古留加，《赫尔德》，侯鸿勋译，上海人民版，1985，页57—108；康岑巴赫（F. N. Kantzenbach），《赫尔德傅》，任立译，北京商务版，1993，页76—83。从康德到黑格尔的德国历史哲学的发展，参李秋零，《德国哲人视野中的历史》，北京中国人民大学版，1994；布尔（M. Buhr），《理性的历史：德国古典哲学关于历史的思考》，王步涛译，北京社科文献版，1992。对黑格尔历史哲学的细致研究的汉语论著，为李荣添，《历史之理性：黑格尔历史哲学导论述析》，台北学生书局版，1993；亦参薛华，《黑格尔对历史终点的理解》，北京中国社科版，1983。

的理性或上帝之国，而是信赖时代精神、'未来之轮'、'历史的命运'"。[①] 可是，进步论的启蒙历史哲学是否能给个体人生提供依持，给人类社会提供指引，是大可置疑的。如果想从历史哲学中获得个体人生和人类社会的方向，就像把船驶入迷雾中的波涛。近代历史哲学的核心，是以历史的进步观取代了古代的世界秩序观念，这一进步概念恰是虚无主义的基因。洛维特早年的哲学人类学研究以及对近代思想中人观嬗变的分析，现象学地还原到对历史哲学的审理，以便弄清近代思想究竟在何处失足。

现代性与虚无主义的关联因此是洛维特思想的基本问题意识。虚无主义就是时代精神，它的另一种表述法即现代性思想危机。这一危机体现在政治思想、哲学思想和神学思想三个层面，其症候性思想家分别是马克思、尼采和基尔克果。洛维特的思想论题（人观和历史观）基本上在政治思想（主要定位于历史思想）、哲学思想（黑格尔、尼采、海德格尔）和神学思想（近代新教）这三个方维交织地展开，《世界历史与救赎历史》一书呈示的正是这种三重交织的透视。

三、从历史人义论到历史神义论

洛维特流亡美国后在 Hartford 神学院执教，利用这一机会研究早期基督教思想。清理现代历史哲学的思绪一直盘桓在他的脑

---

① 洛维特，"马克思主义与历史"，见 *Neue Deutsche Hefte*，7（1957—1958），页876以下。

海里，由此产生了这部洛维特最广为学者引述的副题为“历史哲学的神学前提”的论著。[①]

这部著作的宗旨很容易引起误解，最常见的误解是把它看作为基督教的历史观辩护。此书的论述方式增强了人们的这一印象，从现代回溯到圣经的历史观。如果只是为基督教的历史观辩护，该书的思想意义相当有限。对于时代的思想课题来说，重要的是理解现代思想是如何发生的。洛维特个人的基督教信仰并不需要通过这种历史哲学的慎思来表达，作为哲学家，思想的使命是辨析时代的思想难题。在“绪论”中，洛维特解释其“回溯”的思想史方法时强调，他并不要“通过想象跳回到原始基督教”，而要“把‘历史哲学’这个复合词分析还原为其原始要素”。因而，此书的论述意义当从自狄尔泰以来反思历史主义的问题史来看待，恰切地说此书的基本意义乃是对历史主义的现象学批判。[②]

《世界历史与救赎历史》以回溯的思法探究近代历史哲学的形成。近代西方的社会历史是一个世俗化过程，近代历史哲学论述与之相应，则是一个历史思想的世俗化过程。从这一意义上说，该书的主题是解析西方历史思想的世俗化过程。洛维特提出的基本论点是：作为历史思想的世俗化的现代历史主义并不是在十八世纪才出现的，中世纪后期，对救赎历史的终极目的持末世论圣经信

---

① 参洛维特，“纳粹上台前后我在德国的思想生涯”，同前，页152以下。洛维特先用他并不精通的英文写该书，1949年以《历史中的道义》(*Meaning in History*)的书名出版(Chicago University Press)；德文本于1953年出版。

② 参利斯特尔(B. P. Riesterer)，《洛维特的历史观：对历史主义的批判性探讨》，Hague，1969。关于历史主义的汉语文献，参黄进兴，《历史主义与历史理论》，台北允晨版，1992，页13—116。

仰的历史神学已有近代历史哲学的端倪。[①] 近代历史哲学的思想架构取自基督教历史神学，但颠倒了历史神学的历史道义论，因而是一种反基督教的基督教世界观，因之，以超越此世为目的历史神学滋育了以改造此世为目的的近代历史哲学。依据自律的历史力量创造美好的未来世界的革命论述与救赎此世的希望神学有内在关联，世界历史本身就是世界审判这一格言，源于历史神学的末世论对世界审判者的期待。《世界历史与救赎历史》的书名，明确地标明历史神学与历史哲学的内在关联。

本文无须重述洛维特在该书中提出的具体的分析性论点，需要究明的是，洛维特将近代历史哲学视为反基督教的基督教世界观究竟是什么意思？要究明此意，须细致辨析近代历史观与古代历史观的差异。在洛维特看来，古代时期有两种历史时间观念，古典希腊的循环周期论的历史时间和基督教末世目的论的历史时间，近代历史思想单义的进步历史时间观在结构上类似于基督教的历史时间观。从犹太基督教传统土壤上发展出来的人的神学(eine Anthropo-Theologie)与希腊式世界神学(die griechische Kosmos-theologie)不同：人的神学把世界理解为溶合上帝和人的硫磺(θε ίου)，理解为神的创造(natura ars dei)，即理解为为了人的意愿的世界(Welt umwillen des Menschen)。[②] 基督教的历史理解出现时，人的神学以超世的创造主观念取代了世界之内的目的

① 参斯托尔茨(E. Stolz)，《特洛尔奇对现代世界的解释：近代与世俗化问题》，Hamburg，1979，页42—48。

② 参洛维特，《从笛卡儿到尼采的形而上学中的上帝、人和世界》，Göttingen，1967，页17。

理性，古希腊以自然世界秩序为架构的“历史”（hstoria）随之被改造成天定的（providualen）救赎历史，从而赋予历史以普遍的末世论道义。① 古代历史观的这一转变所系甚大，其主要结果是：历史的自然性生成与历史的道义相分离，历史中失望与希望的交织激起的道义问题被转移到末世的未来，并从超世的维度来获得解答。基督教的末世信仰要求从可见的外部世界转向自我，建立与上帝的内在性关系，从基本取向上更改了对人的生存在世的历史的感受方式。② 在洛维特看来，基督教的超验历史观对希腊的自然性世界历史观的否弃，为近代历史哲学观的形成埋下了种子。从理念类型的角度说，西方历史观有三种不同的类型：古希腊的、基督教的和近代的。把握这三种历史观类型的差异，对下面要讨论的问题至关重要。

古希腊历史思想的基础是自然本体论，基督教历史思想的基础是神-人主体论，两者构成了欧洲历史思想发展的内在张力：融构了从奥古斯丁、约阿希姆的历史神学到黑格尔和马克思的历史哲学的嬗变动力。无论欧洲历史观如何变化，在洛维特看来，欧洲历史思想的结构都是受希腊-基督教思想规定的。近代历史哲学

① 参洛维特，“基督教与历史”，见西北历史学家协会编，《基督教与历史研讨会文集》，Dusseldorf，1955，页 9—14。洛维特的论点与现代新教神学中的历史观（欧韦贝克、施韦策尔、维纳[M. Werner]、库尔曼[O. Cullmann]）相关。参悌姆（H. Timm），“洛维特与新教神学”，见 *Evangelische Theologie*，27（1967），页 573—594；悌姆，“热爱命运？洛维特论基督教与异教”，见 *Neue Zeitschrift für systematische Theologie and Religionsphilosophie*，19（1977），页 78—94。

② 参洛维特，《从笛卡儿到尼采的形而上学中的上帝、人和世界》，同前，页 26 以下，页 177。

就其想在现世历史中实现旧约的终极救赎历史而言，是基督教式的历史观；但就近代历史哲学把《圣经》中的末世期待和预定信仰转换成现世历史的未来式进步意识而言，它又是反基督教的。[①]近代历史哲学以基督教的末世论精神重拾希腊的自然历史旨趣，本来不具道义问题的历史，如今有了历史中的道义问题，而历史中的道义问题又不是像历史神学那样在历史之外，而是在历史之内。基督教的末世论历史观是超世取向的，近代历史哲学将此取向扭转为现世的（希腊式的），因此是基督教历史观的此世转化（世俗化）；反过来说，近代历史的世俗化表现为，近代哲学的历史观把基督教的末世论历史观改写成进步论的现世历史观。重要的是，没有末世论历史神学，也就不会有现世进步论的历史哲学。现世进步论的历史哲学的开端因此是约阿希姆的历史神学，这就是为什么洛维特一再强调约阿希姆的原因。[②]

由此看来，历史观世俗化的深层含义是：历史的道义不再由超世的上帝之义（神义论）来负担，而是由现世的人之义（人义论）来负担。历史中的道义问题尤其与人世中的苦难问题相关。基督教认为，人的在世受苦是由人与上帝关系的断裂造成的，并把受苦问题视为在体性的，其解决则移交给上帝之手；希腊思想以为，受苦是自然性的，从中引不出道义问题。近代思想与两者皆异：受苦是道义问题，但解决苦难由历史正道来承担。现世历史与其道义并

---

① 洛维特，《世界历史与救赎历史》，Stuttgart 1953，页 147；亦参洛维特，“基督教、历史与哲学”，见氏著，《演讲与论文集：基督教传统的批判》，Stuttgart 1966，页 37—53，尤其页 41 以下。

② 参洛维特，《世界历史与救赎历史》，同前，页 190—195。

未因此而自然性地同一，两者之间仍有差异，这一要点尤为关键。就“历史应该有道义”的希望是由基督教信仰引入的而言，历史观的世俗化并不表明基督教历史观念被抛弃，尽管它表明了基督教末世论历史观念的优位性的丧失。当然，基督教历史观念的此世化就是非基督教化，但这种此世化毕竟以基督教历史观念为前提。近代现世论的历史哲学因此既是反末世论历史神学的，又以末世论历史神学的母题为条件，或者说，它的起源是基督教的历史神学，趋向则是反基督教的历史神学。洛维特在本书中以现象学还原的描述法，力图澄清历史人义论与历史神义论的内在关联。历史神义论转变为历史人义论的过程中有一种反叛的契机，因而不能说两者之间有直线性关系。在回应布鲁门伯格的批评时，洛维特申言：“近代哲学并非仅仅进一步‘体现’了神学的功能，它也完全自觉地与神学尖锐对立；但它毕竟仍是由笛卡儿理性的上帝证明到黑格尔思辨的上帝证明的哲学神学”。[①] 近代历史哲学的核心论题是从历史神学的母题出发反历史神学，但毕竟仍是企图证明现世历史应该有道义的哲学神学。现代西方的历史观是此世性的，恰恰因为西方的历史观曾经是彼世性(基督教末世论)的，西方的历史观世俗化之所以能成为一个历史过程，正因为它曾是基督教的，并仍然继续是基督教的。[②] 世俗化的道义历史观并没有摆脱，而只是颠转了末世论历史观，从这一意义上说，现代西方的历

① 参洛维特，“评布鲁门伯格的(近代的正当性)”，见 *Philosophische Rundschau*，15(1968)，页 199 以下。

② 昂茨(W. Anz)对洛维特的批评没有理解其世俗化理论的这种独特含义。参昂茨，“理性与人性：论洛维特的哲学”，见 *Theologische Rundschau*，36(1971)，页 76—83。

史哲学才既是基督教的,又是反基督教的。与基督教诞生之前的异教(希腊宇宙论的)历史观不同,现代历史哲学的此世化依赖于基督教信仰的末世论,但与基督教的末世论历史观不同,它是现世性的进步论。[①] 基督教的世纪世俗化了,而世俗化了的西方世界仍然是基督教的,因为,超世的末世论在近代此世的无限进步的历史观中留下了烙印。

洛维特的这一论点想要说明,二十世纪的诸多政治革命何以既是世俗性的,又具有神圣的品质特征。近代的世俗化历史观并非是纯此世性的,它寻求的历史中的道义具有超世性,但这种超世性已从上帝手里转移到现世人的手中:就像哲学的思辨神学脱胎于基督教信仰,此世的历史哲学脱胎于超世的末世论神学,此世的超验化脱胎于其基督教的前提,激进的此世化历史革命论述源于基督教的非此世化末世论述。[②] 基督教思想的世俗化,就引出了现代世俗性的神圣革命现象。洛维特的这一论点成为当今不少论著旁衍发皇的立论基础,值得细致辨析。

四、历史中的道义与历史神学

按洛维特的上述论点,现代性意味着源于基督教而反基督教的历史哲学重设历史道义及其解答。洛维特对近代历史哲学的溯源剖析像是在对历史形而上学实施海德格尔式的现象学批判:海

① 参洛维特,《世界历史与救赎历史》,同前,页 183。

② 同上,页 184。

德格尔通过还原近代形而上学的本体论神学前提，以解构近代形而上学，恢复前苏格拉底的自然本体论；洛维特通过还原近代历史哲学的神学前提，以拆除近代历史哲学，力图恢复希腊宇宙神学的历史观，解构近代形而上学的理性历史道义论。基督教末世论否认现世历史本身的道义，近代的历史形而上学把基督教末世论的超世道义转移到现世的历史之中，可谓基督教历史神学的创造性转化。洛维特对这种转化持明确的批判态度："我向来有一个兴趣：对某个已死的传统的批判性'解构'，就像拆除一块墓地。这当然包括拆除形而上学传统内的基督教神学传统"。[①] 洛维特致力吊销在黑格尔和马克思那里发展到极致的历史意识：抨击自黑格尔以来的历史发展逻辑论：取缔理性地把握历史道义的近代思想的正当性，因而与德语思想界的当代大师们的思想趋向相违戾。[②] 洛维特的这部思想史论著的思想力度正在于，通过剖析欧洲近代历史观的神学涵蕴和形而上学，揭示现代哲学的自我道义论和历史道义论的非正当性，进而调校"自然与历史"[③]的关系，纠正古希腊的世界观向基督教世纪观过渡时带来的片面运动。

洛维特觉得，现代性的根本问题在于历史意识取代了自然意

① 洛维特，"今日哲学何为？"，见《明镜周刊》，20/Okt，1969，页 211。

② 参哈贝马斯，"洛维特：历史意识的斯多亚退却"，同前，页 210。加达默也对洛维特一笔勾销近代历史意识的正当性不以为然，见加达默，《真理与方法》，洪汉鼎译，上海译文版，1992，页 269；尽管他钦佩洛维特的透辟分析，参《真理与方法》，下卷，洪汉鼎、夏镇平译，台北时报版，1995，页 155。神学界对洛维特的批评，参潘能博格，"历史的上帝：三一体的上帝与历史的真理"，见 *Kergma und Dogma*，23(1977)，页 76 以下；奥特(H. Ott)，"评关于历史和历史性的新近论著"，*Theologische Rundschau*，21(1968)，页 67。

③ 参洛维特，"自然与历史"，见 *Die neue Rundschau*，62(1951)，页 65—79。

识，虚无主义是历史意识的必然结果，克服这一结果，必须让基督教—现代的历史道义意识回复到古代希腊的历史自然意识，恢复“自然的人性”(naturliche Humanität)。[①] 尼采在批判基督教形而上学时提出，人的生存应走出自我中心，进入“永恒复归”的自然状态，与因基督教世界观的出现而失去的此世重订婚约，这就是尼采克服欧洲虚无主义的方案。同样，洛维特也想通过古希腊的无限整体的世界观来克服“现代主体主义的世界论虚无主义”。[②] 人和世界的生存原则应遵从自然秩序，而非历史的道义，因而应当恢复古希腊的自然经验的名誉，以自然之在的冥思式敬拜原则代替源于基督教的历史哲学的自我原则，调整“世界与世界历史之间真正的、自然的对称”。[③] 这一主张中的自然观与启蒙运动思想的形而上学化的自然概念明显有分别，甚至是根本上反启蒙思想，因为，机械论的自然观基于形而上学的上帝观，促成了启蒙哲学的历史行动的魔法。在洛维特看来，现代世界是“没有创世主的造物”，其历史意识带有无限制的意欲肥大症，对历史中的道义的追寻导致既偏离古希腊的自然神学，也偏离基督教的超自然神学。[④] 古希腊的自然神学看重在者的自然生存，早期基督教的超自然神学从永恒景观相关地看待一切现世的事物，历史都只是一个框架，并不

① 参洛维特，“自然与人的人性”，氏著，《历史的生存批判文集》，Stuttgart 1960，页 179—207；悌姆，〈热爱命运?〉，同前，页 90 以下。

② 参洛维特，“自然与历史”，同前，页 76。

③ 参洛维特，“黑格尔、马克思和费尔巴哈的中介与非直接性”，见《演讲与论文集》，同前，页 223。

④ 参萨斯(H-M. Sass)，“温雅与质疑：洛维特的批判理论”，见 *Philosophische Rundschau*，21(1975)，页 22。

把历史理解为确定生存意义的封域。[1] 圣经信仰的超此世态度(Weltüberlegenheit)和古希腊世界论与此世亲密的态度,与启蒙哲学的世界历史思辨扞格难通,也只有它们才能阻止启蒙哲学的历史意识的僭妄。按此论点,基督教世界观是相当歧义性的:既是近代历史哲学的温床,又是截断现代历史意识的利刃,似乎基督教历史神学的非正当之处在于把世界非自然化为对象性的造物:正当的是,它也可以抵制启蒙哲学的历史意识的扩展,架起返回古代自然世界观的桥梁。海德格尔在哲学本体论上返回希腊的提案,被洛维特推进到历史哲学上。[2] 这一论点显得想要划开世界与历史的关联,世界是在海德格尔哲学意味上来理解的在世,而不是近代哲学意义上的历史的客观进程。“在古代的和基督教的世界中,历史经验尚是受约束、被安排、受限制的:在古代思想中,自然世界的秩序和逻各斯从世界论上约束历史经验,在基督教中世纪,创世信仰和上帝意志从神学上约束历史经验。”[3]近代历史意识解脱了这些约束,同时又继承了基督教超历史的道义论,乘基督教对超世目的的信赖移步换影,把基督教的预定天命的历史要素世俗化为无限进步的渐进理念。历史的自我从先验的自由意识推进到生存的自由意识,制造了带基督教烙印的“人类神学的自我生成论”(anthropotheologischen Autogenetik)。由于摒弃了“神性的世

① 参洛维特,《世界历史与救赎历史》,同前,页 176;洛维特,“人与历史”,氏著,《历史的生存批判文集》,同前,页 160。

② 参洛维特,“论海德格尔的存在问题:人的自然与自然的在世”,见氏著,《讲演与论文集》,同前,页 189—203。

③ 参洛维特,“基督教与历史”,同前,页 11。

界”及其超世的上帝，近代历史意识必然制造出一个无神的世界法则，以解释此世的苦难，并由此提出历史中的道义诉求，这种历史中的道义诉求最终会贬低人性，因为，无神的人性化世界最终只是“脱世的”(entweltlichten)世界。[1] 按照海德格尔、洛维特对“世界”的生存论解释，“脱世的世界”就是脱离自然的生存，无根或无家园的生存，这是现代性的不安的最终根源。

斯多亚-基督教的自然秩序，是希腊的世界论与早期基督教上帝论的融构，基本理念(如自然法)仍是希腊本体论的。洛维特想修复已然破损的古希腊的世界论只是一种个人性的向往，他意识到，现代思想已对圣经人类学、对希腊的世界神学过于陌生。[2] 况且，近代历史意识所谓的“历史辩证法”有一种正当的非正当性，因为，它只是基督教历史神学的非正当性的后果。[3] 一旦历史神学以对超世的创造主的信仰和对即临的上帝国的希望摧毁了锚在自然世界的循环节律中的在世信赖，历史辩证法就会随之摧毁对超世上帝的信仰，进而以绝望的“进步邪教”(Irreligion des Fortschrifts)摧毁对上帝国的希望，把人逐入实现尘世天国的绝对自信和勇气狂。[4] 在形而上学的上帝、世界、人的三位一体既内在又经世的运动中，沉醉于历史进步的启蒙赞美歌为古希腊世界神

---

① 参洛维特，“近代哲学的历史概念”，见 *Sitzungsberichte der Heidelberger Akademie Wissenschaften*：*Philosophisch-historische Klasse*，1960，页 11。

② 参洛维特，《从笛卡尔到尼采的形而上学中的上帝、人和世界》，同前，页 250。

③ 参洛维特，“评布鲁门伯格的‘近代的正当性’”，同前，页 201。

④ 对进步意识的批判，参洛维特，“进步的祸患”，见氏著，《演讲与论文集》，同前，页 139—155。

学送了终，迎来了基督教历史神学的人的解放。[1] 在近代形而上学和历史哲学的景观中，人与世界既丧失了自然的庇护也失去了创世主的依托，成了生理的和形而上学的孤零零的偶在。历史神学不正当地违戾自己的神学前提，近代历史哲学正当地采用这种不正当违戾来进一步反古代的世界论。按洛维特的论点，历史神学隐含着一个自我解构的逻辑，其结果是一个“非人性的基督教”在欧洲现代世界中诞生。[2] 洛维特不仅追随海德格尔激烈批判近代的思辨神学，而且批判源于中世纪的历史神学。《世界历史与救赎历史》一书不仅是对近代历史哲学的批判，也是对基督教历史神学的批判。在“绪论”中，洛维特指摘道，追究历史有意义或无意义，是犹太-基督教历史神学提出的“漫无边际的问题”，“压得我们喘不过气来”；相反，希腊人就“并没有无理由地要求探究世界历史的终极意义。他们被自然宇宙的秩序和美所吸引，生生灭灭的宇宙规律也就是解释历史的典范”。可见，洛维特对传统神学的批判比海德格尔推进得更远。

五、历史中的道义抑或自然秩序

前述分析表明，洛维特的近代历史思想的现象学批判是一种现代性思想批判，顽强抵制已成为德国哲学思想主流传统的从赫

① 参洛维特，《知识、信仰与怀疑》，同前，页 77；洛维特，“历史与历史主义的动力”，见 *Eranos-Jakrbu*，21(1952)，页 217—342。

② 参洛维特，《从黑格尔到尼采》，同前，页 278—342。

尔德到加达默的历史意识，并警告基督教神学家，要抑制构造普遍历史论述，不可在历史内在的实用目的基础上发挥宗教性的历史思想；换言之，不可追随现代历史哲学去再造现代历史神学。[①] 洛维特的论点对于历史意识无论在哲学界还是神学界都如日中天的德语思想界，显然招惹争议。争议主要集中于两个要点：一是思想史的，即洛维特对近代历史哲学的起源的分析是否恰切；二是属于个体信念问题，即人和世界的生存基础乃至思想的基础是自然秩序，还是历史中的道义。

基督教与近代历史思想乃至现代性的关系问题极为棘手，也极富争议。在洛维特前后，西方思想界一直有人致力澄清这一问题。[②] 洛维特通过区分形而上学的基督教思想与《圣经》的基督教思想，试图区分基督教思想的两种形态。《圣经》的基督教思想尽管提供了末世论的终极历史意义的论述，但认为只能超世地以希望和信仰的方式去获取这种道义。由于形而上学化的基督教历史神学把超世的希望和信仰变成了经世的救恩行动，它才应对近代

① 对加达默的批评，见洛维特《演讲与论文集》，同前，223—226。神学家奥特亦以为，对洛维特的警告，神学家确不可置之不理；参奥特，“评关于历史和历史性的新近论著”，同前，页95—96。

② 值得提到如下著作：梅内克（F. Meinecke），《历史主义：一种新的历史概观的兴起》，London，1972；陶伯斯（J. Taubes），《西方的末世论》，Bern，1947；卡姆拉（W. Kamlah），《世俗性中的人》，Stuttgart，1949；《基督教与历史性》，Stuttgart，1951；《乌托邦、末世论、历史神学：对近代的起源及其未来式思想的批判研究》，Mannheim，1969；波普尔，《历史决定论的贫困》（1957），杜汝楫、邱仁宗译，北京华夏版，1987；布鲁门伯格，《近代的正当性》，Frankfurt/Mainz，1966；《哥白尼世界的形成》，Frankfurt/Mainz，1975；马奎德（O. Marquard），《历史哲学的困难》，Frankfurt/Mainz，1973；罗塞克（R. Koselleck），《批判与危机：市民世界的激情之形成研究》，Frankfurt/Mainz，1973。

历史意识的形成和扩张负责。这一论点确乎值得争议:《圣经》的基督教思想真的像洛维特以为的那样,是反现世历史意识的吗?《圣经》包含两约,《旧约》以犹太民族的自传史叙述为基础展示其对上帝在历史中实现应许的盼望,潘能伯格(W. Pannenberg)提出"启示即历史"的论题,致力恢复基督教思想的历史神学性质,以抵制巴特和布尔特曼神学的生存论取向(洛维特的神学观点贴近这一取向),并非没有《旧约》根据。尽管潘能伯格并不想肯定启蒙运动的历史思想,却想要恢复救赎历史的《旧约》主题,在现代历史哲学的主流思想语境中拓展《旧约》的上帝观所蕴含的普遍历史意涵。潘能伯格的提案与《旧约》神学大师 G. von Rad 的《旧约》研究及其追随者 R. Rendtoff 和 W. Zimmerli 的推展相关:以色列民族把上帝的启示理解为一个直接的历史过程,启示作为上帝的救恩行动,尽管具有超历史的本源,并非与现世历史不相干。[1] 由于《旧约》的救赎历史观与以色列的民族历史过于联系紧密,潘能伯格为了让《旧约》的历史上帝观与普遍的救赎历史观相协调,一方面强调应许与实现的张力,另一方面则引入《新约》中《启示录》的历史理解。澄清以色列民族的救赎历史与普遍的救赎历史的关系,实际上就是要澄清世界历史与救赎历史有差异的同一关系:"应许与实现的张力构成了历史"。[2] 对于历史的判断来说,圣经

---

① 参 J. W. Roinson/J. B. Cobb 编,《启示即历史》,Harper & Row,1966;康岑巴赫,《神学的进程:思想家、学派、影响——从施莱尔马赫到布尔特曼》,München,1978,页 291 以下及页 303—307。

② 潘能伯格,"救赎历史与历史",见氏著,《系统神学基本问题》,München,1967,页 25;参潘能伯格,"近代基督教的正当性",见氏著,《上帝思想与人的自由》,Göttingen,1972,页 114—128。

的上帝实现救赎，并不等于是《旧约》的历史教义的实现；传统的应许应从新的历史经验来理解和解释，以色列人所理解的作为上帝的救恩行动的历史相遇，总是偶在地实现的。《启示录》的意义则在于，它表明以色列的民族历史和世界历史只有在遥远的未来作为神性行为的救恩计划的整体来理解。

潘能伯格的历史神学提案很可能是洛维特抨击的历史神学的现代版本，尤其他的"普遍历史"(Universalgeschichte)神学论述。无论潘能伯格的现代历史神学提案的正当性如何，基于犹太民族历史自传的《旧约》(尤其律法书和历史书)的确看重救赎历史的在世意义，《启示录》亦是犹太色彩的。就基督教思想中的历史神学基因而论，区分《旧约》神学与《新约》神学的主题，比区分形而上学的神学与《圣经》的神学形态更恰切。福音书和保罗思想就不带有历史神学的酵素，它们注重个体的生存时机与作为个体的生死、复活生命史而发生的基督救恩事件的关系。海德格尔的个体生存的历史性概念受到过这种个体性的救赎经验的激发，进而更改了近代德国哲学传统中历史性概念的意涵。[①] 如果洛维特追随海德格尔的个体生存的历史性概念，就应该注重《旧约》的历史神学与《新约》福音书和保罗书信中的个体生存论神学的差异，如布尔特曼所做的那样。[②] 尽管洛维特指出了《旧约》先知论和犹太色彩的《新约》末世论与历史神学的关联，至少在本书中，他并没有突显《新

---

① 参坡格勒(O. Pöggele)，"海德格尔的思想之路"，宋祖良译，台北仰哲版，1994，页 33—44；雷曼(K. Lehmann)，"基督教的历史经验与青年海德格尔的本体论问题"，见刘小枫编，《现象学与神学》，孙周兴译，香港汉语基督教文化研究所版，1997。

② 参布尔特曼(R. Bultmann)，《历史与末世论》，Tübingen，1958。

约》的个体性生存论与《旧约》的历史神学的差异。

在近代思想史方面，布鲁门伯格不同意洛维特的基本论点：近代历史意识不是从基督教救赎历史观转化而来，认为近代历史哲学的终局期待和进步理念是《新约》末世论的变体，实为奇谈怪论。近代历史哲学认为，世界历史按自身的内在规律发展并走向自己的结局，这种观念与《新约》末世论根本不相干，末世论是来临的、入此世的终极事件，与现世进步理念之迈向未来不可互译。当然，末世论最终会历史化，因为末世事件的期待要切入世界历史。在中世纪，世界及其历史都被纳入末世事件来考虑。但甚至这种历史化的末世论亦非近代历史哲学的神学原模，历史哲学的世界历史论不是救赎历史神学论的变体，而是对后者的取代。进步理念与中世纪基督教的历史神学无关，而是与由晚期中世纪经院神学的绝对论引导出的近代的自持意志相关。[①] 这里不能评断布鲁门伯格与洛维特的争议，只需提到，布鲁门伯格的论点亦是有争议的。[②]

洛维特的思想史现象学推崇"自然"思想，抨击历史思想，加达默在评述洛维特思想时指出，"自然性"理念不是西方传统的思想概念。洛维特并未修习过东方思想，那么，他对自然性的推崇是哪里来的？我以为出自他的个体心性。加达默亦指出，洛维特的个

① 参布鲁门伯格，《近代的正当性》，Frankfurt/Main，1988，页52以下。

② 参斯巴恩（W. Sparn），"布鲁门伯格对神学的挑战"，*Theologische Rundschau*，49（1984），页199—206。关于布鲁门伯格与洛维特的论争，参瓦雷斯（R. M. Wallace），"进步、世俗化与现代性：洛维特与布鲁门伯格之争"，见 *New German Critique*，7（1988），页63—79。

性精神气质是不带幻想地承纳万物，依从自然的自然性；献身当下，自然地生存在世，承受不可避免的天命。[①] 如此看来，洛维特显得颇有道家情怀。当然，他以为自己既是基督徒，又是怀疑论者：基督徒不受此世摆布，怀疑论者不受幻象摆布。[②] 这是他的个体信念，涉及哲学本体论问题，不在这里详细讨论。

《世界历史与救赎历史》的隐喻意旨是否弃启蒙哲学对历史中的道义的追求，洛维特看来，这种追求与现代政治运动有关，当他提到希特勒声称在实现人世的救赎事业时，显明了他的探究意图：思想史现象学的追溯方式要揭示支配现代民族国家政治行为的历史进步观的思想基础。历史思想与政治改制的关系，因此是相当值得注意和评议的要点。笔者有兴趣的是，依洛维特的现象学思路检审中国的历史思想与中国从帝制国家向民族国家转型时的改制的关系。当然，这一问题只能在此概要地予以讨论。

现代中国改制的演化受近代西方历史进步观支配，乃为晚清维新派和后来的儒家马克思主义派所证实。历史进步理念最终作为民族国家的宪法基础，构成了以历史未然目的为鹄的自然法，成为人民民主政制的正当性论据。这种历史进步理念在汉语思想中的出场，并没有西方近代历史意识形成史那样复杂隐秘的从神义论向人义论的转化过程，而明白地是汉语启蒙思想家由西方取经得来的，其取经的动机因素是中国从帝制国家改建为民族国家的

---

① 参加加达默，"洛维特"，见氏著，《哲学的修习年代》，Frankfurt/Main 1977，页238。

② 参洛维特，"世界历史中的怀疑与信仰"，见 *Die Welt als Geschichte*，X. Jg，3 (1950)，页 154。

愿望。然而,西方近代历史哲学思想的引入,与中国古代的历史思想是否有某种内在关联?晚清时期,公羊学是思想界的显论:自龚定庵至廖六译、康长素,公羊学的复兴虽肇因于儒家发展的内在嬗变,却营造了接纳西方近代历史哲学观的思想基础。公羊学是中国传统历史哲学的精固,廖六译、康长素在接纳西方近代政治思想之时,恰是在采用了"三世"或"三统"论之后。① 审理中国的历史思想传统与西方近代历史哲学的内在亲和性,绝非想当然的论题。

儒家思想作为中华帝国的法统思想相当重视民族历史中的道义问题,这与犹太教历史神学思想有形式上的类同。洛维特在把西方近代历史思想与古代历史思想对立起来时,也将东方与西方加以对照,他在日本的生活经验进一步激发这种对照,本书"绪论"明确提出遵循自然节律与遵循历史的道义去生活的重大分别,与尼采和海德格尔的相关思想契合:不可以生存的道义原则扼制生存的自然性意义。② 这种对比未予论证地预设了如此前提:东方思想不像西方思想那样注重历史中的道义,而是注重与自然秩序的和谐,具有爱命运的在世情怀,热爱自然的无拘无束,追求人生的自然性。然而,正如洛维特的思想史分析所表明的,所谓"西方思想"是含混的、大而无当以致无用的术辞,它掩盖了西方思想的历史具体性和差异性。同样,所谓"东方思想"也是含混、大而无

① 参孙春在,《清末的公羊思想》,台北商务版,1985,页198以下;亦参何信全,《晚清公羊学派的政治思想》,台北,经世书局版,1984,页36以下。

② 参格雷,"海德格尔的道路:从人的存在到自然",见《现代外国资产阶级哲学资料》,2—3(北京,1962);格尔文,"从尼采到海德格尔:对海德格尔论尼采作品的批评性评论",见《外国哲学资料》,7(北京,1984),页236—243。

当、无用的术辞。就历史观而论，印度思想与汉语思想就殊为不同，而汉语思想中，儒家思想与道家思想亦有不同。儒家思想中并非只有天道的自然秩序观，同样有注重历史中的天道的历史道义论，此即春秋经及公羊传的思想。孔子欲“见之行事之深切著明”，笔削《春秋》，在鲁国历史叙述中注入微言大义，孔子唯一的著作《春秋》，经公羊子一系齐儒的阐释，成为儒家历史哲学经典，对中国思想及政制的影响，决不亚于由其弟子辑录的《论语》。[①]

从思想类型上看，儒家思想既有宇宙神学，即宇宙自体生生论（《易传》），有道德人类学，所谓成人之性的心性之学（《礼记》），亦有历史哲学，即《春秋公羊传》所传承的华夏民族自传中的历史道义论。这三者在思想结构上亦是融贯一体的：儒家“大学”之道在于“明明德于天下”，欲近此道，须从格物致知诚意正心修身到齐家治国，而后平天下。“欲明明德于天下”到“国治而后天下平”的大学之道，是一始于“天下”，终于“天下”的循环教喻：包含宇宙神学，道德心性学和历史哲学的一体化。而“天下”是国家、社会、历史的概括表达式，支配中国古代帝国的法统思想的六经“以先王政教典章网维天下”。[②] 六经实际以宇宙神学（《易》）和历史神学（春秋公谷传）为支点：六经“协于天道”、“切于人事”，“《易》以天道而切人事，《春秋》以人事而协天道，其义例之见于文辞，圣人有戒心焉”。[③] 从孔子笔削《春秋》，经公羊传其微言大义，到何休释《公羊

① 参钱穆，《两汉经学今古文平议》，台北东大版，1989，页235—241。

② 章学诚，《文史通义》，内篇一“经解”上，叶瑛校注，北京中华书局出版，1994，页94。

③ 章学诚，《文史通义》，内篇一“易教”下，同前，页20。

传》立三科九旨，形成了儒家历史哲学的经典论述。余英时认为，两千余年来，章氏学诚是唯一的历史哲学家，《文史通义》“也是唯一的历史哲学的专著”。这一论点看轻了《公羊传》作为儒家历史哲学的经典论述和开山之作的历史地位。[①] 按公羊传学派的传达，“天下”或“天地”之际的历史中应有“理”和“义”，由“新王之道”带入历史，圣王得道行位经纬世宙。在《公羊传》历史哲学中，宗法道义与三世的历史进程和三统历史传承融构，“将宗法原则带入历史政治原则”。[②] 后世历史哲学大师章学诚提出“六经皆史”论，经（义）与史（政）至表里，经“史”不是“史料”之史，而是蕴含“义理”之史：因为，“若夫六经，皆先王得位行道，径纬世宙之迹。而非徒托于空言。”[③]经“史”即历史道义论（“史意”），具有经世的网维之用（六经“以示帝王经世之大略”）。章氏反戴震的经学观，实际以抬高先王史迹更加固了“经”即“史”的历史道义论。[④] 民族生成的历史与天道的关系，隐藏在“皆史”的六经之中。按此论点，则六经都具有历史哲学的性质。当代儒学张宋学，贬汉学，以致造成儒学只

① 参余英时，“章实齐与柯灵乌的历史思想”，见氏著，《历史与思想》，台北联经版，1976，页172。关于公羊历史哲学，参杨向奎，“论何休”，见氏著，《绎史斋学术文集》，上海人民版，1983，页162—173；冯友兰，“秦汉历史哲学”，见氏著，《三松堂学术文集》，北京大学版，1984，页345—351；陈其泰，“公羊历史哲学的形成和发展”，见《孔子研究》，2(1989)。

② 参陈燕谷，“汉代今古文经学的春秋”，见《学人》，2(1992)，页273—274。

③ 章学诚，《文史通义》，内篇一“易教”上，同前，页3。

④ 章氏的“六经皆史”说释者纷然，笔者以为，周予同、彭明辉的辨析颇当。参周予同，“章学诚‘六经皆史说’初探”，见氏著《经学史论著选集》，朱维铮编，增订本，上海人民版，1996，页714以下；彭明辉，《疑古思想与现代中国史学的发展》，台北商务版，1991，页17—23；亦参王茂等，《清代哲学》，合肥：安徽人民版，1992，页777—783。

有心性之学而无历史哲学的假象，似乎天道只与心性相关，与历史政道无涉。[①]

在《春秋》经公谷传和《旧约》律法书及历史书卷中，民族历史自传与历史神学论述互为表里，这种历史思想类型的形成与民族体国家的兴衰存亡有密切关系。当注意的是，近代西方历史哲学的兴起，与现代民族国家的兴起相关。民族国家的建构要求民族历史的正当性论证资源，历史哲学遂肩负起为民族国家提供正当性论证的大任。启蒙思想的历史哲学论述与"民族精神"论述是结合在一起的，历史哲学的主要论述者好谈"民族风俗"，最先指明通达历史哲学之路的著作即是维科（Vico）的《论各民族共性的一门新科学的原理》；赫尔德既是启蒙思想的历史哲学论述者，又是"民族精神"的论述者。[②] 西方近代历史哲学的真实动力之源，是否在于西方近代民族国家的形成冲动？洛维特没有触及这一问题。显然，为民族国家作论证的历史哲学总要以其所属文化圈的传统思想为资源；在西欧是犹太基督教的历史神学（这里有从《新约》向《旧约》的重点偏转，赫尔德对《旧约》的研究即是一例），在华夏则是《春秋》经《公羊传》的历史神学。中国近代思想中公羊学彰显，时值华夏王土的内忧外患，随后联结西方近代启蒙历史进步观，时值中国民族国家的改制时代。中国近代历史思想的思想资源不外"经"之"史意"，或依《礼运》为改制之鹄，依《公羊》三世论为改制的

① 张祥龙比较海德格尔与儒家思想的隐匿关系时，未涉《春秋》经传，实一大疏漏。参张祥龙，《海德格尔思想与中国天道》，北京三联版 1996，页 236—243。

② 参卡西尔（E. Cassier），《启蒙哲学》，顾伟铭译，山东人民版，1988，页 195—226。

正当性论证（康有为）；或以“经史”煽动民族国家的革命运动（章太炎），由此引接现代启蒙历史观。[①]

我想强调，把自然生存观与历史道义论视为东西方思想的品质差异，恰为浮惑不根之说。孔子开创的儒家历史哲学的书法（春秋笔法），与西方的历史神学和历史哲学的书法在思想结构上并无不同，只是道义理则的不同，近代启蒙思想家只需变换理则：章太炎要“发明社会政治进化衰微之原理”，“鼓舞民气、启导方来”，[②]梁启超要“叙述人群之现象而求得其公理公例”，[③]这些主张历史中有道义的进化理则并非与儒家历史哲学中的理则相扞格。何休提出的“三科”说，即是公羊历史神学论的理则，“张三世”一科，正可与近代西方的历史进步论合拍：“三世者，进化之象也。所谓剧乱、升平、太平与世渐进是也。三世则历史之情状也”。[④]“三世”论是汉语思想中的历史道义论，古代的复三世论，在近代西方进步史观的影响下转而为三世演进论。西汉公羊学与晚清公羊学的差异，并非仅在于对“三科”中某科的强调不同，西汉以“存三统”为要，晚清以“张三世”为务；根本差异在于，西汉公羊学立新统黜旧统的依据是“受天命”、重“符瑞”、“灾异”的天象，因而是历史神学的“神义论”；晚清公羊学的“张三世”依据的是辨制度、信小大，并

① 参周予同，“五十年来中国之新史学”，见《经学史论著选集》，同前，页548以下。亦参汤志钧，《改良与革命的中国情怀：康有为与章太炎》，台北商务版，1990，页43以下及页146以下。

② 参章太炎，“致梁启超书”，见《章太炎政论选集》，汤志钧编，北京中华书局版，1977，上卷，页167。

③ 参梁启超，“新史学”，见《梁启超史学论著三种》，香港三联版，1980，页13。

④ 参梁启超，“新史学”，见《梁启超史学论著三种》，香港三联版，1980，页11。

接通西方近代的历史进步论，因而是历史哲学的人义论。梁任公在论及中国近代历史思想的转变时提出：古代历史思想与近代历史思想的根本转变在于，前者是为帝王经世而思想，如今是为"国民"经世而思想。[①] 冯友兰说，康有为、谭嗣同虽没看过黑格尔和马克思的书，也竟能把他们的道理讲出来；冯氏甚至以五德终始论解释现代的政治嬗变，"从前的民主政治、自由主义，现在不行了，替他的是……专制。"[②]"受天命"的圣王之道转变为"国民"之道，这里只是史法的转变，历史哲学的道义论并未废除。

"三世"论作为《春秋》经公羊传中微言大义之一要绪，寓于鲁史之中，亦即寓于华夏民族的象征性生成史；所谓象征性历史指某一民族历史中蕴含有普遍的历史道义（"今春秋缘鲁以言王义"[③]），历史的道义寓于历史之中，又不等于历史本身，历史的道义与历史本身有道义论的差异，这是公羊学的释经家法讲得很清楚的。孔子作为圣人亦作为历史哲学家笔削鲁史，乃代天理秩序立言。民族历史与天理秩序的关系，构成了儒家历史思想的核心要旨。另一方面，"三世"论的本义又基于异外内之义，与夷狄交侵，三代文教之制不葆的历史处境相关。"内其国而外诸夏，先详内而后治外……于所闻之世，见治升平，内诸夏而外夷狄……至所见之世，著治太平，夷狄进至于爵，天下远近小大若一，用心尤深而详。"[④]夷夏之分与"三世"演进的关联，确定了华夏王土的民族历

① 梁启超，"中国历史研究法"，见《梁启超史学论著三种》，同前，页 47。

② 冯友兰，"秦汉历史哲学"，同前，页 349—350。

③ 董仲舒：《春秋繁露·三代改质文》。

④ 何休，《春秋公羊传何氏解诂》，卷一，台北中华书局版，1970，页 8。

史与普遍历史的道义论关系：通过民族历史叙述来彰显历史的普遍道义，因而，在公羊学后儒看来，孔子笔削《春秋》亦是为万世立法。《春秋》中的微言大义，具有普世性的意义。三世论的论述逻辑是从民族历史到普遍历史，《春秋》垂教立言，损益旧的历史制度，最终走向天下大同。“天闵振救，不救一世而救百世，乃生神明圣王”，即笔削《春秋》的孔子。[①] 在《旧约》思想中，以色列民族史与上帝的救恩历史有一种独特的重叠关系。同样，按公羊学的论释，汉民族历史与万世之法有独特的关系。《春秋》的微言大义因此带有普遍历史政治的经世性质，所述之志是“纪世之志”、“天子之事”、“一王大法”，是继周损益的现世革命行动，与宋儒所谓性命之道才是微言的论说完全不同。[②] 循此理路，当代公羊论者亦可仿当代基督教复兴历史神学（如默茨）理路，提出复兴公羊学历史神学的提案，其要旨据说是：三世论表达了一种历史信仰，即人类历史的演进是道德的演进，人类在历史中的希望就是实现太平大同理想，这种理想是普世的和超时代的。[③] 甚而声称，儒家历史思想高于基督教历史思想之处正在于：前者重历史中的希望，后者重历史之外的希望云云。

历史的道义寓于民族历史的国家制度（王制）之中，周公创制，孔子扶出周公之制的历史大义，示万世不易之法。这与《旧约》历

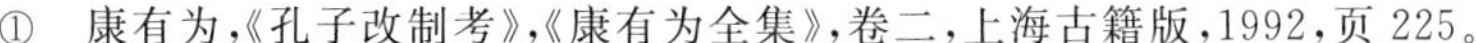

① 康有为，《孔子改制考》，《康有为全集》，卷二，上海古籍版，1992，页225。

② 参蒙文通，“孔子和今文学”，见氏著，《经史抉源》，成都巴蜀版，1995，页162。

③ 参蒋庆，《公羊学引论》，辽宁教育版，1995，页261—266。

史神学的要旨庶几一致，[①]却与《新约》末世论的要旨不同。《新约》末世论重性命之道，此道出于十字架的个体性基督事件，与宋儒的性命之道出于孔子所传天道又根本不同。（此不详论）洛维特以为历史哲学是西方思想的特产的论点错了，东方与西方思想的差异在于自然意识与历史意识的差异的论点是错的。儒家历史道义论与西方源于《旧约》的历史道义论的契合或亲和程度，比可想象的要高。以为现代的神圣"革命论"是西方基督教的产物，中国现代的革命精神亦是这一产物的论点，本于洛维特的论点，亦浮惑之说。[②] 儒家的历史道义论与《新约》末世论的差异，不在于历史有无道义，而在于历史与历史的道义的断裂处：在儒家历史哲学思想中，历史的道义已体现在三代之世及其文教制度中（章学诚："道备于六经"），历史与其道义的断裂或弥缝即在于与三代之制的损益关系。《新约》末世论是超历史的，历史与其道义的断裂处在上帝国与个体历史的生存论关系处。

儒教思想与犹太教思想都重视历史中的道义，重视神义的普世之法在历史进程中的展现。希腊宇宙神学、《新约》末世论和道家在世论才是历史神学和历史哲学的大敌，道家在世论否定儒家的历史道义论，转向个体的生命时间，才与洛氏的心性所向相契。这样一来，《新约》末世论思想与道家在世论思想关于个体和世界的生存意义的争议就突现出来，正如新约的性命之道与希腊的性

① 张之宜的五经与旧约比较论，实不得要领；参张之宜，《中国五经与旧约探微》，台北：中国主日协会版，1990，页65—103。

② 参库宾（W. Kubin），"上帝病—人病"，见《道风：汉语神学学刊》，6（1997）；刘小枫，"儒家革命精神源流考"，见《道风：汉语神学学刊》，7（1997）。

命之道争议不绝一样。

综括以上论析，在我看来，近代历史道义哲学主要与民族国家的兴起相关，尤其与民族性意识很强的民族国家的兴起相关。儒教和犹太教的历史思想是古代的证明，近代历史哲学的实质根源，并不在基督教《新约》末世论，而在近代民族国家的形成冲动以及《旧约》历史神学的精神资源。洛维特突出的自然与历史的对立，实质上是古老的儒家历史神学与道家在世论对立、《旧约》历史神学与《新约》末世论或希腊在世论对立的延续。洛维特的思想在现代性思想语境中挑明了这些对立的思想冲突，亦会将汉语神学引入具刺激性的思想冲撞。

刘小枫

一九九六年十一月于香港铜锣湾山村

目　录

如今，世界就像一部榨油机，它正在挤榨。如果你是泡沫，那么，你就流入排泄管道；如果你是油，那么，你就留在油箱中。被挤榨是不可避免的；只是请你留意泡沫，留意油。世界上之所以出现挤榨现象，乃是因为饥馑、战争、贫困、物价上涨、困窘、死亡、掠夺、吝啬；这些都是穷人的苦难和国家的艰忧；我们体验着这些……于是，就有一些人在这样的苦难中愤愤不平地说："基督教时代是多么糟糕啊……"这就是从榨油机中流出、经排泄管道排掉的泡沫。泡沫的命运是悲惨的，因为它们亵渎神灵；泡沫不发光，油才有光泽。也就是说，还有另一种人，处在同样的挤榨和将他们磨碎的研磨中——难道这不是一种把他们研磨得如此光亮的研磨吗？

奥古斯丁，《谈话录》

丹尼斯（Denis）编，卷廿四，十一章。

据巴尔塔萨（Hans-Urs von Balthasar）译本

前　言

本书的英文译本由凯斯廷(H. Kesting)博士翻译，并由作者重新通读，于一九四五年在芝加哥大学出版社以“历史的意义”为题出版。对于历史思维的这番历史描述，其真正的旨趣就是试图回答十年前提出的问题：“历史的存在和‘意义’完全是由它自身规定的吗？如果不是，那么，由什么规定呢？”[①]最终，历史哲学的神学意义的证明，超出了全部的历史思维。

描述方面的某种不紧凑，自然而然因为这部作品本来是着眼于美国读者而写，并且用作者自己刚刚掌握的一门语言来思考。因此，某些得到强调和详细讨论的东西，对于德国读者来说，也许只需要简明扼要地稍加点拨。作者希望，这里缺乏的简练和严格将能够因通俗易懂而得到补偿。作者当时也感到，习惯于一种并不致力于概念的精巧和表述的深义、但却以自己的独特方式具有精确性和丰富性的语言，是颇有益处的。

文中的一些内容被简缩了，有些内容在翻译时被删除了。在

① 拙著《从黑格尔到尼采》，前言。

相应的德文本中查出注释部分出自英译本的所有引文,并不是每一次都能做到。

海德堡,一九五二年夏

绪　论

把哲学和历史学结合为一种"历史哲学",早在二百年前就已经被引入日常用语了。伏尔泰(Voltaire)第一次"作为历史学家和哲学家",即与一种历史神学的体系相对立,探讨了历史。在他的《论各民族的风俗和精神》一书中,指导原则已经不再是上帝的意志和神明天意(Vorsehung),而是人类的意志及其理性的筹划。当十八世纪对于理性和进步的信念逐渐地变得可疑的时候,历史哲学或多或少地失去了它的基地。"历史哲学"这个词虽然还在继续地,甚至比以往任何时候都更多地被使用,然而,它的含意却被冲淡了,以至于任何一种关于历史的见解都可以假冒为一种哲学。在下面的研究中:"历史哲学"这一术语表示以一个原则为导线,系统地解释世界历史,借助于这一原则:历史的事件和序列获得了关联,并且与一种终极意义联系起来。

如果这样理解,则一切历史哲学都毫无例外地依赖于神学,即依赖于把历史看作救赎历史(Heilsgeschehen)的神学解释。但这样一来,历史哲学就不可能是"科学"。因为,怎么可能科学地论证对救赎的信仰呢?缺乏这样一种科学上的可论证性,就导致现代的哲学家,甚至神学家拒绝用前科学的、神学的方式探讨历史,基本上接受伏尔泰的世俗历史学方法。由于从奥古斯丁(Augustine)到波舒埃(Bossuet)的历史哲学所提供的都不是关于“现实的”历史的科学理论，而是一种建立在启示和信仰基础之上的独断的历史学说，所以，他们便做出了错误的结论，即神学的历史注解，也就是说，西方思想的一千四百年，似乎在哲学上和历史学上都是无关紧要的，真正的历史思想似乎只是从十八世纪才开始的。[①]与这种普遍流行的见解相反：我们如下对历史思维的历史大纲将指出，现代的历史哲学发源自《圣经》中对某种践履的信仰，终结于末世论(eschatologischen)典范的世俗化。

我们的叙述将以回溯的方式展现历史解释的历史进程，这种倒序的叙述起初可能会使人感到不习惯，但是，它在教学法上、在方法上和事实上都证明自己是有效的。

1. 现代读者可以毫无困难地了解对每一种神学的和形而上学的建构图式的放弃，例如布克哈特(Burckhardt)就曾把这种放弃作为出发点；相比之下，过去那些时代的神学观念对于刚刚从世俗的进步梦想中觉醒过来的新一代人来说，最初还是陌生的。对进步的信仰已经取代了对天意的信仰，但还没有达到布克哈特对天意和进步的那种坚决放弃。因此，出自教学法的理由，最好还是从现代思维所熟悉的东西开始，在此之后才转向过去那些时代的思想世界。通过批判地分析对进步的世俗信仰的那些神学前提，来理解当时对天意的信仰，要比反过来从更早的历史神学出发阐释现代对进步的信仰更容易一些。

① 当特洛尔奇(Troeltsch)和狄尔泰(Dilthey)力图克服历史神学和历史形而上学的独断前提时，对历史的绝对价值的独断信仰本身就构成了历史的真正尺度。

2. 恰当地把握历史及其历史上的解释，必须以回溯的方式，恰恰是因为，历史是向前运动的，并且把新近发展的历史前提抛在后面。虽然历史意识的意图是要再现其他时代和其他人的思想，但它却只能从自身开始。历史必然是由当下活着的每一代人去不断地重新回忆、思考和重新研究。我们是在同时代人的成见的影响下去理解——并且误解——古代作家的，因为我们是以从最后一页回溯到第一页的方式来读历史这本书的。事实上，对历史描述的这种惯用的倒置方式，甚至也为那些从过去时代向近代推进、而没有意识到自己的动机也受现代制约的人所采用。

3. 方法上从现代的、世俗的历史解释回溯到其古代的、宗教的解释典范，特别因我们或多或少地正处于现代历史思维的终结这种现实的考虑而得到了说明。我们的概念被用得太滥、太贫乏了，以至于我们不能够期望它们会给予我们以支撑。我们学会了等待而不抱以希望，“因为希望会变成希望的反面”。因此，在这些时代里追忆我们想象出来的思维结果的最初根源的不确定性，是很适当的。这既不能通过想象跳回到原始基督教，也不能通过想象跳回到古代的异教，而只能通过把“历史哲学”这个复合词分析还原为它的原始要素来实现。能够从根本上产生历史解释的最重要的要素，就是对历史行动所带来的灾难和不幸的体验。

> 他们知道又不知道，主动就是被动，
> 而被动也就是主动。既不是主动者被动，
> 也不是被动者主动，而是两者都被固定在
> 一个永恒的主动、一个永恒的被动中。

所有的人都必须赞同它们，因为这是心甘
　　情愿的；
所有的人都必须忍受它们，因为他们愿意
　　如此。
要是有模式就好了……

艾略特(T. S. Eliot)
《大教堂里的谋杀案》
(*Murder in the Cathedral*)

历史解释从古到今都是理解历史行为和历史承受之意义的一种尝试。在我们这个时代，数百万人默默地背上了历史的十字架，如果说有甚么东西能有利于可能从神学上理解历史的“意义”，那么，这就是基督教对苦难的理解了。西方世界在普罗米修斯(Prometheus)神话中和在对基督耶稣的信仰中，给予苦难问题以两种不同的回答。无论是异教，还是基督教，都不相信那种现代式的幻想，即历史是一种不断进步的发展，这种发展以逐渐消除的方式解决恶和苦难问题。

提出不能用经验的方式来回答的问题，这是神学和哲学的特权。关于最初事物和最终事物的问题就属于此列。它们之所以保持其意义，恰恰因为没有任何答案能够使它们归于沉寂。假如历史的意义在历史事件中已经自明，那么，就根本不存在关于历史的意义这个问题。但另一方面，只是就一种终极意义而言，历史才可能表现为无意义的。只是在有所期待的时候，才会产生失望。但是，我们完全按照有意义和无意义来探究历史，这本身就是受历史制约的：犹太教思想和基督教思想提出了这个漫无边际的问题。认真地追究历史的终极意义，超出了一切认知能力，压得我们喘不过气来；它把我们投入了一种只有希望和信仰才能够填补的真空。

希腊人比较有节制。他们并没有无理地要求深究世界历史的终极意义。他们被自然宇宙的可见秩序和美所吸引，生生灭灭的宇宙规律也就是解释历史的典范。根据希腊人的世界观，一切事物的运动都是向同一种东西的永恒复归；此时，产生程序返回到它的起点。这种观点包含着一种关于宇宙的素朴理解，它把关于时间中的变化的认识和关于有周期的合规律性、持存性和不变性的认识统一起来。对于他们来说，尤其是在天体的有序运动中表现出来的不变的东西，较之一切渐进的和根本的变化来说，都具有更大的吸引力和更深刻的意义。“革命”原本是一种自然的、圆形的循环，而不是与历史传统的决裂。

在这种受自然世界观支配的精神氛围中，关于一个独特的历史事件在世界历史上的重要性的思想是不可能出现的。希腊人自始至终都在追问宇宙的逻各斯(Logos)，而不是去追问历史的主宰者。甚至亚历山大大帝(Alexanders des Groβen)的那位教师[①]，也没有一部作品是探讨历史的；与诗相比，他对历史的评价很低。因为历史只探讨一次性的事情和偶然的事情，而哲学和诗却探讨永远如此的存在者(Immer-so-Seienden)。对于古希腊的思想家来说，“历史哲学”是一个悖论。历史是政治的历史，作为这样的历

① 指古希腊哲学家亚里士多德。——译者

史，也就是政治家和政治史学家的旨趣。

对于犹太人和基督徒来说，历史首先意味着救赎历史。作为救赎历史，历史也就是先知和教士的旨趣。历史哲学的事实及其对一种终极意义的追问，乃是起源于对一种救赎史的终极目的的末世论信仰。在基督教时代，政治史也受到这种神学背景的灾难性影响。各民族的命运被当作神的召唤。[①]

我们的日常用语把“意义”（Sinn）和目的（Zweck）、“意义”和“目标”（Ziel）这些词语混为一谈，这大概不是偶然的；通常正是目的确定了“意义”的内涵。一切并非天然地是其所是，而是由上帝或者人所意愿和创造出来的事物，其意义都是由其所为（Wozu）或者目的来规定的。一张桌子只是由于它指示着一个超出了它的物的存在的所为，它才是“桌子”。

即便是历史事件，也只有当它们指示着现实事件彼岸的一个目的时，才有意义；而且，由于历史是一种时间中的运动，所以，目的必须是一种未来的目标。无论是各别的事件，还是各事件的一种序列，自身都不是原来就已经有意义和有目标的。目标的拥有属于一种时间中的实现。只有当历史事件的终极目的清晰可见

① 参见科恩（H. Kohn），“英国民族主义的起源”（The Genesis of English Nationalism），载 *Journal of the History of Ideas*，Bd. 1，1940 年 1 月；温德兰（H. D. Wendland），“上帝之国与历史”（The Kingdom of God and History），载 *The Official Oxford Conference Books*，Ⅲ，Chicago/New York，1938，页 167 以下。西方各民族世俗的弥赛亚主义在任何情况下都与一种民族使命的意识相关联，这种使命植根于这样一种宗教信仰之中，即自己是被上帝为了一种具有普遍意义的特殊任务而拣选出来的。这适用于英国和美国，也同样适用于法国、意大利、德国和俄国。无论宗教使命向一种世俗要求的转变采取了什么样的形态，世界一片糟糕并且必须被更新，这种宗教信念都依然是基础性的东西。

时，冒昧地陈述其意义才有可能。当一个历史运动显露其影响范围时，我们反思它的初次出现，以便确定整个的、虽然是特殊的事件的意义；之所以说“整个的”，乃是就它具有一个确定的出发点和一个最终的、末世论的终点而言的。这样，历史有一个终极意义的假定，就预示着一种作为超越了现实事件的终极目标的终极目的。就像历史在整体上并不排斥各别事件一样，意义和目的的这种等同也不排斥各别事件相对的重要性。

因此，一个终极目标的时间维度，是一种末世论的未来，未来对于我们来说，仅仅存在于期待和希望之中。① 终极意义是一种预期的未来的焦点。我们只能以希望和信仰的方式去了解未来。这样一种期待非常强烈地活跃在犹太人的先知那里，而对于古希腊哲学家来说，这是陌生的。如果我们考虑到以赛亚第二(Deutero Jesaia)和希罗多德(Herodot)差不多是同时代人，就可以推测古希腊人的智慧和犹太人的信仰之间不可逾越的鸿沟了。基督教和后基督教(nachchristliche)的历史观原则上都指向未来；它扭转了与现在和过去的事件相关联的事(historein)这个词的古典含义。在古希腊和古罗马的神话学和谱系学中，过去作为永恒的起源被化为目前(ver-gegenwärtigt)；而按照犹太教和基督教的历史观，过去则是对未来的一种许诺。因此，对过去的解释就成为回溯的预言；它把过去解释为未来的一种有意义的“准备”。古希腊的哲学家和历史学家都坚信，无论将来发生什么事情，都与过去和现在的事件一样，遵循着同样的逻各斯，具有同样的性质。

① 参见奥古斯丁(Augustine)，《忏悔录》(*Bekenntnisse*)，卷十一。

这一论断在希罗多德、修昔底德(Thukydides)和波里比阿(Polybios)那里得到了证实。[①] 对于希罗多德来说,重要的是报道已经发生了的事情,“以免人的行为随着时光流逝而湮没不彰,那些伟大的、神奇的业绩默默无闻地沉沦”。所报道的事件的“意义”并没有说出来,但它不在所报道的事件的彼岸,而在叙述本身之中;这些叙述直截了当地指出了它们重点强调的东西。在这些显而易见的重要性背后,还有一些半隐藏着的重要性,它们间或在重要的语词、姿势、符号和神谕中表现出来。当人类的业绩和事件在某些时候与人类之外的暗示契合时,就完成了一段历史的起点和终点相互解释的圆圈。希罗多德所叙述的时间图式不是世界历史的一个指向未来目标的、有意义的进程,而是与古希腊人对时间的理解完全一致,是一种周期性的循环运动,在这种循环运动中,变化无常的命运的上升和下降是由罪孽(hybris)和报应(nemesis)之间的平衡来调节的。

希罗多德的历史描述使人间事务与神界事务之间的界限模糊不清,在修昔底德那里,则没有希罗多德的历史叙述的那种宗教背景和史诗特色。修昔底德对事件的阐述要提供一种对实际联系的精确的研究。对于他来说,历史是政治斗争、以人的本性为基础的

① 希罗多德(Herodot),卷一,第一章;修昔底德(Thukydides),卷一,第廿二章和卷二,第六十四章;波里比阿(Polybios),卷一,第卅五章和卷六第三、九、五十一、五十七章。参见伦哈特(K. Reinhardt),《希罗多德的波斯史,思想传统》(*Herodots Persergeschichten,Geistige Überlieferung*),E. Grassi 编,Berlin,1940,页 138 以下;考西伦(C. N. Cochrane),《基督教与古典文化》(*Christianity and Classical Culture*),New York,1940,第十二章;柯林伍德(R. G. Collingwood),《历史的观念》(*The Idea of History*),Oxford,1946,页 17 以下。

斗争史。由于人的本性没有本质的变化，所以，无论过去发生过什么事情，未来都将一再“以同样的或者相似的方式”出现。如果所有事情的自然本性就是生生灭灭，那么，未来也就不能带来全新的东西。未来的世代和个人也可能在某些情况下会更为明智地行动，但历史本身却不可能发生根本的变化。

只有波里比阿显得接近我们的历史观，他是这样阐述所有的事件的，就好像它们全都导向某个目标，即罗马的世界统治似的。但是，就连波里比阿也对未来本身毫无兴趣。历史的进程是政治循环的一个圆圈；制度更迭、消亡，并在由事物的本性所规定的更迭中复归。根据历史的这种自然既成的宿命，历史学家就能够预言某种政治状况的未来。在估计这一程序的存续期时，他有可能会发生失误；不过，只要他的判断力不被激情所蒙蔽，那么，就一种政治制度所达到的成长或者衰落的阶段，及其据此将转变为的形式而言，他将很少言而不中。

政治历史的最高法则就是变化：即从一个极端突然地转变到它的反面。在亲身经历了马其顿统治的衰亡之后，波里比阿认为，提醒人回忆德默特利（Demetrius）[①]的预言是有益的；在一篇关于命运的文章中，德默特利曾预言了亚历山大征服波斯王国一百五十年之后所发生的事情。

因为如果你所看到的不是无数年月或者无数世代，而仅仅是最近五十年，那么，你将在这些年里发现命运的残酷。我要问你：在五十年前，无论是波斯人或者波斯国王，还是马其顿人或者马其

① 德默特利（约前350年生），雅典政治家、演说家。——译者

顿国王，如果一位神向他们预言未来，你认为他们当时有可能相信，到我们生活的这个时代，甚至波斯人——几乎曾是整个世界的统治者的波斯人——这个名字也将完全消失，而此前几乎默默无闻的马其顿人现在却要成为整个世界的主人了吗？尽管如此，在我看来，这个从不与生活同甘共苦、总是用新的打击使我们的计算成为泡影的命运，这个总是通过使我们的希望破灭来证明自己力量的命运，由于它已经把波斯人的全部财富都交给了马其顿人，如今已经向所有人表明，它给予马其顿人这种福祉，也只是到它决定以另一种方式分配这种福祉为止。[①]

命运的这种无常并没有使古人产生屈从的心理，他们反而以具有大丈夫气概的赞同承认了它。在对命运的反思中，波里比阿得出了这样的见解，即一切民族、城市和权威都必然要衰亡，就像单个的人也都必然要死亡一样。他转述了西庇阿(Scipio)[②]关于迦太基(Karthago)的衰亡所说的名言，即就连常胜的罗马有朝一日也要遭受同样的命运。波里比阿补充说，要找到一种"更具有政治家眼光的、更深刻的"表述是很困难的。在欢庆胜利的时刻想到命运有可能突然改变，这是一个伟大的、完善的、值得怀念的人应有的品质。波里比阿和他的朋友西庇阿只是重复了荷马监于特洛依(Troja)的命运所表述过的那个观点。无论经典的感受在什么

① 波里比阿，《历史》(*Hist.*)，卷卅九，廿一章。

② 西庇阿(约前185—前129)，古罗马统帅、演说家。公元前一四六年攻陷并毁坏迦太基城，从而结束第三次布匿战争。——译者

地方活跃，这都是历史学家的终极智慧。[①]

在波里比阿看来，从幸福和不幸相互交替的历史经验中得出下述道德上的教训，既是自然的，也是人为的，这就是：决不傲慢和冷酷地对待战败了的敌人，而是要考虑到命运的突然转变。为此，他教导读者怎样才能够从历史研究中得知，什么“在任何时候和任何情况下都是最好的态度”，这就是：胜而不骄，前车为鉴。

波里比阿认为，从过去出发预言未来是一件“轻而易举的事情”。《旧约》的作者相信，只有主和它的先知才能够揭示未来。未来虽然包含在上帝的意志之中，但也正因如此，它才不能作为自然结果从过去引出。因此，预言的实现，就像《旧约》和《新约》的作者理解的那样，是与对历史-自然事件的预测得到证实全然不同的东西。如果未来是由上帝的位格意志预先决定的，那么，人就决不能预言它，除非上帝向人启示了它的意志。由于犹太教和基督教所说的命运的最终实现在于一个末世论的未来，这一未来的开始无法凭藉历史的自然规律来推算，所以，在未来问题上的基本情感就是无法推算的东西的不确定性。

这证实了布克哈特的话：确信通过从过去出发的理性推论，或者通过求神谕和占卜活动可以预言未来；与此相反，我们从来不认为这是值得追求的，这就把我们同古代最深刻地分离开来。

无论我们想象某个比如预先知道自己死亡的时刻，以及自己在此之后处于什么状态的个人，还是想象一个预先认识到自己在

---

① 参见洪堡（W. von Humboldt），《政治书信往来》（*Politischer Briefwechsel*），Berlin，1935，第七十七封信（1807 年 4 月）。

哪个世纪衰落的民族，这两种形象的必然结果肯定都是把所有的意欲和追求混为一谈；追求只有在它"盲目地"、即为了自身起见遵循着自己的内部力量而生存着和活动着时，才能得到全面的发展。只是由于这种追求发生了，未来才能够形成；如果它并没有发生，那么，人或者民族的存续和终结就会截然不同。被预先知道的未来是一个悖论。除了不可追求之外，预见未来对我们来说也不可能。首先是由我们的愿望、希望和恐惧对知识所造成的偏错妨碍了这种预见；其次是我们对所有人称之为内在力量——无论是精神力量还是物质力量——的东西一无所知，以及可能突然改变世界的精神传染病不可推测。[①]

在此，为什么未来"对我们而言"是模糊的，最终的原因不是我们知识的近视性，而是缺乏使古人能够透视未来的那些宗教前提。正如大多数异教文化一样，古代人相信凭藉某种占卜艺术就能够

① 布克哈特(J. Burckhardt)，《世界历史研究》(*Weltgeschichtliche Betrachtungen*)，Stuttgart，1935(Kröner)，页 14；《希腊文化史》(*Griechische Kulturges chichte*)，《布克哈特全集》(*Gesammelte Werke*)，Basel，1929 以后，卷九，页 247 以下。古代对一种预定的、可预言的未来的信仰，只是对于把历史看作是一种"自由的历史"的思想体系而言，才成为一种悖论。科林伍德宣称(《历史的观念》，页 54、120，220)，历史哲学必须以当代为终点，并且把末世论作为一种异在的因素剔除掉，因为没有发生过别的什么能够确定的事情。"无论历史学家在哪里宣称能够预先规定未来，我们都能够有把握地认定，他们对历史的基本理解有点不正常"。然而，如果历史不是自由行动的这样一种简单的发生，而是人的以一种自然的，必然的，或者超自然的、由天意规定的秩序为尺度的所作所为呢？L. Bloy 对历史问题的钻研多么更为深刻啊！他说，指出历史有一种结构和一种意义，其可能性的前提条件是"这样，至少近代理性能够领会的自由意志要先行做出牺牲"，也就是说，这种自由意志就是摆脱了一切必然性的任性，因此也就不能理解，某人怎么能够在自由中完成一个必然的活动(《布罗依选集》(*Textes choisies*)，Béguin 编，Freiburg，1943，页 71)。

揭开未来事件的面纱。人之所以能够预先知道未来的事件，乃是因为它们是预先规定好了的。除了一些哲学家之外，古代没有人怀疑神谕、恶梦和预兆的真实性，未来的事件就是通过它们预示出来的。对于信仰一种预定宿命的古人来说，未来的事物和命运只是被一块轻薄的面纱遮掩着，一种受到启示的精神就能够看透它。因此，在古希腊人和古罗马人的生活中，人们让决断取决于一种对未来命运的探询。只是当教会削弱了对预言的这种信赖的时候，它才丧失了威望。可是，教会也信仰预定，而现代人，如果他不迷信的话，却不信任任何指导，既不信任命运的指导，也不信仰天意的指导。他自以为能够由他自己来创造未来。他之所以把未来看作是不可认识的，乃是因为他要自己创造未来。

布克哈特对欧洲未来的预言只是表面上与这一命题相矛盾；因为他从未要求像人们了解过去的事件那样去认识未来的各种可能性。预测所有未来发展的托克维尔（Tocqueville）、斯宾格勒（Spengler）和汤因比（Toynbee）又怎么样呢？对于他们来说，说出将要发生的事件是“一件轻而易举的事情”吗？肯定不是；因为他们对一种具有历史必然性的命运的信仰，不是明确地认可一种自然史宿命的结果，相反，由于他们对人通过选择和决断而自己规定未来的历史责任有一种现代式的相反信仰，他们对命运的信仰是非常模棱两可的。

对于托克维尔来说，民主的进军受益于一种不可避免的命运，和受益于一种神明天意同样多。无论是促进它的人，还是抵制它的人，都是一种支配历史的力量手中的一个盲目工具。“因此，生存条件平等的逐步发展是一个由天意规定的事实：它具有一种上帝的旨意的全部特征：它是普遍的、具有持久性、挫败了人的一切干预；所有的事件和人都服务于它的进步”。企图阻挡民主，就是对抗天意和“对抗上帝自身”。[①] 另一方面，阻挡民主的进军及其由天意规定的必然性之不可能，使预言它的未来发展成为可能。关于一种如此不可避免的革命的思想，在托克维尔的精神中激起了“一种宗教的敬畏”。然而，在他的书的下一节，并且再次在他的著作的最后一章，他却期望这个由天意规定的程序受到人的预见和意志的决定和限制。因为各基督教民族的命运“还”在它们自己的手中，尽管这不会太长久了。在局部的必然性内部通过局部的自由来克服困难，以淡化的形式重新提出了神明天意与自由意志的可统一性这个古老的神学问题。

斯宾格勒在他的《西方的没落》一书的第一句话里宣布，他“第一次”做出了预先规定历史的尝试。这种尝试的先决条件是，历史进程自身就是确定的。历史上的各种文化，从生长、繁荣到衰亡，都以自然的必然性经历着一个预先规定好了的生命周期。历史既没有一个目标，也没有一种意义，因为它既不是由上帝的意志，也不是由人的意志支配的。但是，在斯宾格勒试图更详细地规定“命运”的地方，他却与自己的循环观念相矛盾，引入了一个“历史的”、指向未来的时代概念。在他看来，历史的意义就是“未来的意义”，[②]它应该是浮士德式的(faustischen)灵魂所特有的。他远远

① 托克维尔(Tocqueville)，《美国的民主》(*La Pémocratie en Amérique*)，Paris，1839，卷一，页8。

② 斯宾格勒(Spengler)，《西方的没落》(*Der Untergang des Abendlands*)，München，1923，卷一，第二章，页152以下；参见第五章，页381以下。

没有以古典的无所谓态度承认不可避免的命运，而是像尼采(Nietzsche)那样教导说，人们应该欢迎和热爱命运，以便自愿地去实现命运。[①] 没有一个古典作家曾经想到过，人们应该选择和欢迎命运。因为要么命运事实上是一种必然性，从而没有必要对此做出"决断"；要么它是一种自己选择的规定性，从而也就不是无情的宿命。斯宾格勒并没有解决自然宿命和历史决断之间的矛盾，他甚至也没有对此提出疑问。他的激情来自于把追求其各种可能性尚未显露的未来的意志，与接受一种固定的结局混为一谈。因此，《西方的没落》的后记是对未来的"决断年代"[②]的一种呼吁。他期望，为了支配未来，德国人应该建立一种"普鲁士式的社会主义"。他并没有把历史看作是一个自然史程序，而是用一句话(这句话来自席勒[Schiller]，并为黑格尔所使用，但却植根于《旧约》的先知的观点)结束了他的著作："世界历史就是世界审判"——一个没有审判官的法庭。因此，这一句话的特殊含义，以及由此而来对历史的预言，就不是一种对先天预定的历史进程进行反思的认识，而是一种大胆的"尝试"和一种"冒险"，即预先对历史做出判断的冒险。对于波里比阿来说是对过去的和未来的事实做出理论上的断定，对于斯宾格勒来说则是一种伦理命令；"浮士德式的灵魂"也只能在一种末世(eschaton)的前景中来解释宿命。

汤因比的历史意识也有类似的分裂。就连他也试图通过改变产生、成长、衰落和解体的图式，在历史中指明事件的一种反复出

---

① 斯宾格勒，《西方的没落》，卷一，第二章，页152以下。

② 斯宾格勒，《决断的年代》(*Jahre der Entscheidung*)，München，1933。

现的节律。[①] 同时,他又想删除这种历史-自然事件的一种终极目的和意义。他关于廿一种文明或者“社会”的比较研究在材料上的包罗万象,是以西方文化的历史为轴心的。“西方的没落”也是汤因比的最终主题。然而,当他预言历史时,他并不像斯宾格勒那样确信无疑;因为解体有可能看起来像成长,反过来说也一样。[②] 促使一种文明走上没落的宿命道路的,不是一种反复出现的循环的宇宙规律,而是自负其咎的毁灭。历史是“挑战”和“应战”的一种相互关系。尽管在人们的应战中蕴含着自由和责任,但汤因比依然主张一种甚至比波里比阿更为严格的决定论;解体以严格的合规律性遵循着三拍半的节律,而根据这一学说,西方已经经历了一拍半。

但是,历史并不仅仅是一种文化的历史。它也是、并且首先是宗教史,对于汤因比来说,各种宗教,特别是救世宗教,并不像对斯宾格勒那样是文化的表现形式,而是与文化不同的,比文化包含有更多的内涵。因此,汤因比对于基督教和前基督教的救世宗教怀有特殊的兴趣。它们是积极地逃脱一个没落社会的唯一具有创造性的可能?[③] 它们创造出一个新的氛围和一种新的社会样式,也就是说,创造出一个同整个国家的少数统治者相对立的普世教会。

一种世俗的、异教的或者名义上是基督教的文化的衰败,给一种普世宗教的兴起和个人灵魂的得救要求奠定了基础;它也间接

① 汤因比(A. J. Toynbee),《历史研究》(*A Study of History*),London,1934—1939,卷四,页 23 以下。

② 同上,卷五,页 16,188 以下;卷六,页 174,注 4。

③ 同上,卷六,页 169 以下。

地改造了社会。人们通过痛苦而学习，主爱谁，就惩戒谁。这样，基督教就从希腊化社会的垂死挣扎中诞生了。

如果各种文化具有这样的历史功能，即通过自己的没落，成为启示越来越深刻的宗教洞见和馈赠越来越丰富的圣宠的不同阶段，并按照这些洞见行动；而另一方面，较高级的宗教的功能又决不是服务于文明再生的循环程序；那么，人们称作文化的这样一些社会，如果它们产生了一种成熟的、高级的宗教的话，就实现了自己的功能。从这一角度来看，我们自己的后基督教文化，往好处说可能是前基督教的古希腊罗马文化的一种多余的重复，往坏处说可能是对精神进步途径的一种堕落性的偏离。[①]

假如追随汤因比的文化衰落和宗教产生的图式，我们就必须期待，在未来的地平线上将出现一种新的宗教。然而，情况并不是这样。在这里，汤因比的包罗万象的理论在科学上的中立性突然转变成为一种信仰和一种束缚，如果我们按照汤因比自己的科学普遍性、中立性和客观性的标准来评价它，它只能被称作是“教区的”(parochial)[②]。作为虔诚的基督徒，他未能注意到“以弥撒为标枪、以教阶制为盾牌、以教皇制为盔甲的罗马天主教教会”[③]的历史暂时性，他没有去揭示一种新宗教和新教会的可能性，而是竭力指出，基督教永远是人类历史上最伟大的“新”事件，民主和科学——西方世俗文化中最近的新事件——的产生，“则是事物的一

① 汤因比，《文明经受着考验》(*Civilization on Trial*)，Oxford，1948，页236。

② 原意为教区的，洛维特以此指汤因比的理论无普遍性。——译者

③ 汤因比，《文明经受着考验》，页242。

种几乎毫无意义的重复，这种重复，希腊人和罗马人已经在我们之前，而且是非常出色地做过了”。[1]

汤因比既不是一个冷静的历史学家，也不是一个好的神学家。他没有像奥古斯丁和教父那样，由于认为基督教是真实的福音，上帝在里面一劳永逸地启示自身在历史中，从而要求基督教是最近的新事物；相反，他借助于一种天文学的反思来作论证。他不是从信仰的确定性出发，指出基督教是真实的，或者以历史的尺度来阐明，基督教以前是年轻的，现在却衰老了，而是援引地质学家和天文学家的现代科学发现；这些发现如此根本地改变了我们的时间纪元，以至于基督教时代的开始如今可以表现为一个极其新近的时刻。

在这个一九〇〇年只不过是一瞬间的时间表上，基督教时代不过是昨天才开始。只有在旧的时间表上，一九〇〇年才显得是一段很长的时间，从而基督教时代的开始也才显得是一个过去了很久的事件。事实上，它是一个很新近的事件，也许在历史上是最新近的事件。[2]

在此，如何能够根据一种天文学的“事实”来推论出一种历史的，甚至是宗教的重要性呢？这与天文学的自明性和经验的历史学都同样毫不相干，只有汤因比的信仰才使他宣称，基督教永远都是新的，它不仅将比我们西方的文明存续更长久，而且甚至将成为世界宗教。他认为，在技术上把现代世界统一起来，其意义就在于“为基督教完全地、在世界规模上恢复罗马帝国作好准备，以便基

① 汤因比，《文明经受着考验》，页 237。

② 同上，页 238。

督教传播到她之外”。[①] 很可能会发生这样的情况，即“基督教作为从埃赫那顿(Echnaton)[②]到黑格尔的其他一切高级宗教和一切哲学的精神继承人留存下来，基督教教会将作为其他所有教会和文明的社会遗产出现”。[③]

于是，同自己关于人的世俗命运中不断重复出现的循环的理论相矛盾，汤因比的廿一种文化的普遍历史就汇入了对不断进步地实现一个与众不同的教会和救赎学说的普世性眺望之中。人们不禁要问：自然的周期性循环怎样适应这种不断进步的宗教发展呢？历史学家的宿命结论又怎样与信徒的满怀希望的假定相协调呢？

汤因比的基督教信仰对于他的历史意识没有甚么影响。作为历史学家，他受到自然主义和世俗化思维的制约，要远远超过他自己所意识到的。这首先要归诸于他和斯宾格勒一样，很少为了自己的历史研究而接受基督教的纪元。他用一种局部统一的进程来取代普遍历史统一的思想，[④]并且放弃了一种“基督教的”西方的观念。因此，他必然抛弃基督教把整个历史时间分为一种旧秩序和一种新秩序，即基督教之前的秩序和基督教之后的秩序的划分，从而也就抛弃了西方历史的传统分期。[⑤] 科学性要求他做出经验证明，并与道德上的“成见”，尤其是自己的、偶尔是基督教的，甚至

① 汤因比，《文明经受着考验》，页 239。

② 埃赫那顿(Echnaton)，即阿蒙霍特普四世(Amenhotep Ⅳ)，古埃及第十八王朝法老(约前 1379—前 1362)，曾实行宗教改革，强制取消传统的宗教信仰，推行对独一太阳神的崇拜。——译者

③ 汤因比，《文明经受着考验》，页 240。

④ 汤因比，《历史研究》，卷一，页 339 以下。

⑤ 汤因比，《历史研究》，卷一，页 34、169 以下；参见斯宾格勒，《决断的年代》。

是不列颠的观点保持中立的距离。然而，作为历史学家，他也不能摆脱西方基督教思维的影响。他置于自己的著作前面的三条指导原则，清楚地勾画出他的末世论观点。在他寻找普遍适用的范畴（生长和衰亡、挑战和应战、退步和逆转、停滞和变化）的科学努力表面上的中立性背后，是对目前社会的未来前途的关切。[①] 最初似乎是各个社会的一种混乱杂多的东西，事实上是从我们自己历史的令人忧虑的问题出发来看的；与此相反，历史的最高法则，即"交替的节律"，却由于引人注目地缺乏区别能力，为如此不同的众多作家们所证实；例如史莫兹（J. C. Smuts）、圣西门（St. Simon）、恩培多克勒（Empedokles）、朱熹和歌德（Göthe）。[②]

但是，阴与阳的"基本节律"和生长与衰亡的循环，怎么才能够同对于一种有意义的目标和神明真理"不断进步的启示"的信仰相协调呢？汤因比借用天主教徒纽曼（Newman）的用语称神明的安排为"真理的救治"，[③]这种"真理的救治"又怎样能够同古希腊和中国的思辨和解呢？汤因比回答说：当一个轮子借助每一次转动带着一辆车接近其目标时，它的不停旋转是一种无目的的重复。[④]看来，把古典的循环同基督教的末世论结合起来的这一图像，其前提条件是，轮子（世界）带着车（宗教），车的驭者（上帝）把自然的转动力引导到一个超自然的目标上。"如果宗教是一辆车，那么看来，地球上的各种文明的周期性毁灭就好像是它驶向天国所借助

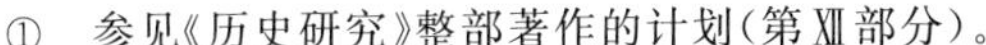

① 参见《历史研究》整部著作的计划（第Ⅻ部分）。

② 汤因比，《历史研究》，卷一，页196以下。

③ 同上，卷六，页534以下。

④ 同上，卷六，页324以下。

的轮子。文明的节律是可能重复的，而宗教却沿着一条唯一的持续上升的路线运动。宗教持续上升的运动完全可以由各种文明在诞生、死亡和诞生的循环中的运动来促进和推动”。[①] 或者，换句话来表述这同一个问题：汤因比援引歌德的浮士德式的地上精灵，把一种基本的“节律”编织进生存的混乱之中；如果神明不仅仅是异教的那种宇宙神性，也就是说，一个已经在一位人性的救世主身上成为肉身的超越世界的上帝，那么，浮士德式的地上精灵怎样才能编织“这种神明的生动服装”呢？汤因比承认，他没有能力回答这个问题。同时，他也很清楚，自己不能无视这一问题。因为这一问题是解开编织者作品意义的钥匙。于是，他以一个悬而未决的问题结束了《历史研究》的第六卷，并且希望，历史的奥秘将自行显示，并回答如此多的辛劳和如此大的痛苦、表面上徒劳无功和毫无意义这个问题。

波里比阿探究了过去那些曾经导致了罗马霸权地位的事件。具有同等声望的现代历史学家在回顾往事、研究欧洲的历史时，则着眼于欧洲的未来。古典的历史学家追问：事情是如何发生的？现代的历史学家则问：事情将如何发展？[②] 现代对于未来的这种

---

① 汤因比，《文明经受着考验》，页235—236。

② 这是孔德(A. Comte)、托克维尔、雷南(E. Renan)和尼采(F. Nietzsche)的现代历史意识的基本旨趣。托克维尔在《美国的民主》一书的导论中给自己提出了这样的问题：“那么，我们将走向何处呢？”(Où allons nous donc?)从而极其坦率地确认了这一点。特洛尔奇在提到尼采对古代历史的尖锐批判时，把历史的任务表述为“克服过去和奠定未来”(《历史主义及其问题》(*Der Historismus und seine Probleme*)，Tübingen，1922，页495、772)。历史的任务和问题的这样一种定义，距离古典的historein(叙事)是多么遥远，与基督教把历史理解为一种审判和实现的历史又是多么接近。

关怀，其根据就是犹太教的先知预言和基督教的末世论，二者都把古典的 historein（叙事）这一概念转变为指向未来的。

历史概念是先知主义的一个创造……它完成了古希腊理智主义所不能产生的东西。在古希腊人的意识中，历史与知识含义相同。所以，对于古希腊人来说，历史是并且始终是仅仅指向过去的。与此相反，先知是预言家……他的预言成全了历史概念，即作为未来的存在的历史……历史成为未来……未来就是历史思想的主要内容……对于未来的这种存在来说，天地的创造者是不够的，他必须创造“新天新地”……通过末世论的未来，地上真正的、历史的存在就取代了神话传说的过去中的黄金时代。①

未来是历史的真正焦点，其前提条件是，这种真理是建立在基督教西方的宗教基础之上的。从以赛亚（Isaiah）到马克思（Marx）、从奥古斯丁到黑格尔、从约阿希姆（Joachim）到谢林（Schelling），基督教西方的历史意识是由末世论的主题规定的。对作为“边界”（finis）和“目的”（telos）的一个最终终结的这一展望的意义在于，它提供了一个具有不断进步的秩序和意义、能够克服古代对“宿命”（fatum）和“命运”（fortuna）的畏惧的图式。“末世”（eschaton）赋予历史进程的不只是一个终点，它还通过一个确定的目标划分和完成了历史进程。末世论的思想能够克制时间的时间性（Zeitlichkeit der Zeit）；如果不通过一个终极目标富有意义地限制这种时间性，那么，它就会

① 科亨（H. Cohen），《出自犹太教泉源的理性宗教》（*Die Relision der Vernunft aus den Quellen des Judentums*），Leipzig，1919，页 307 以下；参见《纯粹认识的逻辑》（*Logik der reinen Erkenntnis*），Berlin，1902，页 131 以下。

吞噬掉自己的创造物。与给我们指出空间中的方位，并使我们能够征服空间的指南针相似，末世论的指南针指向作为终极的目标和终点的上帝之国，为我们在时间中指出了方位。[①]

只有在对历史程序的这种末世论的限制范围之内，历史才成为“普遍的”。它的普遍性不仅以信仰一个全能的主宰为基础，而且以这个主宰一开始就通过把人类历史引向一个终极目标而赋予它一种统一为基础。当以赛亚描绘新耶路撒冷未来的壮观时，他的宗教色彩的民族主义在事实上就是目的论的普世主义。“人类”在历史上的过去还从未存在过，也不可能在任何一个当代中存在；对于末世论的普遍历史观念的必然视野而言，即对于未来而言，“人类”是一个理念和一个理想。

古希腊的历史学家探究和叙述的是以一个重大的政治事件为轴心的历史；从犹太教的预言和基督教的末世论中，教父发展出一种根据创世、道成肉身、审判和解救的超历史事件取向的历史神学；现代人通过把进步意义上的各种神学原则世俗化为一种实现，并运用于不仅对世界历史的统一，而且也对它的进步提出质疑的日益增长的经验认识，构造出一种历史哲学。看来，古代和基督教这两大思想体系，即循环的运动和末世论的实现，似乎穷尽了理解历史的各种原则上的可能性。就连阐明历史的各种最新尝试，也不过是这两种原则的各种变体，或者是它们的各种混合罢了。

① 参见本茨(E. Benz)，“方济各会严律派的历史神学”(Die Geschichtstheologie der Franziskanerspiritualen)，*Zeitschrift für Kirchengeschichte*，第五十二期，1933，页118以下。

一、布克哈特

布克哈特在哲学上对历史哲学的放弃

布克哈特(Burckhardt)既不以哲学的方式构造“世界历史”,也不想推进专业的博学,而是要把历史知识升华为智慧。他关于历史的演讲应该是研究“历史事物”的一个导论,并引导人们去掌握历史中令每一个人情有独钟的那些时期。对于他来说,历史学不是关于中性事实的科学,而是“报道一个时代在另一个时代里认为值得注意的事实”。每个时代都必须通过掌握和解释的新努力来重新唤起自己对过去的记忆,以免忘记过去,失去自己历史生活的根本。这种解释也就意味着选择、强调和评判。它不是对中性事实的令人遗憾的主观化,而是把这些事实付诸表述。只有通过选择性的解释和评判才能够确定,究竟什么是历史上值得注意的、重要的、实质性的事实。“例如,很可能在修昔底德那里有一件头等重要的事实,只是在一百年后才被人们发现”。

在他的《世界历史研究》中,布克哈特一开始就说明,这些研究既不能够也不打算同一种历史哲学竞争。他的任务是颇有自知之明的。他只打算“把一组历史研究同一种半偶然的思想进程联系起来”。他抛弃了任何一种建构体系的尝试,包括对世界历史“理念”的任何要求。历史哲学是一种悖论,因为历史是把各种观察列举出来,而哲学则使它们服从一个原则。同样地,他也抛弃了历史神学。“宗教方面的改进在这里是以自身为依据的”。宗教对历史之谜的解答属于一种“特殊的内在能力”,即布克哈特个人拒斥的信仰。

他提醒人们注意,黑格尔和奥古斯丁是从一个原则出发,即从在历史中实现自身意图的上帝或者绝对的世界精神出发,按照体系阐释历史的最突出的尝试。同黑格尔的神义论(Theodizee)相反,布克哈特坚持认为,历史的道理是我们的知识不能达到的,因为我们并不知道永恒智慧的目的;针对奥古斯丁的宗教解释,他只是说:“在这里,它与我们毫不相干”。二者都超出了对我们来说可能的人类知识。历史哲学和历史神学都要探究最初的开端和最终的目标,世俗的历史学家则不可能关注这两种东西。对他来说,可理解的只是历史的那个恒常的中心,即“忍受着、追求着、行动着的人,如同他过去、现在、将来所是的那样”。布克哈特拒绝探究最终目标,其不可避免的结果合乎逻辑地就是放弃一种终极意义。他问自己:“结论在多大程度上是怀疑论?”他的答案是:“在一个起点和终点都不为人知、中点又处在不断的运动中的世界里,真正的怀疑论肯定有自己的位置”。

然而,恰恰在历史的流逝中,存在着一种恒常性,即历史的连续性。在布克哈特拒绝通过哲学和神学按照体系作解释之后,这种连续性就构成了唯一的、在他的《世界历史研究》中可以辨识的原则,构成了唯一把他的所有研究联结起来的细线。对于他而言,历史的全部意义就建立在连续性的基础之上，它是所有特殊的历史评价的普遍尺度。假如真有一场根本的危机打破了我们历史的连续性，那么，这也将是历史的终结。[①]

连续性高于一种单纯的延续，低于一种进步的发展，因为它不是建立在那种自鸣得意的假定之上的，那种假定认为，整个历史进程的目的就是我们目前的中庸状态，它是历史程序的目标和完成。在布克哈特看来，人的灵魂和理智早已是"完善的"了。但是，连续性也还是高于一种单纯的延续，因为它没有单纯地接受传统的东西，而是自觉地致力于保存和更新它。自觉的历史连续性创造着传统，并同时从传统中解脱出来。只有原始的和文明化了的野蛮人，才放弃这种历史自觉的优越性。历史的连续性是"我们人的此在的一种本质性利益，因为唯有它才能证明人的此在存续的意义"。因此，我们必须迫切地期望，对这种连续性的自觉始终活跃在我们里面。至于在我们的历史意识之外，比如在一种关怀着人类历史的神明精神中，是否存在有这种连续性，我们却既不能断定，也不能想象。

连续性的意义就在于自觉地延续历史传统，因为针对不断更新的革命意志，必须保持传统。布克哈特的基本体验就是自法国革命以来欧洲身处其中的那种传统的迅速崩溃，而对眼前那种与

① 参见辛科维奇(V. G. Simkhovitch)，"历史入门"(Approaches to History)，载 *Political Science Quarterly*，第四十四期和四十五期(1929 和 1930)，费奇(R. E. Fitch)，"历史中的危机和连续性"(Crisis and Continuity in History)，载 *Review of Religion*，第八期(1944 年 3 月)。

欧洲传统中一切有价值的东西决裂的畏惧，则是他对自己的历史任务的自我理解的基础。他的历史研究和对连续性的近乎拼命的坚持，是对他那个时代的革命潮流的一种强烈的反应。他明白，一八一五年至一八四八年的复辟只是一个尚未结束的“革命时代”中的一个“中间行为”；这个革命时代以法国革命为开端，在我们今日一直推进到布尔什维克主义、法西斯主义和国家社会主义革命。他试图通过捍卫历史意识的使命，至少延迟迫在眉睫的解体。他坚持自己的历史教义，反对他的一些最亲近的朋友所参加的四〇年代的激进运动。他相信，一种激进平均主义的民主所导致的将不是个人的自由和责任，而是自命不凡的平庸和一种新的专制主义。他担心，经济社会主义将产生一种过度发达的国家机器，每一个大胆的蛊惑民心者都可以轻而易举地夺取它，以便借助于一种社会民主和军事专政的统一来滥用它。在他看来：这个程序在法国革命的典型进程中已经预示出来了，因为拿破仑(Napoleon)的凯撒主义正是由卢梭(Rousseau)导入，并由雅各宾党人(Jakobinern)实施的社会革命的逻辑结果。群众从旧的社会等级制度和宗教权威中解放出来，在这块大陆上造成了一种具有史无前例的、彻底性的民族主义和一种相应的军国主义，而这种彻底性则是社会秩序的唯一残留下来的保障。“文化”被夹在“钳子的两个夹子”之间，下面是解放了的工人阶级，上面则是军事等级制度。

出自对眼前事态的厌恶，布克哈特逃往意大利，为的是撰写《西塞罗》，并为《君士坦丁时代》搜集材料；他想由此获得评判眼前事态的一种尺度。因为在第三和第四世纪古代世界崩溃的时候已经发生过的事情，即人们的思想和心灵中一种从进步的乐观主义到禁欲的悲观主义的根本变化，还可能再次发生。他感到，当整个社会结构处于无政府状态时，个别的改善是不够的，他决定过一种斯多亚-伊壁鸠鲁式（stoisch-epikuräischer）的隐居生活。“是的，我想逃避所有他们这些人，激进主义者、共产主义者、实业家、受过高等教育的人、生活讲究的人……哲学家、诡辩家、国家狂、理想主义者……你们大家都不懂得……借口知识就是应当予以消灭的资本的一个盟友，将对精神实施什么样的专制统治”。[①] 在这些最初的警告之后三十年，布克哈特的预测更为尖锐和更为精确了。他认为，在欧洲经过一系列可怕的战争和革命而合并为一种罗马帝国（Imperium Romanum）式的帝国，通过一种无论是自由的民主派还是无产者都必须臣服的军事-经济专制制度而集中起来之前，很可能我们还有几十年可以勉强忍受的时间；“因为这个美好的世纪（二十世纪）之被选中，与其说是为了真正的民主，倒不如说是为了所有的一切”。生活的一般化和标准化在他看来是不可避免的。他预见的不是一种自由的民主，而是极权主义的、由“可怕的简化者”（terribles simplificateurs）统治的国家，这样的国家将袭取古老的欧洲，残酷无情地实施统治，毫不关心自由和人民主权，蔑视法律。一八七二年，他在给一位朋友的信中写道：“我有一种预感，现在看起来似乎是愚蠢的，但我却根本不能甩掉它：军事国家必将变成大工厂主。大工厂里的那些人群不会再永远听凭自己的贪欲和贫困摆布，每日伴着急速的鼓点开始和结束的不幸日益加剧而又千篇一律，其规模确定，并受到监察，这就是合乎逻辑地必将发生

① 一八四六年二月廿八日和三月五日致索恩堡（Schauenburg）的信。

的事情……长期地自愿臣服个别的领袖和僭主是可以预料的。人们不再信仰原则，但也许将会周期性地信仰救世主……出自这一理由，权威在可喜的二十世纪里将重新抬头，而且是抬起可怕的头。”①

十九世纪的自由主义将借助新权威达到一种出人意料的结局；这种新权威不再是传统的权威，而是针对十九世纪的应急措施的一种革命反应的结果。从这种历史联系来看，布克哈特对连续性的强调虽然无疑是可以理解的，但也确实是令人惊异的，因为在布克哈特对“各种可追求性”的毁灭性批判中，它作为历史判断的标准是唯一被布克哈特当作例外的“可追求性”。对于他来说，历史连续性和历史意识几乎具有神圣的性质；它们是他的“终极宗教”。只是由于考虑到那些创造了西方传统的一种连续体的事件，布克哈特才坚持一种目的论的、但并不就是由天意规定的解释原理。②

他解释说，我们自己的历史连续性在根本上是由亚历山大之后东方的希腊化、在罗马统治下的政治统一和文化统一、基督教教会对西方文化的存续的维护所造就的。在这里，我们可以发现一种大规模的历史目的，它“至少对我们来说”是显而易见的，即创造一种共同的世界文化，这种世界文化也使一种世界宗教的传播成为可能。二者都适合于作为一个未来统一的新欧洲被转交给民族

---

① 参见一八七二年四月廿六日、一八八二年四月十三日和一八九〇年九月十四日致普林(F. von Preen)的信。

② 参见尼可(J. H. Nichol)为布克哈特的《世界历史研究》(*Weltgeschichtlichen Betrachtungen*)英文版所撰的导言，New York，1943，页75。

大迁徙的、野蛮的日耳曼人。此外，他还补充说，罗马帝国是以可怕的方式建立起来、以血流成河完成的。至于被战胜的各种力量是否也许更高贵些、更好些，这个问题不能通过指出成者为王这样的事实来解决。

无论大的变革和毁灭证明自己多么富有创造性，在布克哈特看来，恶的东西始终还是恶的，而我们也没有能力来探究世界历史的救治。如果从历史研究中能够学到某种东西，那么，这就是对我们的现实处境的清醒认识：斗争与苦难、短暂的荣誉与长久的不幸、战争与其间的和平时期。所有的一切都同等重要，没有任何东西表现出一种终极的意义："成熟就是一切"（ripeness is all）。大众的生存在任何时候和任何地点都是如此，以至它"还值得花费力气"，而最杰出的决定和努力则可能流入一种普通的命运。从这一场景能够得出的唯一合乎理性的结论，不是以一种更高的世界筹划为慰藉，而是对我们的尘世存在的一种较为朴实的"评估"。一个民族在历史上的伟大并不能补偿对一个个人的毁灭，更何况各民族自身都有存续的要求。在历史上，幸运与不幸之间的平衡不是通过一个由天意规定的计划，而是通过得与失的无常来维持的，而评估历史的得与失的尝试使我们陷入尴尬的境地。

在他的"世界历史上的幸运与不幸"演讲一开始，布克哈特以如下方式解释了我们的一般判断：希腊人战胜波斯人，罗马人战胜迦太基人，这是一种幸运；雅典人败给斯巴达人，凯撒在可能赋予罗马世界帝国一种合适的形式之前被谋杀，这是一种不幸。欧洲抵御伊斯兰人，这是一种幸运；德国皇帝在与教皇的斗争中失败，

这是一种不幸，等等诸如此类的事情。但布克哈特承认，这些观点最后将相互抵消，我们越是接近当代，判断就越有分歧。假如他今天还活着，有人询问他关于目前事件的判断，那么，他作为一个欧洲人很可能会说，国家社会主义德国的失败是一种幸运，是值得追求的，而俄罗斯的兴起是可怕的，不值得追求的，尽管那值得追求的是这不值得追求的事的一个结果。然而，作为历史学家他可能会拒绝预言，在这一无法预测的世界历史程序中，同盟国的结盟和胜利最终究竟是意味着“幸运”还是意味着“不幸”。

显而易见，无论是一种历史哲学，还是一种历史神学，都不可能建立在这样一种考察方式的基础之上。缺少开端、进步和终结的纯粹连续性的细线，不能联结起任何体系。然而，在所有的现代历史研究中，布克哈特的历史研究是尽可能地接近历史的本性的。它之所以是“现代的”，乃是就布克哈特既理解古典的立场，也理解基督教的立场，但又没有沉溺于它们之中的任何一种而言的。同现代追求社会安全相反，他歌颂古典的对城邦事业的热情和奉献精神的伟大；与现代追求更高的生活水准相反，他高度评价了基督教所有世俗事物的克服。然而他知道，古代的精神已经“不再是我们的精神”，“十八世纪”已经把我们同早期基督教“分开”了。在布克哈特的思想中，基督教的信仰和基督教的希望变成了“盲目的可追求性”，变成了“真正认识的死敌”。

布克哈特对基督教的态度

在一个我们觉得稳定、有保障、自由的时代里，布克哈特已经把自己视为一个失去了家园的流亡者。一八七〇年，他警告在蒸蒸日上的德国的一位朋友："嘱托你的后事"，这是我们在整个中欧所能够做的最明智的事情，因为一切都将发生彻底的变化。因此，对于那个基督的追随者与一个日益野蛮的社会的寻欢作乐和恶习作斗争，并且对于古典的征服人们的灵魂的衰落时代，他有着深刻的理解。当世界和所有世俗的力量都已经堕落了的时候，基督教教会却在传播着挚爱、诫律和禁欲；甚至罗马的一些男女贵族也为穷人奉献出他们的财产，并且决定入世，而不是出世。更为极端的人们甚至离开了城市，来到荒野或者修道院。在一个文明化了的野蛮状态的时代里，经过一番激烈的内心斗争，这些人服从了一种深刻的需要；在布克哈特看来，他们是"荒野的英雄"。没有这些修士和隐士的非凡榜样，教会就不能维持自己的纯洁，也不会成为滋养和延续所有具较高教养的人唯一的精神机构。布克哈特指出，与此相反，我们总是认为科学研究和精神创造的自由是件不言而喻的事情，然而，我们却太容易忘记，我们多么应该感谢那个黑暗时代的教会对一种超世俗的、不服务于任何实用目的的知识的培植啊。因此，对于欧洲的未来，他仅仅寄望于那些"禁欲的人"，寄望于那些不求闻达、有勇气断念和弃置的品质。鉴于不断进步的工业化和一般化，他坚信"新的、伟大的、解放人们的东西"只有"在与权力、财富和事务的对立中"才能产生。"它必将有自己的殉道者，按照它的本性，它必然是某种不顾一切政治灾难、经济灾难和其他灾难而浮出水面的东西。但它究竟是什么呢？这下你可把我问倒了。很可能，当它在世界上出现时，就连我们也认不出它。在

此期间我们要多加留心，为自己学习，竭尽全力地学习”。[1] 因为在一段很短的时间内，由于生存条件的普遍变化和一系列可以预见到的战争，所有精神的兴趣都可能处于一种可怕的进退两难境地之中。然而，恰恰是未来灾难的威胁，使布克哈特希望，在二十世纪，“假如有一天贫困化和简单化的时代”将结束物质上的奢侈和浪费的话，就将会出现一些生气勃勃的伟大灵魂的决定力量。[2] 他相信，最终将不是自由的教养，而是宗教，才能够把我们从人的灵魂正在遭受的败坏中拯救出来，“因为没有一种超验的压力胜过所有追求权力和金钱的喧闹，所有的一切都将毫无用处”。

在布克哈特看来，这种超世俗使命在历史上的典范就是原初的基督教。按照他的观点，真正的基督教在根本上是“禁欲的”，是弃绝这个世界的；其希望和期待在另一个世界。在与此岸世界的关系中，基督教是一个苦难和弃绝的宗教。借助这些禁欲的形式，它达到精神的自由和对人生的克服。为了能够被接受而靠与世界妥协为生的现代基督教，则使布克哈特感到厌恶。尽管他自己是一位牧师的儿子，但他没有感到自己被这一职业所吸引，而是放弃了学习神学。在他给一位神学朋友的一些早期信件中，[3]他阐明了自己终生坚持的各种观点的动机。他说道：“与现代的基督徒相比，古代的异教徒具有多么强烈的宗教情感啊”。他把四〇年代的宗教复辟看作是“对强大的世俗运动”和对历史的-批判的圣经诠

① 一八七二年四月廿一日致萨利斯(A. von Salis)的信。

② 一八九二年十二月廿六日致普林的信。

③ 一八四四年一月十四日和三十日致贝施拉格(W. Beyschlag)的信。

释的必然后果的一种无力的反应。“如今，独断神学极受鄙视”，因为“全部可能的神学立场都已经试过了……如果神学知道自己的利益所在的话，那么，它最好在今后三十年里保持沉默”。一种局限于道德、被剥夺了其超自然的独断基础的基督教，就不再是宗教了。一个“基督教绅士”并不是一个圣徒。[①] 现代人不可能借助纯粹的信仰意志来解决这一困境，因为真正的信仰不仅是一种伦理决断，而且还是一种从自身出发凌驾于人之上的强大力量。布克哈特内心充满着这样的信念，即在一种被淡化为普遍仁爱的基督教中，牧师首先是一个“有教养的人”，其次是一个有哲学素养的神学家，最后就像是一个拘谨的人，这样一种基督教是不能作为鼓舞人心的宗教，而使世界感兴趣的。虽然教会还有一种使命，但“基督教的那些伟大时期已经一去不复返，这在我看来就如二乘二等于四一样明晰”。布克哈特看不出一种真正的宗教改革的希望，因为对于现代这种无节制的世俗性、劳动、事务、赢利的时代精神来说，灵魂在一个未来的世界里获救是无关紧要的，这种时代精神对任何方式的精神诫律和灵修都采取抵制的态度。道德摆脱了自己在一种超世俗信仰中的宗教基础。“现代精神追求一种对重大的人生之谜的不依赖于基督教的解答”。世俗道德与宗教的这种分离的一个有说服力的例证，就是从乐观主义和行为主义的前提出发的现代博爱。基督教教导的是无条件的挚爱，此时人们应该放弃自己的财产，而现代的博爱毋宁说是“赢利心的一种补充”；它致

① 参见洛维特，“会有一种基督教的绅士吗？”(Can there be a Christian Gentleman?)，载 *Theology Today*，1948 年 4 月。

力于推进行为，帮助人们在其尘世轨道上能够更好地适应。现在，尘世人生及其利益超过了其他一切考虑。

初期基督教与这个世界的尺度极度的对立，甚至比“我们这个时代最为敏锐的基督教”所愿意容许的更为严厉，提出的要求也更高。“人们不再热衷于恭顺的自弃和打右边脸左边脸也迎上去的故事”。人们希望获得自己的社会地位和体面；他们必须工作、赚钱。因此，他们不得不容许世界以各种各样的方式与自己的传统宗教冲突。“总而言之，无论怎样虔诚，人们都不想放弃近代文化的好处和享受”。于是，那些加尔文教的国家实现了宗教上的清教主义和不断地挣钱之间的英美式和解；与此相反，在那些路德教国家里，宗教界采取了“天下间曾有过的最错误的立场”。因此，新教也许无意之间帮了罗马天主教会的忙。对于这些首先相信进步的文明的各种价值的现代人来说，很难相信，哪怕是仅仅想象，过去的人们和时代是怎样狂热地把不可见的事物确实地当作真实的。今日，人们履行自己的义务，出自荣誉感和体面感要远甚于出自宗教理由。对于现代人来说，基督教不再是一种绊脚石，不是一种愚蠢的事情，而是世俗文明的一种令人有好感的因素。

现代基督教界大概忘了，当它宣称自己有别于世俗文化时，它曾一直处于自己的高峰期，并且最富有影响力。与古代异教的多神论文化相反，基督宗教的过去和现在都不是一种把民族文化神圣化的崇拜，而是一种对未来获救的超验信仰。就像它必然是现代文明所有偶像的对头一样，它也敌视异教的各种自然神祇和异教文化。早期基督徒在道德上的力量根本不在于对自然和文化的淡漠。“世界的末日和永恒即将来临，回避世界及其欢乐毫不费力”。甚至基督教不久就通过接受希腊的文化和罗马的治国艺术而进入世界历史这一事实，也抹杀不掉她与世俗世界（saeculum）原初的和持久的冲突。假如基督教忘记自己曾是一种对十字架的荣耀的信仰，是一种胜利的苦难宗教，一种为了受苦者的信仰，那么，她在现代就完结了。布克哈特坚信，基督教必须以某种方式返回到“它关于这个世界的苦难的基本理念”：而不是去适应国家、社会、文明。“生存愿望和创造愿望如何以此持久地获得平衡，我们就不得而知了”。人们可能会问自己，“一种宗教的真正的生存证明，是否就在于她自担风险地在任何时候，都大胆地与文化交织在一起……”。[①] 这种结合在中世纪获得了最引人注目的实现，当时，建筑术、音乐、科学、艺术和文学以各种各样的文化形式表达了基督宗教。但是，基督教文化的这一杰作之所以实现，并不是由于基督教让世界知道了她自己早已更清楚地了解的东西，而是因为教会使世界了解了一种超世俗信仰的优越性。

在自由的、乐观主义的新教于欧洲大陆达到全盛期的年代里，布克哈特称十九世纪的乐观主义为“声名狼藉的”，并且预言它将会销声匿迹；与此相反，他坚信一种真正的信仰对于各种世俗的力量具有不可战胜的强大威力。“在……二十世纪里，那些所谓的改革宗教士和改革派教授那令人吃惊的漫画将不再存在……一旦一种真正的急需降临到人们头上……所有这一切都将化为齑粉……”。另一方面，掌权的迫害者可能会遇到来自就连殉道也无所畏惧的基督教少数派以罕见的方式进行的抵抗。

① 布克哈特，《世界历史研究》，页 151、154。

布克哈特自己没有解答，而只是提出了问题，这表明了他的诚实。他完全没有现代的成见，尤其是没有黑格尔的那种成见；黑格尔把历史看作是一个不断进步发展的程序，借助这种发展，基督教的理念日益在历史世界里得到实现。代替这种进步的发展，布克哈特把“现代的”基督教看作是一种自相矛盾，因为现代生活的恶的守护神，即它的“赢利欲”和“权力欲”，是与自愿的忍耐和自我克制背道而驰的。

二、马克思

历史唯物主义

当布克哈特在自己的演讲中将一个古老的欧洲晚熟的智慧付诸表达时，马克思正在准备发表《资本论》。在这部书中，全部历史被归结为一个社会—经济程序，它日益尖锐化为一场世界革命和世界更新。作为四〇年代革命运动最激进形式的代表，马克思并不是要延缓市民—资本主义社会的衰亡，而是要推进它，直到整个历史程序的最终完成。尽管《政治经济学批判》和《资本论》的作者同他"过去的哲学信仰作了清算"，并且毅然转向经济分析，把它当作资本主义社会的"解剖学"，但是，作为"唯物主义者"，他依然是一个具有杰出历史感的哲学家。然而，他在自己的历史著作（《一八四八至一八五〇年法兰西阶级斗争》、《法兰西内战与路易·波拿巴的雾月十八日》）中，却远不如他在《共产党宣言》和《资本论》中那样更是一位历史哲学家。因为后两部作品的最突出特征，并不是独断地强调阶级斗争和劳动与资本的关系，而是把所有这些范畴纳入一个包罗万象的历史结构中去。就像黑格尔在哲学中和鲍尔（F. C. Baur）在神学中所做的那样，马克思也把他的具体科

学问题转化为历史问题。

马克思历史感的核心意义最初体现在他于一八四一年所做的关于伊壁鸠鲁(Epikur)和德谟克利特(Demokrit)的哲学博士论文中。[①] 对古代唯物主义的这一分析的主题思想,就是关于后来哲学的历史意义的一般性问题。马克思把柏拉图和亚里士多德之后的伊壁鸠鲁学派、斯多亚学派和怀疑学派的学说,与现代的、黑格尔之后的学说,特别是与费尔巴哈(Feuerbach)、施蒂纳(Stirner)和鲍威尔(B. Bauer)进行比较,以便把这些片面的、道德化的宗派的历史意义描述为过去完成了一种包罗万象的纯粹沉思哲学的必然结果。因为当一种古典哲学的抽象原则,就像在亚里士多德和黑格尔那里那样,发展成为一个包罗万象的整体时,一种沿着传统路線的继续发展就不再可能了。在这样一些历史转折点上,必须进行一种新的尝试,与哲学传统决裂。紧接这样一些关节点的,是以历史的、必然性发生的、动摇一切的突变。没有看到一种新开端的必然性的人,就只好听天由命,或者像黑格尔的那些保守的学生那样,"用蜡、石膏和铜来仿造"大师、"用卡拉拉大理石"雕刻出来的东西。只有当人们认识到一种革命变革的必然性时,才能够懂得,为什么在亚里士多德之后还能够出现一个芝诺(Zeno)、一个伊壁鸠鲁和一种怀疑论,为什么在黑格尔之后还能够出现现代哲学家的各种"毫无价值的尝试"。

① 《马克思恩格斯全集》(*Marx-Engles Gesamtausgabe*),Frankfurt,1927 年以后,第一部分,卷一,第一册,页 5 以下(参见《马克思恩格斯全集》中文版,卷四十,北京,1982,页 137 以下。引文括号内的文字是本书作者所加。——译者)。

> 在这样的(批判的)时代,模棱两可的智者的观点同全体统帅的观点是对立的。统帅认为,裁减战斗部队……签订符合现实的和约,可以挽回损失,而泰米斯托克利斯(Themistokles,即马克思自己)在雅典城(即哲学)遭到毁灭的威胁时,却劝说雅典人完全抛弃这个城市,而在海上,即在另一个元素上(即在政治和经济实践的元素上)建立新的雅典(即一种崭新的哲学)。

继这些大灾难之后的时代是铁器时代,它或者是以伟大斗争为标志的,或者是跟在过去那些历史上的伟大时代之后跛行。这个铁的时代是可悲的,因为旧的诸神已经死了,新的神还捉摸不透,就像朦胧的光一样,既可能转化为一片黑暗,也可能转化为一派光明。在这样一些危机时代,不幸的实质在于,当相对的幸运存在于哲学意识的各种主观形式之中,例如存在于古代晚期和临近结束的基督教的各种私人哲学中的时候,时代的精神却不能坦率地承认现实。"共有的太阳"落山了,只有"人们各自为自己点亮的灯光"照耀着黑暗。但是,由于马克思已经清算后黑格尔哲学的"德意志意识形态",所以,他信心十足地抢先提出像黑格尔所要求的那种确立理性与现实统一、本质与存在统一的未来哲学。不过,如果理性在整个物质现实领域里确实得到了实现,那么,哲学自身也就被取消了。它成为一种实践的理论。世界曾由于黑格尔而变成为哲学的,变成为一个精神的王国,而如今,哲学则由于马克思而变为世俗的,变为政治经济学,变为马克思主义。

借用基尔克果(Kierkegaard)的术语来说,这个"现在"是一个

决定性的“时刻”，它把全部有意义的历史分割开来，但不再分割为一个异教的“前”基督和一个基督教的“后”基督，而是不那么彻底地分割为一个“史前时期”和一个未来的历史。无产阶级专政把人们从必然王国带进没有任何史前时期那些对抗的自由王国。因为目前的资本主义社会是社会生产程序的“最后的”对抗形式，并且在自己的胎胞里发展出最终解决资本与劳动、压迫者和被压迫者的这种对抗的条件。市民—资本主义的社会“终结了人类社会的史前时期”。[1]

在早期关于未来社会的略图中，马克思描绘了这个世俗的上帝之国。在迄今为止的历史中，有一个不可否认的事实，那就是个人，随着他们的活动扩大为世界历史性的活动，越来越受到异己力量的支配，即受到资本的支配，或者更确切地说，受到资本主义生产方式的支配；资本主义生产方式在现代世界所扮演的角色，就如同古代的命运一样。这种决定命运的力量变得越来越强大了，人们无法摆脱它。

> 但是，另一种情况也具有同样的经验根据，这就是：这种……力量，随着现存社会制度被共产主义革命所推翻……以及随着私有制遭到与这一革命有同等意义的消灭，也将被消灭。同时，每一个单独的个人的解放的程度是与历史完全

① 马克思，《论〈政治经济学批判〉》（*Ein Beitrag zur Kritik der Politischen Ökonomie*），引自大众版，Berlin，1947，页 14（参见《马克思恩格斯选集》，中文版，卷二，1975，页 83。——译者）。

> 转变为世界历史的程度一致的……各个个人的世界历史性的共同活动的……全面的依存关系，由于共产主义革命而转化为对那些异己力量的控制和自觉的驾驭，这些力量本来是由人们的相互作用所产生的，但是对人们来说却一直是一种异己的、统治他们的力量。①

稍后，在一八五六年的一篇文章中，马克思描绘了这种自我异化。

> 有一个重大的事实，标志着十九世纪的特征，没有任何党派能够否认它。一方面，工业和科学的力量已经以过去任何历史时代都无法预见的方式复苏。另一方面，一种使罗马帝国最后年代里的那些经常被提到的灾祸黯然失色的衰落，其征兆已经显露出来。在我们这个时代，每一件事物似乎都孕育着它的对立面。机器具有缩短人的劳动并提高它的效益的惊人力量：我们看到，它是怎样导致了饥饿和劳累过度。财富新释放出来的力量由于一种罕见的机缘巧合成为贫困的源泉……人类成为大自然中的主人，但人却成了人的奴隶……我们所有的发明和进步的结果，似乎就是各种物质力量都被配备上精神的生命，而人的生存却被愚化为一种物质力量。这边的现代工业和科学与那边的现代贫困和衰落之间的这种

① 马克思，《德意志意识形态》（*Die Deutsche Ideologie*），《马克思恩格斯全集》，第一部分，卷五，页26—27（参见《马克思恩格斯选集》中文版，卷一，1972，页42。——译者）。

对抗，生产力和我们时代的社会关系之间的这种对立，是一个事实，是一个明显的、惊心动魄的、无可置疑的事实。一些党派可能会为此悲叹，另一些党派可能会希望甩脱各种现代能力，以便也甩脱各种现代冲突。或者它们可能会想象，经济中的一种如此明显的进步为了完善就需要政治中的一种退步。就我们这方面来讲，我们并没有忽略精力充沛地继续前进，制造出所有这些对立的狡猾的精神（黑格尔的"理性的狡计"）。我们知道，为了完成美好的事业，社会的新生力量只需要新型的人。①

人们要问：马克思是否在任何时候都澄清了他的要求（即，通过改造人来创造一个新世界）的人性的、道德的、宗教的前提条件呢？他似乎对一种可能的再生的各种条件置若罔闻，独断地满足于那个抽象的公式，即新型的人是创造共同体的共产主义者，是政治动物（zoon politikon）、是现代"世界城邦"的社会"类存在"。

在马克思看来，这种新人的种子就是资本主义社会的最不幸的造物，即无产者。无产者与自身的异化已经达到了极端，因为他必须把自己出卖给资本主义占有者以换取工资。马克思远远没有对无产阶级的个别命运寄予过分人道的同情，而是把无产阶级看作是通过一场世界革命实现全部历史的末世论目标的世界历史工

① 马克思，"一八四八年革命与无产阶级"（Die Revolution von 1848 und das Proletariat），载 *K. Marx als Denker*，*Mensch und Revolutionä*，Berlin，1928，页 41。

具。无产阶级之所以是历史唯物主义的特选子民，恰恰是因为它被排除在占统治地位的社会的特权之外。西哀士（Sieyès）在法国革命爆发前曾宣告，市民什么也不是，但正因为此他才有权利成为一切；与此相同，在市民社会胜利之后五十年，马克思也宣告了从市民社会中发展出来的无产阶级的历史使命。无产阶级提出了彻底的要求，因为它被彻底地异化了。无产阶级作为现存社会的一个例外，生活在这个社会的边缘，它是唯一有可能变得标准化的可能阶级。因为尽管现存社会的崩溃在资产阶级身上和在无产阶级身上以同样的规模表现出来，但是，唯有无产阶级才承担着一种普遍的使命，具有一种拯救的功能，因为它的特殊性就在于它完全没有市民特权。无产阶级不是现存社会内部的一个阶级，而是在它之外的一个阶级，正因为此，它是一种绝对的、无阶级的社会的希望。由于它以最高的、人的方式表现和集中了所有社会领域的对抗，所以，无产阶级是解开整个人类社会问题的钥匙。不同时解放作为整体的社会，无产阶级就不能把自己从资本主义的锁链中解放出来。

在《德意志意识形态》一书中，马克思把无产阶级的普遍意义定义为："只有完全失去了自主活动的现代无产者，才能够获得自己充分的、不再受限制的自主活动，这种自主活动就是对生产力总和的占有……"。由于"真正的世俗问题"，即由于靠挣钱维持生计的问题而完全同自身异化了的雇佣工人——这个无人格的商品制造者，甚至仅仅是一个在世界市场上出卖的商品——是唯一能够解救作为整体的社会的力量。无产者以其特殊利益与普遍利益相一致、与私有制或者资本的利益相对立的方式，体现了作为人类命运的现代经济。只有从这种普遍的和末世论的视角出发，马克思才能够宣布，无产阶级是未来历史的“心脏”，而马克思的哲学则是未来历史的“大脑”。

无产阶级作为特选子民，其哲学在《共产党宣言》中得到了发展；这个档案在其内容的细节上具有科学上的重要性，在其结构的整体上是一种末世论的福音，在其批判态度上是预言性的。它以一个关键的命题为开端：“到目前为止的一切社会的历史都是阶级斗争的历史”，即自由民和奴隶、贵族和平民、领主和农奴、行会师傅和帮工之间，或者如马克思所总结的那样，压迫者和被压迫者之间的社会对立的历史。[①] 这种斗争时而公开，时而隐蔽，贯穿着流传下来的全部历史；它的结局或者是社会受到革命改造，或者是斗争的各党派同归于尽。从封建社会的灭亡中产生出来的现代资产阶级社会，根本没有消灭阶级斗争；它只是创造出新的阶级，并从而创造出剥削和压迫的新条件。不过，在马克思看来，市民—资本主义社会的这个时代与其他时代不同，它的特征在于：它把社会分裂为相互直接对立的“两大敌对的阵营”，使阶级对立简单化为资产阶级和无产阶级的最终争执。

这个最后的决定性时期的特征是资产阶级的现代工业和工业大军的发展，资产阶级在其不到一百年的统治期间所创造的生产力，比过去一切世代创造的全部生产力还要多、还要大：

① 以下引文出自马克思，《共产党宣言》(*Kommunistischen Manifest*)(参见《马克思恩格斯选集》，中文版，卷一，页253—262。——译者)。

> 自然力的征服、机器的采用、化学在工业和农业中的应用、轮船的行驶、铁路的通行、电报的使用，整个大陆的开垦……用法术从地下呼唤出来的人口——过去有哪一个世纪能够料想到有这样的生产力潜伏在社会劳动里呢？……它创造了完全不同于埃及金字塔、罗马水道和哥特式教堂的奇迹；它完成了完全不同于民族大迁徙和十字军东征的远征。

西方文明的这种惊人进步的另一面，是它最终结束了一切家长制的和人的关系：

> 现代工业已经把家长式的师傅的小作坊变成了工业资本家的大工厂。挤在工厂里的工人群众就像士兵一样被组织起来。他们是产业军的普通士兵，受着各级军士和军官的层层监督。他们不仅是资产阶级的、资产阶级国家的奴隶，并且每日每时都受机器、受监工、首先是受各个厂主资产者本人的奴役。这种专制制度越是公开地把发财致富宣布为自己的最终目的，它就越是可鄙、可恨和可恶。

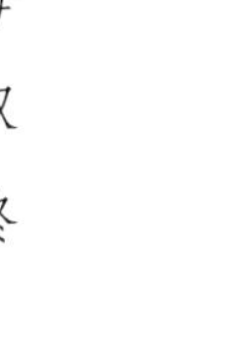

现代工业资产阶级斩断了把人们束缚于其天然上司的“天然”羁绊，它使人和人之间除了赤裸裸的利害关系，除了冷酷无情的现金交易，就再也没有任何别的联系了：

> 它把宗教的虔诚、骑士的热忱、小市民的伤感这些情感的神圣激发，淹没在利己主义打算的冰水之中。它把人的尊严

> 变成了交换价值，用一种没有良心的贸易自由代替了无数特许的和自力挣得的自由。总而言之，它用公开的、无耻的、直接的、露骨的剥削代替了有宗教幻想和政治幻想掩盖着的剥削。资产阶级抹去了一切向来受人尊崇和令人敬畏的职业的灵光。它把医生、律师、教士、诗人和学者变成了它出钱招雇的雇佣劳动者。

在其发展的这个阶段上，现代社会不使生产工具和生产关系不断地革命化，就不能生存下去：

> 反之，原封不动地保持旧的生产方式，却是过去的一切工业阶级生存的首要条件。生产的不断变革，一切社会关系不停的动荡，永远的不安定和变动，这就是资产阶级时代不同于过去一切时代的地方。一切固定的古老的关系，以及与之相适应的、素被尊崇的观念和见解都被消除了，一切新形成的关系等不到固定下来就陈旧了。一切固定的东西都烟消云散了，一切神圣的东西都被亵渎了。人们终于不得不用冷静的眼光来看他们的生活地位、他们的相互关系。

当不断扩大产品销路的需要驱使资产阶级奔走于全球各地，甚至通过迫使最遥远和最野蛮的民族采用资产阶级的生产方式，而把她们都卷到文明中来的时候，西方文明却创造了如此庞大的生产资料和交换手段，以至它就像巫师那样不能再支配自己用符咒呼唤出来的魔鬼似的。工业和商业的历史越来越成为现代生产力反抗社会和经济的生产关系的历史。现在，出现了一种“生产力过剩的瘟疫”，因为资产阶级的关系已经太狭窄了，以至不能容纳和监控它本身所造成的财富。资产阶级用来推翻封建制度的武器，现在却对准了资产阶级自己。在资产阶级自己所锻造的置自身于死地的武器中，工人阶级处于首位。

> 资产阶级即资本越发展，无产阶级即现代工人阶级也在同一程度上跟着发展；现代的工人只有当他们找到工作的时候才能生存，而且只有当他们的劳动增殖资本的时候才能找到工作。这些不得不把自己零星出卖的工人，像其他货物一样，也是一种商品，所以他们同样地受到竞争方面的一切变化的影响，受到市场方面的一切波动的影响。

如果这个阶级在有阶级意识的情况下组织起来，并且在政治上得到引导，那么，一旦阶级斗争接近决战，它就会改变历史的全部进程。

历史对目前社会的这种临近的最终审判的第一个征兆就是，“统治阶级中的一小部分人脱离统治阶级而（像马克思自己那样）归附于革命的阶级”，即唯一掌握着未来的阶级。所以，正像过去贵族中有一部分人转到资产阶级方面一样，现在资产阶级中也有一部分人，特别是已经从理论上提高到认识整个历史运动这一水平的一部分资产阶级思想家，转到无产阶级方面来了。他们认识到，鉴于现代工业，其他阶级必然没落，唯有无产阶级才是一个真正进步的阶级，肩负着普遍的使命，因为：

> 无产阶级只有消灭自己的现存的占有方式，从而消灭全部现存的占有方式，才能取得社会生产力。无产者没有什么自己的东西必须加以保护，他们必须摧毁至今保护和保障私有财产的一切。过去的一切运动都是少数人的或者为少数人谋利益的运动。无产阶级的运动是绝大多数人的独立的运动。无产阶级，现今社会的最下层，如果不炸毁构成官方社会的整个上层，就不能抬起头来，挺起胸来。

无产阶级通过在不同的国家中实现整个无产阶级的共同利益，即工人阶级的共产主义事业，拯救整个人类社会。在这一程序的终点，无产阶级将不像资产阶级那样是一个统治阶级，而是将消灭它自己作为一个阶级的统治。取代旧的资产阶级社会及其阶级对立的，将是一个"联合体"，在那里，每个人的自由发展是一切人的自由发展的条件。最终，整个生存必然性的领域将被一个"自由王国"在最高的具有共产主义特色的社团解除：一个没有上帝的上帝之国——马克思的历史弥赛亚主义的终极目标。

按照马克思和恩格斯(Engels)的理解，《共产党宣言》的革命发现，主要并不是上述草拟的世界历史图式，而是"唯物主义的"命题，即在任何一个历史时期，占统治地位的经济生产方式和交往方式，以及必然从它们里面产生的社会结构，构成了基础，一个时期的政治和精神的历史就是建立在这种基础之上的，并且只有从它出发才能够得到理解。这一基本事实就包含在《共产党宣言》把一切历史归溯到经济对立的第一句话里。据此，在历史上所发生的除经济之外的一切，都被理解为意识形态的“上层建筑”。[①] 唯物主义的解释被概括在如下著名的命题中，即，不是人们的“意识”决定人们的“存在”，相反，是人们的社会存在决定人们的意识——在恩格斯看来，这个命题如此简单，以至对于每一个没有被唯心主义的自我欺骗所迷惑的人来说，它都必然是“不言而喻”的。如果在革命的时代，经济基础发生了彻底的变革，那么，法律的、政治的、宗教的和哲学的意识形态的整个上层建筑，也将或快或慢地发生变革。马克思指出，就像评价一个个人以他对自己的看法为根据一样，评价这样一种变革以它自己的意识为根据，也将是肤浅的。[②]

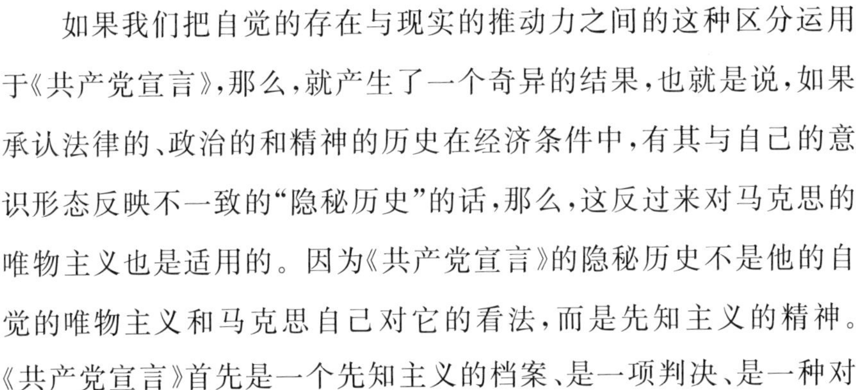

如果我们把自觉的存在与现实的推动力之间的这种区分运用于《共产党宣言》，那么，就产生了一个奇异的结果，也就是说，如果承认法律的、政治的和精神的历史在经济条件中，有其与自己的意识形态反映不一致的“隐秘历史”的话，那么，这反过来对马克思的唯物主义也是适用的。因为《共产党宣言》的隐秘历史不是他的自觉的唯物主义和马克思自己对它的看法，而是先知主义的精神。《共产党宣言》首先是一个先知主义的档案、是一项判决、是一种对

① 马克思，《论〈政治经济学批判〉》，页 13（参见《马克思恩格斯选集》，卷一，页 82。——译者）。

② 马克思，《论〈政治经济学批判〉》，页 13—14（参见《马克思恩格斯选集》，卷二，页 82。——译者）。

行动的呼吁，而绝不是一种纯粹科学的、建立在经验事实之上的分析。[①]"到目前为止的一切社会的历史"显示了占统治地位的少数和被统治的多数之间对立的各种各样的形式，这一事实并不表明把它们解释和评价为"剥削"是正确的，更不用说期望迄今为止的这个普遍事实在未来不再是普遍事实了。即使马克思借助他的剩余价值学说"科学地"解释了剥削的事实，"剥削"也依然是一个道德判断；如果用某种正义理念来衡量，那么，它是一种绝对的不义。在马克思的世界历史叙述中，它不折不扣是"史前时期"的根本恶，或者用《圣经》的话说，是这个时代的原罪。和原罪一样，它不仅腐蚀了人的道德能力，而且也腐蚀了人的精神能力。剥削阶级对自己的生活体系只能有一种"错误的"意识，而没有剥削罪过的无产阶级同时借助自己的真理，透视资本主义的错觉。作为根本的、感染一切的恶，剥削远远不止是一个经济的事实。

即使我们假定全部历史是阶级斗争的历史，也不可能从阶级斗争是本质性的、"决定"其余一切的事实这一点得出科学的分析。无论是在亚里士多德看来，还是在奥古斯丁看来，奴隶制都是众多事实中的一个事实。在他们看来，它是一个自然的现实，决不是应受谴责的；在他们看来，它是一个应由博爱来缓解的社会事实，但对于永恒的救恩或者诅咒来说，并不是决定性的。只是随着自由的市民社会的出现，才从解放的要求出发，把统治者与被统治者之

① 参见韦伯，《社会学和社会政治论文选》(*Gesammelte Aufsätze zur Soziologie und Sozialpolitik*)，Tübingen，1924，页 505 以下；汤因比，《历史研究》(*A Study of History*)，卷五，页 178—179，581 以下；别尔嘉耶夫(N. Berdjajew)，《俄国革命》(*The Russian Revolution*)，《活的现实》(*Vital Realities*)，New York，1932，页 105 以下。

间的关系感受为，并如此称为剥削。既然马克思坚持不受任何道德上的成见和评价的影响，然而却把他对社会对立的各种不同形式的枚举总结为“压迫者和被压迫者”这样的挑战性词汇，那么，这就是他自己的一种奇异的误解。《共产党宣言》的奠基性前提不是作为两个相互对立的阶级的资产阶级和无产阶级之间的对抗，毋宁说，对抗在于这一个阶级是黑暗的子民，而另一个阶级则是光明的子民。同样，马克思以一种科学预言的形式预示的市民—资本主义世界的最终危机，就是最终的审判，尽管据说它是由历史程序的无情规律做出的。无论是“资产阶级”和“无产阶级”的概念，还是把历史看成两大敌对阵营之间日益尖锐的斗争的一般观点，尤其是这种斗争的戏剧性高潮，都不能以纯粹经验的方式得到证明。只有在马克思的“意识形态的”意识中，全部历史才是阶级斗争的历史。在这种观念背后的现实的推动力是显而易见的弥赛亚主义，它不自觉地植根于马克思自己的存在之中，植根于他的种族之中。即使他是十九世纪的自由的犹太人，是坚决反宗教的，甚至是反犹太主义的，他也还是一个受《旧约》局限的犹太人。从手工业到大工业的二千年之久的经济史都无法改变的古老的犹太弥赛亚主义和先知主义，以及犹太人对无条件正义的坚持，都说明了历史唯物主义的理想主义基础。《共产党宣言》以科学预言的相反形式坚持着信仰的特征，坚持着“对人们希望的东西的某种信赖”。

因此，资产阶级和无产阶级这两大敌对阵营的最终对抗，与对最后的历史时期中基督徒与反基督徒之间决战的信仰相对应。无产阶级的任务与特选子民的世界历史使命相似，决非偶然。被压迫阶级的普世拯救功能与十字架和复活的宗教辩证法相对应，必然王国向自由王国的转化与旧的时代向新的时代的转化相对应。《共产党宣言》所描述的全部历史程序，反映了犹太教—基督教解释历史的普遍图式，即历史是朝着一个有意义的终极目标的、由天意规定的救赎历史。

历史唯物主义是国民经济学语言的救赎史。似乎是一种科学发现的东西，如果人们按照马克思主义的“修正主义”的方式剥除其哲学外壳和宗教色彩，从头至尾都充满了一种末世论的信仰，这种信仰在他那里规定着所有具体断言的全部力量和有效范围。在科学上论证无产阶级的弥赛亚主义使命观，并通过纯粹确认事实来激励千百万追随者，这是不可能的。

在犹太教的弥赛亚主义和先知主义中寻找《共产党宣言》的根源之可能性，揭示了唯物主义观点自身的一个基本困难；马克思虽然看到了这一困难，但却不能解决它。他曾联系到古希腊的艺术和宗教来讨论这一困难：“在罗伯茨公司面前，乌尔坎（Vulkan）又在哪里？在避雷针面前，朱比特（Jupiter）又在哪里？在动产信用公司面前，赫尔梅斯（Hermes）又在哪里？……阿基里斯（Achilles）能够同火药和弹丸并存吗？或者，《伊里亚特》能够同活字盘甚至印刷机并存吗？随着印刷机的出现，歌谣、传说和诗神缪斯（die Muse）岂不是必然要绝迹，因而史诗的必要条件岂不是要消灭吗？”[①]

然而，马克思继续说道，困难不在于理解希腊艺术和史诗与一定社会发展形式结合在一起；毋宁说，困难的是，它们仍然是我们

① 马克思，《论〈政治经济学批判〉》，页 268—269（参见《马克思恩格斯选集》，卷二，页 113—114。——译者）。

的艺术享受的源泉，而且就某方面说还是一种高不可及的范本。如果我们把这同一个问题运用于我们自己从其宗教背景解释《共产党宣言》的尝试，那么，它应该就是：如果自以赛亚时代以来已经完全改变了的物质生产力是所有意识形态的决定性因素，那么，古老的弥赛亚主义何以仍然能够起作用，并且是历史唯物主义的宗教范本呢？马克思对这一问题的回答决不是令人信服的。他只是简单地断言，希腊文化虽然其物质前提条件具有不发达的特征，却对我们有着"永久的魅力"，因为我们在想象力中喜欢返回到美好的"童年"。人们不禁要问：古希腊的悲剧和犹太人的先知主义之所以具有永久的魅力，是否要归功于他们的童真呢？对马克思以错误方式提出的问题的正确答案应该是：唯一的"因素"，例如经济条件，绝不能"规定"作为整体的历史，对全部历史程序的一种解释是需要一个建构原则，它决不能在中性的事实中找到。

宗教批判

尽管共产主义信仰是犹太教—基督教的弥赛亚主义的一个虚假变形，它也缺少自己的基础，即自愿地肯定屈辱和拯救性的苦难是胜利的前提条件。无产阶级的共产主义者要求没有十字架的皇冠；他要通过尘世的幸福来庆祝胜利。与十九世纪的俄国虚无主义和社会主义的宗教特征相反，马克思缺乏对宗教意识问题的任何真正的关切和理解。当他要通过无产阶级专政建立自己的尘世国时，他甚至就连上帝也不反对。对于作为科学的无神论者的他来说，对宗教的批判是一个已经完成的事实，就像基督教的历史终结一样。

与费尔巴哈一致，但是也与基尔克果一致，[①]马克思强调了世俗行为的一切规范与福音和教父的基本学说之间绝对的不一致性。

> ……难道你们的实际生活不是每时每刻都在揭穿你们理论的虚伪吗？难道你们认为你们因权利被侵犯而诉诸法庭是不正确的吗？然而使徒却说，这样做不对。当人家打了你们的左脸，你们是把右脸也送上去呢？或者相反地去控告这种侮辱行为呢？但是，福音书却禁止这样做。难道你们在这个世界上不要求合理的权利吗？难道你们不因为稍微提高捐税而抱怨吗？难道你们不因为个人自由稍被侵犯就怒不可遏吗？然而却有人告诉你们，此生的苦难较之来世的幸福又算得了什么，而忍让恭顺和憧憬幸福才是主要的美德。难道你们的大部分起诉以及大部分的民事法律不都是关于财产的吗？然而却有人告诉你们，你们的财宝不在这个世界上。[②]

对于马克思来说，现存的基督教是“资本主义的宗教”，是一种意识形态的上层建筑，它只是证明，通过经济关系的变革，还没有

---

① 参见费尔巴哈（L. Feuerbach），《基督教的本质》（*Das Wesen des Christentums*），第一版前言，《全集》，卷七，Leipzig，1883；《书信往来与遗著》（*Briefwechsel und Nachlaβ*），K. Grün 编，Leipzig，1874，卷一，页 406 以下；恩格斯，《路德维希·费尔巴哈与德国古典哲学的终结》（*L. Feuerbach und der Ausgang der klassischen deutschen Philosophie*），Wien/Berlin，1927，页 39 以下；基尔克果，“对基督教界的攻击”（Angriff auf die Christenheit），载 *Agitatorische Schriften und Aufsätze*，A Dorner 与 Chr. Schrempf 编，Stuttgart，1896，卷一。

② 《马克思恩格斯全集》，Frankfurt，1927 年以后，第一部分，卷一，第一册，页 246—247（参见《马克思恩格斯全集》，中文版，卷一，页 125。——译者）。

解决生存的“现实”问题。

对唯物主义的无神论论证最清楚地表现在马克思的博士论文中。在那里，马克思称伊壁鸠鲁为最伟大的古希腊“启蒙思想家”，因为他信奉普罗米修斯“这个哲学日历中最高尚的圣者和殉道者”。他敢于作为凡人抗拒天上和地上的众神。鉴于基督教关于现代国际市场的神话和偶像，这种抗拒应该被更新，因为宗教意识的最终完结是人统治自己的世界的前提条件。在尘世的自信所先天赋有的这种无神论的基础上，马克思出自变革的目的，对现存的秩序进行了彻底的批判。拒绝人对现存的创造秩序的依赖性，是物质的世界革命的无神论前提。

摧毁宗教意识的准备性工作已经由黑格尔左派，由施特劳斯(D. F. Strauss)、费尔巴哈、鲍威尔和施蒂纳做过了。马克思的《黑格尔法哲学批判》[①]是以这样的断言开始的：“就德国来说，对宗教的批判实际上已经结束；而对宗教的批判是其他一切批判的前提”，也就是说，是对非宗教的、现实的、只是在超自然的和彼岸的宗教幻想中反映出来的世界的批判的前提。费尔巴哈有一个“发现”，即上帝只不过是有限的人在无限中的投影，神学的本质是人类学；按照他的这一发现，现在的任务就在于确立“此岸的真理”。与基督教关于上帝国的理念及其与世界历史的关系相联系，恩格斯在马克思的意义上说，就连他也相信“历史的启示”，而且对于他来说，历史实际上是“一和一切”，他甚至比黑格尔更重视历史。然

① 《马克思恩格斯全集》，第一部分，卷一，第一册，页607以下(参见《马克思恩格斯选集》，中文版，卷一，页1以下。——译者)。

而，他指摘一部“奇特的天国史”的理念，因为这一理念贬低了所有现实的、历史的启示。假如真有一个上帝的国，那么，基督之后的十八个世纪就是一种荒唐的拖延。“我们要求把历史的内容还给历史，但我们认为历史不是‘神’的启示，而是人的启示”。[①] “人的自我异化的神圣形象”消失之后，就必须揭穿其非神圣形象，这种非神圣形象的人的自我异化，采取的不是精神罪孽的形式，而是物质剥削的形式。这样，过去对“天国”的批判就变成对“尘世”的批判，对神学的批判就变成对经济和对政治的批判。尽管如此，马克思在过渡到对人的物质关系的批判时，并没有简单地把对宗教的批判扔在脑后，而是在一个新的层次上重新提出了对宗教的批判。因为尽管宗教只是一种错误的意识，但是，仍然必须回答这样一个问题：这个现实的世界究竟为什么发展出一种与它不适宜的意识呢？如果我们与费尔巴哈一样假定，宗教世界只不过是人的世界的一种投影，那么，就产生了这样一个问题：后者为什么投影出前者，为自己创造出一种宗教的上层建筑呢？当马克思提出这一问题的时候，他比费尔巴哈更具有批判性，费尔巴哈的人本主义是温情的无神论。马克思指出：“实际上，通过分析来找出宗教迷雾的尘世内核，要比反过来从现实的生活关系中发展出被美化了的形式容易得多”。

然而，后一种情况是唯一科学的、唯物主义的和批判的方法。因此，历史唯物主义的任务就在于分析现实世界内部一种使宗教

① 《马克思恩格斯全集》，第一部分，卷二，页 427—428（参见《马克思恩格斯全集》，中文版，卷一，页 650。——译者）。

成为可能的那些特殊矛盾和迫切需要。所以,对费尔巴哈有了以下的批判:

> 费尔巴哈是从宗教上的自我异化,从世界被二重化为宗教的、想象的世界和现实的世界这一事实出发的。他致力于把宗教世界归结于它的世俗基础。他没有注意到,在做完这一工作之后,主要的事情还没有做哪。因为,世俗的基础使自己和自己本身分离,并使自己转入云霄,成为一个独立王国。这一事实,只能用这个世俗基础的自我分裂和自我矛盾来说明。因此,对于世俗基础本身首先应当从它的矛盾中去理解,然后用排除这种矛盾的方法在实践中使之革命化。因此,例如,自从在世俗家庭中发现了神圣家族的秘密之后,世俗家庭本身就应当在理论上受到批判,并在实践中受到革命改造。[①]

和费尔巴哈一样断定宗教是人的一种创造,还是不够;毋宁说,这一断定必须通过更为广阔的认识来详细规定,即宗教是尚未从其自我异化返回、尚未理顺其尘世关系的人的自我意识。宗教是“颠倒了的世界”,在人的本质还没有在共产主义的自由秩序中获得与其适应的现实之前,这个颠倒了的世界必将一直持存下去,但不会更为长久。宗教是“幻想的太阳,当人还没有开始围绕自身旋转以前,它总围绕着人旋转”。通过唯物主义的批判扬弃宗教

---

① 关于费尔巴哈的第四个论纲。《马克思恩格斯全集》,第一部分,卷五,页534(参见《马克思恩格斯选集》,中文版,卷一,1972,页17。——译者)。

"虚幻的幸福",只不过是积极要求"现实的幸福"的否定方面。马克思坚信,通过这种追求尘世幸福、追求解脱需求的尘世形式的意志,将导致宗教的最终消亡。因此,对宗教的真正唯物主义的批判,既不在于纯粹地抛弃它(鲍威尔),也不在于简单地把它人本化(费尔巴哈),而在于积极地要求创造剥夺宗教的来源和影响力的事态。唯有对现存社会的实际批判才能接替对宗教的批判。由于传统的宗教批判向唯物主义的宗教批判的转变,无神论的内涵也就跟着发生了变化。对于马克思来说,它不再是一个神学问题,也就是说,不再是反对异教和基督教的诸神的斗争,而是一种反对尘世偶像的斗争。但是,资本主义世界最突出的偶像就是商品的"物神品性",它是通过把有用的生产资料转换为客体化了的事物、把具体的使用价值转换为抽象的交换价值而产生的。通过这一转换,人,即商品的制造者,就成了他自己的生产的产品。"就像在宗教中,人受他自己的头脑的产品支配一样,在资本主义生产中,人受他自己的手的产品支配"。所有产品的商品形式都是必须批判和改造的新偶像。此外,现代世界仅仅在表面上是完全世俗的。由于它自己的各种发明,它又成为迷信的。"直到现在人们都认为,罗马帝国时代之所以可能创造基督教神话,仅仅是由于没有发明印刷术。恰恰相反,顷刻之间就可以把自己的发明传遍全世界的报刊和电讯,在一天当中所制造的神话……比以前一个世纪之内所能制造的还要多"。[①] 因此,仅仅和费尔巴哈一样把神学和宗

① 一八七一年七月廿七日致库格曼(Kugelmann)的信(参见《马克思恩格斯全集》,中文版,卷卅三,页258。——译者)。

教归结为“人的本质”是不够的，人们必须注意，新的偶像和新的迷信的产生，并通过对现实的，即对历史的一物质的关系的不断翻新的批判来使它们不可能出现。

马克思和恩格斯相信，历史唯物主义完成了黑格尔的哲学，德国工人阶级是“德国古典哲学的继承者”。无论这初看起来如何荒唐，但却不是毫无意义的，因为像马克思所构思的这种唯物主义哲学，在原则上不仅被看作是对黑格尔唯心主义的否定，而且也是它在唯物主义意义上的“实现”。马克思的最普遍的原则也就是黑格尔的那个最普遍的原则：理性与现实的统一，普遍本质与特殊存在的统一。在完成了的共产主义共同体中，每一个个人都把自己的人的本质实现为普遍的、社会—政治的存在。由于马克思接受了黑格尔的原则，所以他会说，黑格尔之所以应该受到指摘，并不是因为他在理论上断言理性的现实性，而是因为他忽略了在实践上实现理性。黑格尔不是为了理性而在理论上批判并在实践上改造全部现存的现实，而是承认宗教的和政治的历史在自身之中是合理性的。从马克思批判的和革命的立场出发，这样一种承认是“最彻底的唯物主义”，而马克思主义才是真正的唯心主义。

同样，黑格尔的历史哲学也是唯物主义考察方式的直接前提；马克思主义者虽然在运用上与它并不一致，但在原则上却与它一致。据此，恩格斯纯粹以历史的方式解释了黑格尔的命题，即一切现实的都是合理性的。在历史进程中，一切在历史上曾经现实地存在过的东西都将又成为非现实的；也就是说，它丧失了自己的存在权利和相对的一历史的合理性。对合理性的现实的这种历史化，决定了黑格尔哲学的革命特征，但黑格尔的哲学又由于试图把历史的发展终结在一个绝对的体系之中，从而陷入了与自身的矛盾。不过，即使在这种局限性之中，黑格尔仍然比费尔巴哈的非历史思维高明。因为费尔巴哈只是在形式上是现实主义的，他从人出发，但却闭口不谈人生存于其中的那个现实的历史世界。与此相反，在黑格尔那里，现实的一切领域，包括哲学，都是从根本上历史地构想出来的，尽管是被以唯心主义的方式歪曲了的，因为他在意识形态上认错了历史的真正推动力。

因此，即使在这里，唯物主义立场和唯心主义立场之间的区别并不在于其原则，而在于其应用。但是，黑格尔的“唯心主义”的历史来源是古希腊—基督教传统，就像整个德国唯心主义一样，黑格尔的精神哲学也建立在古希腊—基督教的逻各斯概念之上，他把逻各斯概念移植为一个形而上学的、在历史程序中自己展开自己的精神。但是，由于他把世界的历史与精神的历史等同起来，他的历史观得益于其宗教起源，要远不及于唯物主义的无神论。马克思的弥赛亚主义如此彻底地超越了现存的现实，以至于他不顾自己的“唯物主义”而维护末世论的张力，并由此维护他的历史构思的宗教动机；与此相反，对于黑格尔来说，信仰只不过是理性或者“知悉”的一种方式，在他自己的精神发展的批判性转折点上，他决定与现实的世界和解。[①] 与马克思相比，黑格尔是现实主义的。

---

① 对马克思和黑格尔的更详尽的分析，请参见洛维特，《从黑格尔到尼采》(*Von Hegel zu Nietzsche*)，Stuttgart，1950；参见胡克(S. Hook)，《从黑格尔到马克思》(*From Hegel to Marx*)，New York，1935；马尔库塞(H. Marcuse)，《理性与革命》(*Reason and Revolution*)，Oxford，1941。

三、黑格尔

在关于世界历史哲学的演讲(1830)中,黑格尔描述了历史世界乍看起来的景象。

> 我们看到一幅巨大的图画,充满了在永无宁息的前后相继之中的事件和行动、形形色色的民族、国家和个人……到处都制订和推行着各种目的……在所有这些事件和事变中,我们在最上面看到人们的所作所为,到处都看到我们自己的东西,因而也到处看到对我们的利害关系的爱好……有时我们看到较大范围的普遍利益在艰难地进展,并且由于被琐碎事项无限纠缠而化为尘埃;有时又看到花费九牛二虎之力,造成的结果却微不足道;从显得无关紧要的东西中,却产生了巨大的后果……一个消失了,另一个就会马上取而代之……普遍的思想,即从这些昙花一现……转瞬即逝的个人、民族和国家的景象中所产生的第一个范畴……就是变易的范畴。一种旧统治的废墟的景象直接使我们从负面去考察这种变易的思想。但是,随着这一变易范畴,马上就产生了另一方面,即新

的生命从死亡中再生。①

所有历史行动和承受的最现实的源泉似乎就是人们的利益、激情和自私愿望的满足，不顾律法、公理和道德。

当我们考察激情的这种表演，在历史中看到它们的暴行的后果，看到不仅与它们，而且甚至主要与善良的意图和正直的目的相联结的无理智的后果，看到灾祸、恶、人类精神所创造的各个极其繁荣的帝国的没落时……我们只能以对这种倏忽性感到悲哀告终，并且由于这种没落并不仅仅是大自然的作品，而是人们的意志的作品……从而以善良精神……对这种表演的义愤告终。用不着演说家的夸张，只要正确地综合各民族和各个国家，以及私人德性或贞洁所遭受的不幸，就可以把那些结果构成一幅最可怕的图画，进而使情绪上升为最深切、最无望的悲哀，任何令人欣慰的结果也不能平息它；面对这种悲哀，我们只能去想：事情就是这样，这是命运，是不可更改的；从而使自己坚强起来，从中挣脱……但是，即便我们把历史看作是宰牲台，各民族的幸福、各个国家的睿智、各个个人的德性在这上面被屠宰成祭献的牺牲品，思想也不免产生一个问题：这些巨大的牺牲是为了谁，为了什么终极目的做

① 黑格尔，《世界历史哲学演讲录》(*Vorlesungen über die Philosophie der Weltgeschichte*)，拉松(G. Lasson)编，Leipzig，1917，页 10—11。

出的呢?[①]

我们每一个人都知道历史所展开的这幅“罪和受难的全景画”,它也正是布克哈特所看到、歌德所描述过的那幅画。歌德说道:“对于更高层次的思想家来说,历史是荒唐的编织物。”[②]在给席勒的一封信(1802 年 3 月 9 日)中,他谈到拿破仑时写道:“从整体来看,是各种大小河流的宏伟景观;它们按照自然必然性从众多的高山和低谷奔涌而出,相互汇聚,造成大江水涨、泛滥成灾;人对它毫无预感,谁又能预先规定它。在这一非同一般的经验中,人们所看到的无非是大自然,无非是我们哲学家喜欢称之为自由的东西”。在哈代(T. Hardy)那关于由年代、怜悯、严峻的和嘲讽的精神,以及流言蜚语的大合唱作注解的拿破仑战争的伟大剧作中,我们也遇到了这一幅图景。天使仅仅报告发生的事情。布克哈特、歌德和哈代如此描绘的,难道不就是关于历史所能说的一切吗?为什么人们不就此打住,反而要和黑格尔一起去继续追问:这些巨

① 黑格尔,《世界历史哲学演讲录》,页 57—58。

② 在同历史学家鲁登(Luden)的一次谈话中,歌德说道:“即使你能够解释和研究透彻一切原始资料,你能发现什么呢?无非是一个早就被发现了的、不再需要试图证实的伟大真理,即:在一切时代里,在一切国家中,情况都是糟糕透顶。人们始终在担惊受怕,在辛勤操劳;他们相互制造痛苦、相互折磨;他们使自己和别人那短暂的人生没有愉悦,即不能重视,也不能享受世界的美好和美好的世界给他们带来的甜蜜生活。只有少数人是惬意的和愉悦的。大多数人在经历一段人生之后,就宁可退出,再也不愿重新开始。无论是过去还是现在,使他们还对人生有一些留恋的,就是对死亡的恐惧。事情就是这样过去,将来还会。我们还需要别的证据吗?”《歌德谈话录》,《歌德全集》(*Goethes Gespräche, Gesamtausgabe*),F. von Biedermann 编,Leipzig,1909 第二版,卷一,页 434—435。

大的牺牲是为了什么终极目的一再做出的呢？黑格尔断言，在我们的思维中，即在我们西方的、不能满足于假定命运的思维中，“必然”要提出这一问题。

在黑格尔把历史描绘为一个生与死一再相互产生的恒久变迁之后，他继续说道：这是一种展示自然生命的“东方”思想；自然生命就像神秘的不死之鸟，总是为自己准备好火堆，并在上面焚毁自己，结果是从它的灰烬中产生出新的生命。但是，这一图景不是西方式的。“对于我们来说”，历史是精神的历史；尽管精神也同样焚毁自己，但它不是返回到同一个形象中去，而是出现时“神采飞扬，容光焕发”。在每一个阶段上，它都以自己为材料，由此人的精神历史向着越来越高的实现阶段进步。以这种方式，一种也包括了历史的自然条件在精神上的完成取代了单纯变迁的观念。

这种西方的历史观以朝着一个未来目标的不可逆转的方向为前提条件，但它并不仅仅是“西方”的。历史指向一个终极目的，并由一种神明意志的天意所指导，在黑格尔的概念中，是由作为“绝对强而有力的本质”的精神或者“理性”所指导，这是一种典型的圣经观念。在黑格尔看来，哲学在考察历史时唯一必须携带的思想就是“纯朴的理性思想，即理性统治着世界”。如果像黑格尔所做的那样，按照上帝国在未来实现的蓝本来理解历史程序，把历史哲学看作是一种神义论，[①]那么，上述使布克哈特极为恼火的论断就

① 黑格尔，《黑格尔来往书信集》（*Briefe von und an Hegel*），一七九五年一月和一七九五年八月三十日致谢林（Schelling）的信；《世界历史哲学演讲录》，《宗教哲学演讲录》（*Vorlesungen über die Philosophie der Religion*）导言。

的确是纯朴的了。

在黑格尔讨论了古代理性概念的缺陷之后，他又探讨了基督教的天意信仰。对他来说，这种信仰是一种与他自己关于理性统治世界的论断一致的真理。但是，对天意的一般信仰在哲学上是不适宜的。它过于不确定，过于狭隘，不能被具体地运用于人类历史的全部进程。天意的计划是我们的认识达不到的，只是在琐碎小事上，在特殊的处境中，才是可见的，例如当一个个人在极度困难时得到出乎意料的帮助时。但在世界历史中，我们探究的是各民族和各个国家，不能满足于这样一种“信仰的小贩叫卖”。

天意的概念必须在大的历史程序的具体细节中证明自己。既然神学不能说明这些程序，那么，哲学就必须接过基督宗教的任务，来阐述上帝在世界历史中贯彻着自己的意图。

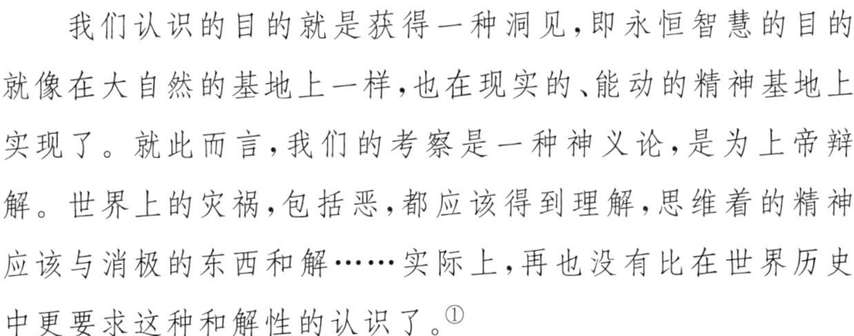

> 我们认识的目的就是获得一种洞见，即永恒智慧的目的就像在大自然的基地上一样，也在现实的、能动的精神基地上实现了。就此而言，我们的考察是一种神义论，是为上帝辩解。世界上的灾祸，包括恶，都应该得到理解，思维着的精神应该与消极的东西和解……实际上，再也没有比在世界历史中更要求这种和解性的认识了。[①]

为了把世界历史乍看的景象与上帝的世界计划和道路统一起

① 黑格尔，《世界历史哲学演讲录》，页24—25；并请参见页477。

来，黑格尔利用了关于“理性的狡计”[①]的思想；理性的狡计是在行动者、在人的激情中和背后活动的。大的历史行动的结果总是不同于人们预期的目标，这并不是偶然性，而是恰恰在于历史的本质。凯撒(Cäsar)和拿破仑在巩固自己的统治时，不知道也不可能知道自己做了些什么。他们不知不觉地在西方的历史上实现了一种普遍的目的。他们的行动在表面上的自由，是以动物般的盲目追求一个特殊目标的激情的双重含义的自由。其结果是，对自己个人利益的追求乃是由一种规定他们意志和决定的隐匿冲动推进的。普遍的目的和特殊的意图在热情的行动的辩证关系中相遇了。因为世界历史中的个人无意识地追求着的东西，并不是有意识地意欲的，而是他们从一种渴望出发必须意欲的；这种渴望看起来是盲目的，但尽管如此，却比有意识的个人利益更为广泛。因此，这样的人以一种本能的理解完成着借助他们被当作目的的东西。他们的行动是历史性的，因为他们是由“理性的狡计”和力量推动的；而理性的狡计也就是天意的理性概念。这样，虽然激情和利益实际上也就是它们乍看之下显现出来的样子，即是历史的人性基础，但这只是在超出它们之上的普遍目的范围内而言的；普遍的目的促进着并非有意识地预期的目标。

各民族和各个个人一样不知道自己实际上追求的是什么，无论它们是顺从还是违背上帝的意志和目的，它们都是上帝手中的

① 黑格尔，《世界历史哲学演讲录》，页 83；《哲学全书》(*Enzyklopädie der Philosophischen Wissenschaften*)，Bolland 编，页 209，附释。对“理性的狡计”如何施展，在一八一六年七月五日谈到拿破仑的一封信中有令人难以忘怀的描述(《黑格尔来往书信集》，卷一，页 401，2)

工具。这样,历史行动的最终结果总要比行动者所预期的更多或者更少。世界精神的计划超出,甚至逆转了人的筹划。[1] 在做出这些引导性的论断之后,黑格尔再一次去看世界。现在,以"理性的眼睛"来看,世界表现出合理的外观。就其轮廓而言,这个外观如下:世界历史开始于东方,终结于西方。它以东方的大帝国中国、印度、波斯为开端。随着希腊人对波斯人的决定性胜利,合理的发生程序移到了地中海世界,并在西方的基督教—日耳曼各帝国中得到完成。欧洲"绝对是历史的终点"。在这一从东到西的运动中,精神达到了现实,达到了对自由的意识,也就是说,它"在他物中"完全是"在自身",它吸收了其他的一切。在东方,只有一个人在无限制的任性的意义上是自由的,这个人就是专制的统治者;在希腊和罗马,一些人是自由的,他们是生来自由的公民,与奴隶不同;而日耳曼世界在基督教的影响下达到了人之为人的自由。东方是世界历史的童年,希腊和罗马是世界历史的青年和成年,而基督教-日耳曼各民族则是世界历史的老年。

古典世界的内在界限在于,它仍有意识地依赖于一种借助占卜和神谕来宣示的外在宿命,为的是说明最终决定的理由。基督教把人置于一种与绝对者的独特关系中,从而把人从外在的权威下解放了出来。"随着基督教原则的出现,大地变得有利于精神了;人们做了环球航行,世界对欧洲人来说成了圆形的"。随着基

① 在唯物主义的图式中,黑格尔式的"理性的狡计"被转化为在自觉的利益和"种种个人的怪癖"中得到贯彻的阶级斗争的最终推动力。它造成了与先行的意图惊人地不同的持久结果。参见恩格斯,《路德维希·费尔巴哈与德国古典哲学的终结》,页50以下。

督的降临，时间已经实现，历史世界已经完成。因为只有基督教的上帝才既是精神也是人。这个原则是世界历史运转的中轴。全部合理的、理性的和可理解的历史都是“到此为止和由此出发的”。

因此，对于黑格尔来说，历史在本质上是基督之前和基督之后的。只有在作为真宗教的基督宗教的前提条件下，黑格尔才能够系统地建构从中国到法国大革命的历史。他是最后一位历史哲学家，因为他在根本上是最后一位其宏伟的历史感还被基督教传统规定和限制的哲学家。在我们现代的“世界历史”中，基督教的纪元成了一个空洞的图式。它虽然还被接受为通行的标准，并被运用于形形色色性质各异的文化和宗教，但是，这种实质上的多样性却缺乏一个像从奥古斯丁到黑格尔那样合理地安排各种文化和宗教作为出发点的统一中心。

黑格尔与奥古斯丁的原则区别在于，他以思辨的方式来解释基督宗教，并把天意翻译为一种“理性的狡计”。“历史的事务仅仅是，宗教作为人类的理性出现，人的心灵固有的宗教原则也被作为世俗的自由创造出来”。黑格尔以如下的句子结束了关于基督教出现在世界历史的那一章：“这样，内心生活与此在之间的分裂也就被扬弃了”。在大地的祭坛上奉献的一切牺牲都由于这种最终的和解得到了辩护。作为基督教精神的实现和世俗化，世界的历史是真正的神义论，是在世界的发生过程中为上帝所做的辩护。

借助于基督教信仰的这种实现，或者像黑格尔喜欢说的那样，借助于精神的这种实现，黑格尔相信自己对基督教的精神保持了忠诚，并且在尘世展现了上帝国。由于他把基督教对一种终极实现的期待移到了历史程序自身之中，他把世界历史看作是自我称义的。“世界历史就是世界审判”。这一命题就其原初的动机——它在这里意味着，世界在全部历史终结时面临一种审判——而言是宗教的，如同它就其世俗运用——它在这里意味着，审判是在历史程序自身中完成的——而言是非宗教的一样。

黑格尔并没有意识到自己把神学转化为哲学、以世界历史的方式实现上帝国的重大尝试之深刻的双重意义。他没有感觉到把“理性的理念”——其实现是历史的终极目的——与上帝意志等同起来有什么困难；因为作为“绝对者的牧师”、“被上帝诅咒为一个哲学家”，他自信认识到了上帝的意志和计划。他是作为一个颠倒的先知认识到的，他在整体上按照历史顺序和历史成就的标准来综览和辩护精神的道路。

在黑格尔之后一百年，很容易就可以指出他的历史观的局限，并且突出这一历史观在运用时的某些古怪，例如在运用于普鲁士王朝和自由派新教时。[①] 黑格尔的世界还是基督教的西方，是旧欧洲。他以具有杰出远见的寥寥数页探讨了美洲和俄国，它们处于他的兴趣的边缘。[②] 此外，他也没有像现在每一个人都能看到的那样，预见到技术科学对历史世界一体化的影响。

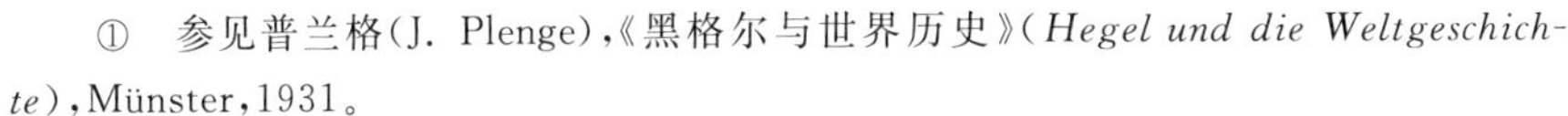

① 参见普兰格(J. Plenge)，《黑格尔与世界历史》(*Hegel und die Weltgeschichte*)，Münster，1931。

② 除了《世界历史哲学演讲录》，页189以下，907—908之外，还请参见黑格尔致波罗的海一位男爵的信；罗森克朗茨(Rosenkranz)曾引用这信，《黑格尔传》(*Hegels leben*)，Berlin，1844页，304以下。对俄国的兴起及其同德国的斗争做出最详细预测的是鲍威尔(B. Bauer)，《俄国和日耳曼世界》(*Rußland und das Germanentum*)，Charlottenburg，1853。参见拿破仑(Napoleon)的《圣海伦回忆录》(*Mémorial de Sainte-Hélène*)，一八一六年十一月初；以及托克维尔在他的《美国的民主》第一部分结尾的预测。

比他的观点的外在局限更具决定性的，是他的原则——基督宗教在世界历史中得到实现，就好像基督教的信仰有朝一日可以成为现实，尽管如此却还是一种对不可见者的信仰似的！——内在的不可能性。在黑格尔能够敢于把信仰的眼睛转化为理性的眼睛、把奥古斯丁所建立的历史神学转化为既不是神圣的也不是世俗的历史哲学之前，西方的思维需要走过一千五百年之久。历史哲学是一种值得注意的混合：救赎历史被投影到世界历史的层次上，而后者又被提高到前者的层次上。黑格尔的基督教把上帝的意志转化为世界精神，转化为“世界精神”，转化为各种民族精神。

四、进步反对天意

黑格尔关于“以人的理性和自由的形象”世俗地产生基督教的原则的基本原理，对于启蒙运动的所有历史哲学家来说都是共同的。然而，黑格尔与他的前辈和他的极端的追随者之区别在于，他把通过基督来实现时间的神学断言纳入了启蒙运动的进步信仰。在他的历史哲学中，进步不是革命的；它以改进和实现整个历史进程的一个自在地已经完成了的原则为目标。与此相反，对于十七世纪和十八世纪典型的理性主义者来说，进步意味着一种向越来越多的合理性、自由和幸福无限制的前进，因为时间并没有实现。

伯里(J. B. Bury)在他的《进步的理念》中指出，进步的理念出现于十七世纪，并发展成为一种普遍的世界观。对一种此岸的和无界限的进步的信仰越来越取代了对一个超世俗上帝的天意的信仰。“在人们还没有感到自己不依赖于一种天意之前，不可能提出任何一种进步理论”。[①] 但最后，恰恰是进步理念接过了天意的功

① 伯里(J. B. Bury)，《进步的理念》(*The Idea of Progress*)，New York，1932，页22、73；参见英格(W. R. Inge)《进步的理念》(*The Idea of Progress*)，Oxford，1920；《偶像的衰落》(*The Fall of the Idols*)，London，1940；A. 所罗门(A. Salomon)，“进步的宗教”(The Relision of Progress)，载 *Social Research*，New York，1946 年 12 月。

能，即预见和为未来筹划。[①]

关于进步的问题，尤其是在艺术和科学的领域里，最初是在古今之争(querelle des anciens et des modernes)中得到表述的；一个世纪之后，在整个欧洲，诸如封德耐尔(Fontenelle)、维科(Vico)和斯威夫特(Swift)、莱辛(Lessing)都讨论起这个问题。“现代”与“古代”的区分起初只涉及现代对经典古代成问题的优越性，但还没有涉及现代是否也进步得超越了基督教这个问题。然而，对关于古代的长处和短处的这种决定性争论的进一步探究表明，这场争论的核心问题是异教的古代和基督教之间、理性和启示之间的差别。当现代的进步理念成为有教养者的宗教时，就要在既与经典的古代又与本身就是超越古代的一种进步的基督教的对立中理解现代性了。在孔多塞(Condorcet)、孔德(Comte)和蒲鲁东(Proudhon)那里，现代是否优越于古代，这个问题不再受到严肃的对待。对于他们而言，问题毋宁说在于基督教教会的主要教义和社会体系是否能够被取代。同时，他们也意识到，现代这个革命时代的进步，并不简单地就是自然科学和历史学中的新知识的直

① 参见诺克斯(R. A. Knox)：“那些丧失了宗教确信的感情的人，聚集在乐观主义的旗帜下：他们的思想关心的是世界的未来，而不是一个未来的世界；在这样一种颠倒了的孔夫子主义中，他们陷入了对其曾孙的崇拜。就连那些宗教领袖也甘愿加入这种乐观主义运动”(《上帝与原子》(*God and the Atom*)，New York，1945，页 59)。参见尼布尔的论断：“现代基督教为了赞同世俗文化对进步理念的信仰，过于热心于否认对《圣经》信仰的那些极其典型的洞见。如今，这种世俗文化的信仰已经陷入动摇，清醒之后接踵而至的是幻想的破灭。自由主义的基督教就卷入了这种幻灭之中。在她试图从《圣经》关于一个被钉在十字架上的救世主的历史中，制作出一部成功的历史之后……她现在发现自己没有能力经受我们这个时代的悲剧性经验了。”(《今日新教的影响》，见 *Atlantic Monthly*，1948 年 2 月)

接结果，而是以超越了古典异教的基督教为中介的，正是基督教才能把进步——即从旧约到新约的进步——的理念引入了西方的历史。由于进步理念对基督教这种起源上的依赖关系，现代的进步观有双重含义：就其起源而言是基督教的，就其倾向而言是反基督教的。现代的进步宗教（Fortschrittsreligion）的出发点是在末世论的意义上对一种未来实现的期待，从它的角度来看，迄今为止的人类都生活在堕落状态中；在古典作家那里，当他们描绘雅典和罗马的衰落时，却没有类似的绝望和信心。从伏尔泰和卢梭到马克思和索列尔（Sorel）[①]，进步的和衰亡史的历史体系都是《圣经》的救赎学说和衰落学说的晚近的、但始终依然有影响力的结果。古典的历史思维根本没有想到依据一种最终审判和拯救而从末世论的意义上诠释历史。

1. 蒲鲁东

蒲鲁东对现代进步宗教的反基督教内容和基督教内容有深刻的把握。[②] 他是一个进步论的神学家，作为这样一个神学家，他又是天意的最极端的批判者。他知道，无论是承认异教的宿命还是承认基督教的天意，以及屈服于它们，在原则上都与革命的和世俗的进步信仰无法统一。基督教"这个对异教的宿命的重大反叛"，

① 索列尔（G. Sorel，1847—1922），法国社会哲学家，试图把马克思主义与蒲鲁东主义结合起来。著有《暴力论》，鼓吹以暴力进行社会改革。——译者

② 参见吕巴克（H. de Lubac），《蒲鲁东与基督教》（*Proundhon et le Christianisme*），Paris，1945，特别是第二章和第四章。

以有人格的天意取代了无人格的命运。在蒲鲁东看来，现代革命的任务就是对天意的非宿命化(défatalisation)。人和人的正义必须把所有人类事务的领导权握在自己手中。人将取代上帝，对人的进步的信仰将取代对天意的信仰。

初看起来，把上帝的作用还原为人的劳动，这似乎是不可能的，因为所有流传下来的历史观都依赖于神的意志和人的意志、隐秘的计划和可见的努力、推进的必然性和人的选择自由之间的区分。[①] 在历史神学中，以由天意规定的必然性作用于人的决断和激情的隐秘计划与上帝相关，或者像在康德的历史哲学中那样，与"大自然"的一个隐秘计划相关。蒲鲁东试图把这一对立转换为社会学的，并由此而解决它。他区分了作为社会生物和集体生物的人和作为个体的人。后者借助于理性的思考而自觉地、自由地行动，而社会却显得受到不由自主的动机的干预，是由一种更高的、表面上超人的旨意指导的，这种旨意以不可抗拒的力量把人驱向一个未知的目标。于是就有了为保证历史决断而求神谕、公共祈祷和献祭的习俗；于是就有了借助于一种预先规定人的一切作为的、由天意规定的命运，从哲学上对历史做出的解释(蒲鲁东点到了波舒埃、维科、赫尔德[Herder]和黑格尔)。蒲鲁东反对这种宗教的和半宗教的历史解释，他认为，把表面上的宿命理解为"社会本能"，弄明白这种社会本能的作用并对它施加影响，这是人的特

① 参见康德一七八四年的文章"一种出自世界公民意图的普遍历史的观念"，以及他对赫尔德(Herder)的《关于人类历史哲学的观念》(*Zdeen zur Philosophie der Geschichite der Menscheit*)的评论；还请参见科林伍德，《历史的观念》(*The Idea of History*)，Oxford，1946，页 93 以下。

权。神明天意无非是作为一种社会生物的人的“集体本能”和“普遍理性”。历史的上帝是人自己的创造,而无神论,即人本主义,则是每一种神义论迄今为止隐秘的基础。“人道的无神论”是人的精神解放和道德解放的最后一个阶段,它同时有助于在科学上证实和辩护所有那些由于理性的分析,即由于不间断地进行研究的那个“不知疲倦的撒旦”而被摧毁的教义。[①]

历史不是由天意指导的,而是由导致新正义观的革命危机向前推动的。第一次危机是由耶稣造成的,当时他宣布了所有的人在上帝面前的平等。宗教改革和笛卡儿(Descartes)开创了第二次危机,他造就了在良知和理性面前的平等。第三次危机以法国大革命为开端,贯彻了在法律面前的平等。眼前的革命将是经济的和社会的,它将结束宗教、贵族政体和资产阶级的时代。它将通过“把人与人类等同起来”而造就最终的平等。为了实现这最后一步,人必须开始人与上帝之间永恒的斗争,并把它进行到底。因为上帝或者绝对者是人类进步的一大障碍,是一切经济、政治、宗教类型的专制主义的一大源泉。

伏尔泰和孔多塞反对宗教,但却是自然神论者,而蒲鲁东却自诩是极端“反有神论的”。“我们分享永生所借助的真正的德性就在反对宗教和上帝自身的斗争之中”,因为“上帝就是恶”。作为有天意的造物神,基督教的上帝剥夺了人自己的创造力和预见。蒲鲁东不是和伏尔泰一样说:“即使上帝不存在,人们也必须虚构一

① 蒲鲁东,《经济矛盾的体系,或贫困的哲学》(*Système des contradictions économiques ou Philosophie de la misère*),导言,1846。

个上帝”，而是说：“每一个有理智、自由的人的首要任务，就是不间断地把上帝的观念从头脑和良知中清除出去”。因为如果上帝存在，那么，就其本质而言，他是敌视我们的本性的。“我们不顾他而有了科学，不顾他而有了幸福，不顾他而有了社会；每一进步都是一种粉碎神明的胜利”。[①]

逐渐地，人成为创造的主人，和上帝相同。人并不是按照上帝的形象创造的，相反，上帝是按照人的预见和筹划的形象塑造的。“删除这种天意，上帝就不再具有人性”。永恒的上帝和有限的人是一场不可调和的竞争中的对手，竞争的报赏就是在通过理性预见支配宇宙方面的进步。上帝并没有干预人类这场历时数百年之久的反对神明和争取支配人类命运的斗争；上帝并没有减轻人的痛苦，而是像折磨约伯那样折磨人。上帝是“我们的良知的幽灵”，而神明天意所有那些标志，例如父亲、国王和法官，都无非是人道的一幅漫画，与自负的文明无法统一，并且受到历史上灾难的驳斥。上帝就其本质而言是“反文明（anticivilisateur）、反自由（antilibéral）、反人道的（antihumain）”。

> 我们并没有被告知：“上帝的道路是不可探究的！”我们探究了他的道路，并且在鲜血写就的文书中读到了他的无能——即使不是他的恶意——的证明……永恒的父，朱比特或者耶和华（Jehova），我们认识你：你现在、过去和将来都永

① 蒲鲁东，《经济矛盾的体系，或贫困的哲学》，第八章。

还是妒忌亚当的，是普罗米修斯的专制君王。[①]

上帝是人的对头，就像耶和华是以色列的对头。因此，像费尔巴哈那样把神学归溯到“人类学”，并且把人类神化，这是错误的。毋宁说必须证明，人就其本质而言不是神性的，而上帝如果存在，他就是人的敌人。拥有一种有限的、赋有预见的理性，并且能够“预言自己的未来”，这是人的特权；与此相反，完善的圣洁性是与不断进步的完善化相矛盾的。

> 就像我们今天所做的那样，早在一八〇〇年前就有一个人试图更新人类。革命的天才（魔鬼 Lucifcr），“永恒者”的对头，在这个人身上发现了虔诚的生活、杰出的心智和想象力，就以为是自己的儿子。魔鬼走向这个人，向这个人指点世上的国，并且告诉这个人：“我要把这一切交给你，跪下向我祈祷吧”。“不”，这个拿撒勒人回答说：“我只向上帝祈祷”。不彻底的改革者被钉在十字架上了。在他之后，出现了法利赛人(Pharisäer)、税吏、祭司和国王，他们比以前任何时候都更为专制、更为贪婪、更为无耻，革命不知开始了多少遍，又放弃了多少遍，至今依然是一个未解决的问题。[②]

① 蒲鲁东，《经济矛盾的体系，或贫困的哲学》，第八章。

② 蒲鲁东，《十九世纪革命的一般观念》(*Idée générale de la révolution au XIXe siècle*)。转引自吕巴克，《蒲鲁东与基督教》，页 185。

为了解决这一问题，蒲鲁东宣布甘愿完成魔鬼的事业，而不向他要求任何报酬。蒲鲁东决心承认堕落了的天使为圣父，对于这种极端决心，一个同时代的象征就是波德莱尔（Baudelaire）的著名诗句："该隐的后代在天上高捧上帝，在尘世却抛弃上帝"。

尽管蒲鲁东亵渎神灵，但和波德莱尔一样，他的内心世界却显现出基督教的特征。无论他的"反有神论"包含着什么样的善辩、做作和夸张，他却受到一个竭尽全力要维护自己独立性的宗教灵魂的激情和认真的鼓励。他是十九世纪少数几个伟大的作家之一，学过希伯来文并注释了《圣经》。[①] 实际上，就像他在《经济矛盾体系》一书的序言中所说，他需要假设一个上帝，以便说明他以非同一般的方式探讨科学问题的理由。[②] 他说过："讲授神学应该由我们来做，因为只有我们才延续了教会的传统，只有我们才懂得《圣经》、宗教会议和教父"；[③]这话也并非全无道理。然而，一个像

① 这部著作在他死后以"圣经"为题发表。

② "对于与上帝、世界灵魂、命运有关的一切，我全然不知；作为唯物主义者，我不得不向前推进，这就是说，依据观察和经验，并以信徒的语言得出结论，因为除此之外我别无他法；尽管我自己与神学有关，不知道我的信仰是否应当以本来面目来表现，或者以图表的方式来表现……确实，辩证法的严格性要求我设定我们称作上帝的这个未知者。神性充满了我们，朱比特充满了万物。我们的文物、我们的传统、我们的法律、我们的观念、我们的语言和科学，一切都被这个难以去掉的迷信所感染，离开了它，我们就不能说话，也不能行动；没有了它，我们简直就不能思想。"蒲鲁东，《经济矛盾的体系，或贫困的哲学》，导言及第三章。

③ 同上，第八章。参见索列尔，《无产阶级理论资料选》（*Matériaux d'une théorie du Prolétariat*），Paris，1921，页 241，注 1："蒲鲁东的定义受神学回忆的影响很大。既然卢梭尚且要感激敏感的基督教，那么，我们也就有权断言，蒲鲁东是法国神学的继承人。不能排除，人们今天所注意到的蒲鲁东研究的复兴，将有助于把政治还俗主义的精神引回到神学。"

科尔特斯(D. Cortés)这样严守教义的人会把蒲鲁东看作死敌,认为必须用神学的理由反驳其革命的论点。如果说现代处境的特点就是,在十九世纪,末世论的火焰不是由自由派神学家,而是由像蒲鲁东、马克思和尼采[1]这样的“无神论者”维持燃烧的,那么,就完全可以,为蒲鲁东把自己和原初基督徒所说的那种荒唐的对比做某些辩解;原初基督教也被异教徒指控为“无神论”,因为他们粉碎了古老的多神信仰。[2] 就连蒲鲁东也出自自己的粉碎激情而期望为“新信仰”(la foi nouvelle)作好准备;当他在现代革命的戏剧中就像“在祭牲的内脏中”探索它们命运的秘密时,他要求有一种“救恩的迹象”。[3] 马克思认为,人类不给自己提出就连自己也不能解决的任务;蒲鲁东比马克思更深刻地认识到,上帝和人的二律背反不能得到最终的解决:on n'a jamais fini de se débattre contre Dieu(我们和上帝的搏斗决没有完结)。[4] 于是就有了他在考察基督教西方衰落时的深刻理解和真诚悲伤。

当蒲鲁东在一八四三年描绘旧欧洲的没落时,他在“基督教的这一最后时刻”充满感激之情地回忆起基督教的恩赐和启迪。他说道,正是基督教奠定了我们这个社会的基础,圣化了它的法律,统一起各个民族,用对正义的热情充满了高尚的灵魂。二十年后,

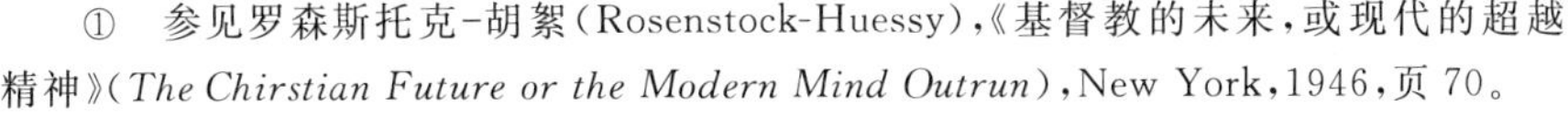

① 参见罗森斯托克-胡絮(Rosenstock-Huessy),《基督教的未来,或现代的超越精神》(*The Chirstian Future or the Modern Mind Outrun*),New York,1946,页 70。

② 参见哈那克(A. Harnack),《最初三个世纪的无神论指摘》(*Der Vorwurf des Atheismus in den ersten drei Jahrhunderter*),载 *Texte und Untersuchungen zur Geschichte der altchristlichen Literatur*,NF(1905),卷十三,页 4。

③ 蒲鲁东,《经济矛盾的体系,或贫困的哲学》,导言。

④ 参见吕巴克,《蒲鲁东与基督教》,第六章,第 3 节。

当他再次分析社会的解体时，他又从我们西方文明的基督教基础出发，来理解十九世纪的危机：

> 目前，文明处在危机关头；在这历史上，只有一个事件可以和它类比，即由基督教的出现所造成的危机。所有的传统都被耗尽，信仰被取消；另一方面，新的程式尚未就绪，也就是说，尚未深入到群众的意识之中。我称之为瓦解。它是社会生活中最可怕的时刻。良知被出卖、平庸庆祝胜利、真假被混淆、原则被背叛、激情变得低劣、风气变得卑鄙……所有的一切都更加使意志善良的人们充满忧伤。我不是给自己制造幻象，我并不期待……明天就在我们的国家里发现公民的自由、对法律的尊重、公众的礼仪……理性、发现平民的集体精神。不，不，衰落的终点是无法预见的：它在一两代人期间将不会减缓。这就是我们的命运……我将只看到恶，并且死在一团漆黑之中，被过去打上抛弃的印记：集体大屠杀将会出现，紧随血腥屠杀之后的屈辱将是可怕的。我们将不能活着见到新时代的成果。我们将在黑夜里战斗。我们必须逆来顺受，忍受这种生活而没有太多的悲伤。让我们只要有机会，就相互支持，在黑暗中相互召唤，主持公道吧。[①]

① 蒲鲁东，《通信集》(*Correspondance*)，Paris，1875，卷十，页 187—188 和页 205—206(一八六〇年十月廿七日和廿九日的信)。参见《人性秩序的建立》(*De la création de l'ordre dans l'humanité*)，第一章，第 3 节和第二章，第 4 节。

这里发出的是一种如此彻底绝望的声音，这种绝望只能侵袭一个进步信徒，而不能侵袭一个基督徒。然而，正是对上帝国临近的信仰，激励着蒲鲁东为了人类进步而反对上帝和天意的斗争。

2. 孔德

实证的历史观

尽管不能在思想的深度方面，但却可以在视野的广阔方面与黑格尔的《历史哲学》[①]相媲美的唯一著作，是孔德（1798—1857）的《实证哲学教程》[②]。二人的著作都不仅是一种历史哲学，而且是历史的哲学思维；无论他们的考察对象是什么，这种哲学思维一直到方法都渗透着历史的意识。和黑格尔一样，就连孔德也坚信，

① 在一八四二年为《实证哲学教程》（*Cours de Philosophie Positive*）最后一卷所做的自序中，孔德承认，他曾避免读维科、康德、黑格尔和赫尔德的书，以便保证他自己的观念体系的联系和纯粹。在他担负起这种"精神保健"历时二十年之后，他发现它"有时令人厌烦，但在更多的情况下是有益于健康的"。

② 这部著作是以一八二六年至一八二九年期间的一系列演讲为基础的。后来，孔德希望把这个标题改为实证哲学"体系"这个更贴切的标题。这里的引文引自多恩（V. Dorn）的德文译本《社会学》（*Soziologie*），三卷本，1911。由于这个版本只包括第四十六至六十章，所以还必须经常联系到里格（J. Rig）的节选本《实证哲学》（*Die Positive Philosophie*），德文本由基尔奇曼（J. H. v. Kirchmann）翻译，二卷本，Leipzig，1884。这两个译本有时还必须依据 E. Littré 编的法文六卷本《孔德全集》（Paris，1864）予以修正和补充。在关于孔德的许多作品中，特别请参看吕巴克在《人本主义的戏剧》（*Le Drame de l'humanisme athée*）中的神学论文，Paris，1945，页 135 以下。

任何现象，如果不历史地理解它——通过阐明它在时间上的起源和规定性、它在事件的整个程序中的功能和相对的理由，就不能在哲学上理解它。这种历史的立场在十九世纪才流行开来，但它的根源却可以一直追溯到把世界看作是一种为了一个终极目的、一次性地创造出来的造物的基督教观点。只有在这样一个时间的、尽管是超历史的图式中，才可能并且必须把所有的事件与起源和目标联系起来；离开了起源和目标，就连历史"连续性"也失去了依据。

这一历史图式也使历史哲学的神义论成为可能，后者把每一个时期都解释为从开端到终点的连续进程中的一个"必然的"和"有益的"阶段。"毫不让步地调解一切"，使世界与上帝在历史中并通过历史和解，这是孔德和黑格尔的共同意图。二人都从一种追求一个目标的连续"进化"的观点出发，把思想和事件的各种貌似彼此矛盾的体系的混乱剧情转化为"最可靠的一致的一个源泉"。这里所说的进化远远不是一个生物学概念；毋宁说，它意味着基督教关于一开始就具有目的的救赎历史的观念体系所蕴涵的一种神学。

人类的历史发展是普遍的，这并不是在一种模糊的意义上说的；相反，它的统一的和确定的出发点在基督教西方的白人种族中。只有西方文明才就其使命要求而言是能动的、进步的、普遍的。但是，黑格尔把西方的优越地位建立在基督教这种绝对的宗教之上，而孔德却试图通过白人种族在物理学、化学、生物学上的特性来“实证地”解释这种优越地位。①

两位思想家都是革命后的，也就是说，他们都受到法国大革命的解放性动力的推动。同时，他们都试图为现代进步的革命能动性引入一种稳定性的因素：黑格尔是通过“精神”的绝对品性，在精神中，反映出基督教的逻各斯的终极性；孔德则是通过“秩序”的相对力量，在秩序中，天主教的教阶制被世俗化。

实证哲学在原则上与神学-形而上学哲学的区别在于，它把之前一切绝对的概念都相对化了。② 历史的神学和形而上学“就其观念体系而言都是绝对的，就其运用而言都是任意的，而历史的实证哲学则就其观念体系而言是相对的，就其运用而言是确定的，就像进化和进步的自然规律一样”。尽管孔德在原则上拒斥对绝对性的任何形式的要求，但他对我们精神的和道德的、社会的和政治的历史的系统解释，却依然建立在他所拒绝的东西之上。因为为

① 孔德，《社会学》，卷二，页16。且不说这种以自然主义方式进行解释的尝试，孔德从波舒埃那里接受了把普遍的历史限制为基督教西方的历史的做法，尽管他批判了波舒埃的神学前提：“……伟大的波舒埃的天才虽然毫无疑问是由纯粹文献的结构统一原则引导的，但是，我在本能上觉得，他在自发地把自己的历史考察仅仅限制在检验一个同质的和封闭的、但依然有权被称为普遍的阶段上时，他的天才已经预感到了，由对象的本性所强加的逻辑条件。那些卖弄自己的全部博学资本，考察诸如印度、中国等等这样对发展进程毫无贡献的民族历史的人，可能会指摘波舒埃的局限性；但尽管如此，对于有哲学素养的考察者而言，他的计划确实是普遍的”。“如果我们学会了人类的精英所独有的东西，那么，我们将认识到，上层为了下层的利益所应该起到的作用；以任何其他方式我们都不能理解这一事实和由此得出的中介作用；因为同时并存的各种不平等状态的视野，并不能帮助我们。但是，我们的第一个局限就是，我们把自己的社会学分析集中在对前进得最远的社会发展的历史研究上”（孔德，《社会学》，卷二，页4—5）。对这种原则上“进步的”（因为是基督教的）文明在方法上的优越地位的极为值得注意的洞见，包含着对伏尔泰批判波舒埃的攻击（参见第五章）。

② 孔德，《实证哲学教程》，卷一，页4；卷二，页58以下。

了用科学的相对主义取代神学的绝对主义，他必须把相对性本身宣布为绝对的原则，通过不断进步发展的唯一的和最高的规律来把所有现象联系起来。一种在时间中朝向一个未来终极目标的进步的主导思想表明，实证哲学起源于把历史当作一个在未来实现的救赎历史的神学解释。

《实证哲学教程》(1830—1842)的一般目标设定在于，阐明“人类发展的根本进步”(la marche fondamentale du développement humain)，并且在整体上审视人类精神的进步，看它是如何通过历史连续性的整体在我们西方文明的科学阶段达到最终的成熟。孔德有意地用“发展”和“进步”取代了完善(perfectionnement)这个概念，发展和进步作为实证的-科学的概念可以排除一种道德上的评价；当然，他并不否认，连续的进步必然也会导致改善和完善。[①]但是，他反对卷入关于绝对的幸福在不同时代的进程中日益增长的无益争论，因为每一个时代都在人的能力、追求和关系之间造成了一种相对的均衡。

从对普遍发展的研究中，孔德引申出“重大的基本规律”，即我们的文明和我们的知识都相继经历了三个不同的阶段：神学的或者虚构的阶段(童年)，形而上学的或者抽象的阶段(青年)和科学的或者实证的阶段(成年)。就像基督教时代被理解为最终的时代一样，科学的时代也是一个终极的时代，它完成了人类历史进步的传统。这个时代开始于培根(Bacon)、伽利略(Galilei)和笛卡儿；[②]

① 孔德，《社会学》，卷一，页 264、页 275 以下。

② 孔德，《实证哲学教程》，卷一，页 17。

笛卡儿的《方法谈》必须通过制订使历史哲学成为一门科学的历史-社会学方法来扩展和完善。[①] 从数学到社会学，各门科学的等级制由一个统一的方法来规定，它在“社会物理学”中，即在社会学中达到顶点，社会学最终完善了各门自然科学的体系。[②] 在这一进步的发展中，神学的概念体系是出发点，形而上学的概念体系是过渡阶段，而科学的概念体系则是最终阶段。在第一个阶段，人类精神探索的是一切事物的真正本性，是它们最初的和终极的原因，是它们的起源和目标；简言之，是绝对的知识。它适用于一切现象，无论它们是借助多个超自然力量（多神论），还是借助一个唯一的神性力量（一神论）的直接和持久的干预产生的。在形而上学阶段，这些超自然力量被抽象的本质所替代。形而上学所提出的问题始终还是神学的问题，只不过回答的方式已经是形而上学的了。在实证阶段，精神最终发现不可能形成绝对的概念。它放弃了对宇宙起源和规定性的徒劳探索，通过把经验观察与逻辑思维结合起来，把自己的研究限制在现象的前后相继和相似性的不变关系上，而自然规律也就存在于此。孔德的新哲学是极端的和字面意义上的相对主义，因为它仅仅在各种关系中思考。对事物本性的一切研究都必然是绝对的，而对各种程序的规律的研究却必然是相对的。“它以研究的一种不间断的进步为前提条件，其标准就是我们的观察的逐渐改善，但并不能在某个时候完全揭示现实；科学概念的相对特征与自然规律的概念密不可分，正如无条件的知识

① 孔德，《社会学》，卷二，页 2。

② 孔德，《实证哲学教程》，卷一，页 18。

的志向属于神学的发明和形而上学的本质一样”。[1] 除非通过启示，否则任何知识都是以作用于我们的对象和反作用于对象的机体为条件的。只有在这种相互关系的范围内，我们才能够知道些什么。不发光的星辰是不可见的，盲人不能看见任何东西。

在任何情况下，我们都不能把当时的影响归于造成我们印象和观念的两组条件中的任何一组。[2] 这种相对主义在生物学和社会学中极其引人注目，但它对于所有的实证科学来说都是奠基性的。“解释”一个现象，对于实证的精神来说，或多或少意味着在各种单个的现象和一些普遍的规律之间建立联系，这样的规律的数目将随着科学的进步而不断地减少。[3] 借助一个像万有引力规律这样的唯一的规律来解释所有的事实，将是无法达到的理想。实证哲学是科学普遍性的特殊阶段，它仅仅致力于我们能胜任回答的问题；与此相反，原初的人们仅仅对不可回答的问题感兴趣，例如所有事物的起源、目的和本质这样的绝对问题。

尽管如此，孔德还是试图论证神学思维方式的历史必然性。成熟了的精神观察事实，乃是为了形成理论；另一方面，为了能够揭示事实，一种作为向导的理论又始终是前提条件。[4] 自由地周旋于理论和事实，或者思考与观察的这个圆圈的范围之内，对于一个在科学上没有教养的精神来说太困难了。因此，他必须以一种更为简单的方法开始自己的研究，并把超自然的东西假设为可观

---

① 孔德，《实证哲学教程》，卷二，页 59；参见《社会学》，卷一，页 217。

② 孔德，《社会学》，卷一，页 240。

③ 《孔德全集》(*Franz Ausg*)，波文版，卷四，页 293。

④ 孔德，《实证哲学教程》，卷一，页 4—5。

察的结果的终极的和直接的原因。如果人不从过高地估价自己的认识能力和自己在宇宙中的重要性出发，他就学不懂和做不出他事实上能够知道和做出的事情。神学的哲学恰好提供了为敦促人类精神从事艰辛的工作而必需的激励，没有这种激励，人类精神就不可能有任何进步。[①] 然而，为了从超自然的思辨前进到自然哲学，必须有一个过渡的体系。在这个体系中，形而上学的观念是有用的和必要的。当人们用相应的本质取代对自然和历史的超自然支配时，对事实的考察就更为自由了，直到形而上学的原因不再超出抽象的关系。在今天（十九世纪），欧洲的优秀人物都一致认为，必须用"实证的"教养取代神学的、形而上学的和文学的教养；实证的教养是与过去的高等教养形式不可避免地走向没落在同等程度上进步的。[②]

孔德的普遍历史的一般目标，是一种从原初的阶段到发达的阶段直线进步的开放的未来。这一进步在理智领域要比在道德领域更为明显，并在自然科学比在社会科学中得到更为明确的实现。然而，为了重新塑造社会，终极的目标和任务是把自然科学的成果运用于社会物理学或者社会学。[③]

① 孔德，《实证哲学教程》，卷一，页 6。

② 孔德对进步的实证主义信仰虽然在旧世界不再为"领袖人物"所赞同，但在其政治制度出自十八世纪的新世界，却始终居支配地位。

③ "社会学"这个词第一次是由孔德在援引孔多塞的著作时使用的，其目的在于表明"社会物理学"是研究社会现象的基本规律的实证科学。因此，"实证哲学"与"社会学的哲学"具有同等的含义（孔德，《实证哲学教程》，卷二，页 54；《社会学》，卷一，页 184，注释；参见《孔德全集》，法文版，卷四，页 185，注释）。

各高度文明的民族[1]如今所处的严重政治危机和道德危机，其原因就在于一种精神上的无政府状态。缺乏基本准则和社会秩序的稳定性，可以追溯到三种哲学，即神学哲学、形而上学哲学和实证哲学的令人眼花缭乱的并立。它们中间的每一个都可以单独地保证一种社会秩序，但是它们若同时并立，却使每一个都不能起作用，阻碍了每一种秩序。因此，任务就在于"结束培根、笛卡儿和伽利略所开创的那种庞大的精神计划，折磨我们的革命动荡将被清除"。[2]

为了给无政府地追求个人权利的纯粹增长（取代共同的义务）、抽象的自由（取代自愿的臣服）和平等（取代等级秩序）[3]造就一种均衡力量，结束最近几个世纪的革命时期，必须重新建立有秩序的稳定性力量。因为只有一种把保守的秩序和革命的进步统一起来的体系，才能把自中世纪的秩序解体以来欧洲历史特有的状态引向其最终的和实证的目标。在更古老的观点看来，相互排斥的秩序和进步，在现代文明中构成了必须同时实现的两个条件。它们的统一是任何一种真正的政治制度的基本困难和基础。"今天，如果一个社会不与进步协调，就不能建立和维持社会秩序，如果它不建立稳定的秩序就不能完成进步。在实证哲学中，秩序和

① 根据孔德的看法，这指的是法国、意大利、德国、英国和西班牙。这种借助于实证主义的拯救，后来也扩展到整个白人种族，并逐渐地扩展到整个人类（孔德，《实证哲学教程》，卷二，页 430、376、28；《社会学》，卷三，页 248、754）。

② 孔德，《实证哲学教程》，卷一，页 17；参见《孔德全集》，法文版，卷四，页 17。

③ 孔德，《实证哲学教程》，卷二，页 10 以下；参见《孔德全集》，法文版，卷四，页 514。"论宽容的界限"（Über die Grenzen der Toleranz）。

进步是同一个原则的两个不可分割的方面”。[①] 从历史上看，天主教会是传统、等级制度和秩序的重要维护者，与此相反，新教则要求批判性的进步精神，新的进步秩序却既不是天主教的也不是新教的，而干脆是“实证的”和“自然的”，就像社会历史的自然规律一样。

孔德用实证科学的不发达状态和对事实的贫乏认识不足以揭示社会现象的自然规律，来解释实证主义兴起前社会进步相对地小的现象。亚里士多德的《政治学》比起他的其他著作来说，要更为接近“实证的”观点，但却既不能使人认识进步的倾向，也不能使人稍稍了解文明的自然规律，[②]即进化的规律。对于经典的古代来说，历史的进程根本不表现为进步，而是表现为不断重复的时期的周期性顺序；它还缺少对一种旨在未来目标的改造的体验。

对人类进步的第一次预感是基督教促成的。由于基督教宣布了福音的律令对道德律令的优越地位，它也就导致了历史朝向其实现不断进步发展的思想。但是，基督教不可能达到社会进步的任何科学理论，因为这种理论与它断言自己是人类精神的终极阶段总是矛盾的。

关于一种普遍进步的第一个令人满意的学说，是由一位基督徒提出的，他同时也是一位伟大的科学家。帕斯卡(Pascal)把各个时代的进程中整个历史的世代序列看作就像是“唯一一个不断学习新东西的人”。[③] 孟德斯鸠(Montesquieu)和孔多塞朝正确地

① 孔德，《实证哲学教程》，卷二，页 4；参见《孔德全集》，法文版，卷四，页 17。

② 孔德，《实证哲学教程》，卷二，页 48、51；《社会学》，卷一，页 176—177。

③ 帕斯卡(Pascal)，《思想与小品文集》(*Pensées et opuscules*)，Léon Brunschvigg 编，Paris，1909，页 80。

理解社会历史的方向迈出了最重要的一步。孔多塞为自己关于人类精神进步的著作所作的导言，先行提出了人类不断进步的洞见。孔德说道："这寥寥数页不朽的作品，就所有涉及社会学问题的整个地位的内容而言，没有留下……任何值得向往的本质性东西；在我看来，社会学问题的整个地位在未来的任何时候都建立在那种值得惊赞的……解释之上"。[①]

孔德对天主教和新教的评价

在一个脚注中，[②]孔德说明，他偏爱作为社会组织的天主教体系，并不取决于他是作为一个天主教徒长大成人这一事实。毋宁说，天主教体系和实证体系的亲和性，是以它们共同的目的和建立——尽管是在不同的基础之上——一个真正的社会组织的能力为基础的。此外，共同反对"与任何一种健康的政治观念体系都极端对立的"新教哲学在社会意义上的无益，也把二者联合起来了。新教断言可以改革基督教，这摧毁了基督教的政治存在不可缺少的条件。在孔德的著作中，我们不仅到处发现关于诸如波舒埃和麦斯特(De Maistre)[③]这样的人物的政治智慧和社会智慧的认可性说明，而且到处发现决定着他的整个思维的对罗马"天主教体

---

① 孔德，《实证哲学教程》，卷二，页 54；《社会学》，卷一，页 185—186。

② 《孔德全集》，法文版，卷五，页 231。

③ 关于波舒埃，请参见《孔德全集》，法文版，卷四，页 204；卷五，页 8、187、418；卷六，页 251。关于麦斯特，请参见《孔德全集》，法文版，卷四，页 64、135、138。关于孔德把天主教哲学等同于麦斯特和波拉德(Bonald)的哲学，请参见吕巴克在《无神论人道主义的戏剧》(*le Drame de l'humanisme athée*)第二部分所做的批判性注释。

系”——他主要称之为基督教——的敬重，因为它作为社会体系惩戒了“新教的无政府状态”。从社会的观点来看，它比耶稣的福音更为明确。不用同历史上的创始人发生某种特殊的关系，它在理解一神论的原则时没有任何宗派的限制。不是耶稣，而是保罗，才是在孔德实证的人类崇拜中与bindung撒和查理大帝（Karl dem Groβen）处于同一级别的“伟大人物”。在孔德看来，中世纪是如此完善，“以至我们仅仅仿效它，把同一个体系重新建立在我们改善了的基础之上”。实证哲学是第一个使作为人类智慧最伟大成就的天主教体系受到公正对待的哲学。[1] 它必须完成天主教历时十个世纪之久所组织的、但仅仅在从格列高利七世（Gregor VIII）到波尼法修八世（Bonifazius VIII）的二百年期间构成欧洲体系巅顶的事业。早在波尼法修时代，天主教的衰落就开始了，以后的五个世纪呈现出一种慢性的垂死挣扎的景象。在孔德看来，天主教的强大和蜕化这一问题的解决，就在于区分天主教的教义和天主教的组织。前者是注定衰亡的，后者则注定继续发展。我们必须要么赞同它，要么假定——但这与我们本性的发展规律相矛盾——如此众多的、以各文明民族始终不渝的认真态度为载体的伟大人物，为了人类的精华所做出的巨大努力，已经丧失殆尽、一去不复返了。[2]

就天主教体系而言，孔德尤其赞赏宗教权力和世俗权力的分

① 孔德，《实证哲学教程》，卷二，页216以下。《孔德全集》，法文版，卷五，页241。

② 孔德，《实证哲学教程》，卷二，页254；《社会学》，卷二，页361。孔德晚年实际上试图建立与天主教的联盟，他曾向耶稣会总会长提出过某些建议。

离，通过这种分离，基督教的普世伦理就可以保持在各种政治权力的领域之外和之上。古典的异教还不知道这种分离，在那里，道德和宗教被城邦生活吞并；[①]这种分离造就了一种主人和仆人同样尊重的精神权威，使最卑微的基督徒有权利运用教会不可改变的律法，来对付最有权势的贵族。在一个封建的、建立在出身、财产和军人的勇敢之上的秩序中，教会构成了一个强而有力的属灵阶层；在它里面，精神上和道德上的优势使人有权利晋升，并且经常导向教会教阶制中领导一切教育的最重要地位。由于在教会的教阶制组织中，各种职位向所有的阶层开放，最高的职位，即教皇的职位是通过下属的选举来分派的，所以，天主教的体系要比世袭制的原则在任何时候所能达到的都更为民主、更为进步。由于不依赖于世俗的权力，教会的宗教组织可以几乎不受限制地越过民族界限扩展，并以这种方式成为欧洲各民族最坚强的纽带。不管在什么地方，在中世纪教会及其修道院设施的领袖中间，都有一种评价人类各种事务的真正普遍的立场。精神的这种社会独立性和自由受到教士的纪律的促进，但特别受到独身生活的促进。独身生活的精神影响可以从它与在教会组织之外到处居支配地位的继承原则的无法统一看出。“因此，当天主教给每一个成员加上接受宗教教育并尽可能多些地掌握它的义务时，基础性的进步是巨大的；这种教育在单个的人迈出第一步时就环绕着他，使他为自己的社会地位做好准备，并终生伴随着他，以便督导他始终借助于一种敦

① 参见库朗日(F. de Coulanges)的论文“古代城邦”(la Cité antique)和梅因(H. J. Maine)的论文“古代律法”(Ancient lau)。

促、练习和象征的、值得惊赞的体系遵循基本的原则”。[①] 古代军人的和民族的、隶属于政治生活的道德，让位于一种支配着政治的、更为和平的和更为普遍的道德，而且这种让位是在征服体系被天主教的进步精神所改造的同样关系中进行的。天主教使人越出自己尘世利益的狭小圈子，净化了人的自然情感。为了指出天主教体系促成了进步，并且在神学制度下已经为实证制度做好了准备，孔德描述了天主教在个人、家庭和社会道德方面进步的最重要表现。[②]

在古代本质上局限于大度和聪明的个人德性，如今第一次被从与自豪和虚荣相对立的恭顺原则出发来理解。在古人那里被看作是荣誉的自杀受到了谴责。家庭道德被古人隶属在政治之下，如今也被从这种从属地位解放了出来。当天主教的影响渗透进人们的每一种关系，发展出一种没有强制的、建立在相互关系之上的义务感，加强了父亲的权威，并废除了古代的宗法制专制制度时，家庭生活也大大地变得高贵了。就连妇女的社会地位也得到了改善，因为天主教把妇女的生活本质上限制在家庭领域，并把婚姻的不可解除神圣化了。至于社会道德，天主教通过人人皆兄弟的更高情感克制了野蛮的爱国主义。同样，国际法的进步和战争中的人道也可以追溯到天主教的影响。财产不完善的分配通过许多有助于缓解贫穷和苦难的值得惊赞的措施得到了改善，这种从私人的慷慨产生的设施在古代是闻所未闻的。由于天主教传播了社会

① 孔德，《实证哲学教程》，卷二，页 227。

② 同上，卷四，页 242 以下；参见《孔德全集》，法文版，卷五，页 8、247—248。

休戚相关的普遍情感，它把所有的时代、地点和社会阶层结合起来了，并以这种方式，在国家的世俗政权之内和之上，建立了一个持久的体系。在我们的历史上，从基督到今天所发生的一切，都构成了一个不间断的链条，它把现代社会和西方文明的最初时代联结在一起。因此，像奥古斯丁所建立的那种普遍历史的思维，也在天主教的精神中扎下了根，就没有什么可惊奇的了。当天主教使教会的历史成为人类历史的基础时，它也监护着雅典、罗马和耶路撒冷的遗产。[①]“我们将看到，近代全部精神运动都出自新教喜欢称之为黑暗的中世纪那个人类历史的令人怀念的时期”。孔德遗憾地发现了这一伟大而高贵的机构在今天毫无成效，它已经停滞下来，并且逐渐退步，失去了自己的精神基础，给我们今人只留下了对昔日把它与人类进步联结起来的种种无法估量的贡献的回忆。[②]

从《旧约》到《新约》的一种奠基性进步的伟大基督教理念，与其说属于新教，倒不如说属于天主教。因为宗教改革以其向早期教会时期的“粗俗的和非理性的”复归作为方向提供给现代各民族的，不是天主教的成熟的社会体系，而是“《圣经》最落后的部分”，[③]即涉及古代希伯来的部分。与波舒埃和新教的许多批评者，以及像布克哈特、拉加尔德(Lagarde)、尼采这样的新教徒一样，孔德也把宗教改革看作是一个本质上破坏性的运动，它以批判的方式瓦解了正在衰落的天主教体系，却没有为它的教育成就和

① 孔德，《实证哲学教程》，卷二，页152。

② 同上，页374。

③ 孔德，《社会学》，卷一，页169注释与页285；参见《孔德全集》，法文版，卷五，页243—244。

社会成就创造出一个替代品。在孔德看来，宗教改革只是给现代社会的状况打下了印记。变革本身是普遍的，因为现代的革命状态既出现在信奉新教的各民族那里，也同样出现在依然信奉天主教的各民族那里。革命的骤变主要在于世俗权力的解放和宗教权力臣服于民族。由此出现了一个世俗的欧洲，所有的阶层和个人，教士、教皇、国王、贵族，乃至整个的民族，都被涉及了。查理五世(Karl V)和法兰西斯一世(Franz I)，几乎和亨利八世(Heinrich VIII)在同样的程度上通过与罗马的分离得到了解放。路德的行动就其狂猛的力量而言，简直就是天主教权力衰落的第一阶段的实现。当宗教改革攻击天主教的纪律时，它不仅讨好人的激情，而且也通过废除独身生活和终告告解而确认对教士独立性的摧毁。路德运动在达到其加尔文阶段时，就使教士转而臣服于政治；在这之前，它曾抗拒政治，现在却把政治看作是自己社会存在的唯一保障。作为对新教的一种反应，出现了天主教和君主权力之间不幸的利益联盟。天主教体系在其辉煌的日子里，曾作为一切世俗权力的对手赢得了荣誉。天主教对抗新教的瓦解性力量的中心机构是耶稣会。然而，耶稣会完全分摊了正在衰落的体系的所有恶习，而且一点也不亚于放弃了敌对立场之后的新教。由弗兰西斯修会(Franziskaner)和多米尼克修会(Dominikaner)方面所进行的基督教改革的唯一一次现实的机会，早在三个世纪之前就失败了。“作为臣服世俗权力的结果，天主教违背自己的本性而退步了；把这种臣服提升为原则的新教由此至少也将在同样的程度上退步”。[1]

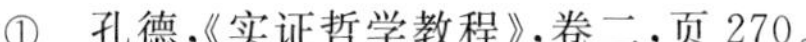

[1] 孔德，《实证哲学教程》，卷二，页270。

新教是普遍的精神解放的工具,它造成了一个中间阶段,当人们把全部批判性的教义归结为自由的个人研究的教条时,这个阶段最终在笛卡儿、霍布斯(Hobbes)、伏尔泰和卢梭那里达到了成熟。这个无限制的意见自由和良知自由的教条,成为革命运动的主要集结点。无论它就其否定性功能而言是多么必要,它却不能成为一种新秩序的肯定性原则。因为社会秩序与通过无能做出最困难决断的多数人来动摇社会基础是无法统一的。无限制的自由和平等迫使优秀分子依赖于大多数低劣的人。新教建立起现代革命哲学的基础,因为她号召每一个个人在所有领域里,从事自由研究的权利,当然,除了不合逻辑地为了她自己的利益而限制这种自由。在人的理性批判过最圣洁的事物之后,就无法设想这种理性批判在某些社会基本原则和制度面前有所顾忌了。另一方面,新教给基督教团体只是带来了很早以前世俗的统治者和十四至十五世纪的学者,在讨论教皇的权力和民族教会的独立性时已经频繁利用过的批判。在各种早产的改革尝试失败之后,路德成功的时代已经成熟了。在天主教体系内部,詹森主义(Jansenismus)是一个几乎和路德自己的异端一样有害于古老的精神和状态的异端,二者都是西方文化进步发展中的必然阶段,尽管只是暂时的阶段。天主教事实上已经不再决定社会生活了,她只是还监督着她要求顺从的那些弱者,而对强者的权利她却表示尊重。新教的教义是建立在天主教那只对他们宣讲义务的人的权利之上的,因而接受了天主教放弃了的道德优势的遗产。无论是革命的教义,还是神学的教义,都不能在进步的基础上实现一种新的秩序。

从宗教改革出发的解体,经历了三个阶段:路德摧毁了教会的纪律，加尔文开始进行大规模的变革，用摧毁教阶制来补充路德的事业，而社会主义却通过攻击，把基督教与其他任何一种一神论形式区分开来的主要信条而完成了摧毁。只有第三个阶段才对天主教做出了最终的宣判，同时把新教经由有神论——“形而上学家通过词的一种怪异组合，赋予她一种‘自然宗教’的头衔，就好像并不是每一种宗教都必然是超自然的似的”[①]——引向纯粹的自然神论。[②] 此外，就社会进步而言，除了在基督教的精神中做出不利于军人精神的证明的贵格派教徒（Quäker）这个例外，各种各样的新教教派事实上别无二致。[③] 更为重要的是，新教对十七至十八世纪荷兰、英国、美国的政治革命所发生的间接影响，这些革命都是新教的革命。在孔德看来，美国革命只是其他两场革命的继续，它在更为有利的条件下获得了卓有成效的发展。然而，在所有的本质性问题上，孔德都认为，这个“新世界”和旧世界的各民族一样远离真正的社会新秩序——“无论人们对这样一个社会的优越性抱有什么样的幻想，在这个社会中，除了工业活力这个例外，现代文明的各种因素都发展得极不完善”。[④]

欧洲体系蜕化的原因只有一个，即教会权力在政治上的降低。

① 孔德，《实证哲学教程》，卷二，页 18、286；《社会学》，卷一，页 57。

② 波拉德（L. de Bonald）有一次把自然神论者，定义为一个由于人生短暂没时间成为一个无神论者的人。在一个注释中（《孔德全集》，法文版，卷五，页 379），孔德这样刻画了他的态度，即，尽管无神论显得极为接近实证主义，但由于它那纯粹的否定，它与实证体系的距离和天主教一样远。因此，把无神论，即“新教最具否定性的和昙花一现的形态”，与不谴责宗教信仰、反而给予宗教信仰一种实证证明的实证主义混为一谈，是错误的。

③ 孔德，《实证哲学教程》，卷一，页 286；《社会学》，卷二，页 488。

④ 孔德，《实证哲学教程》，卷二，页 493。

但是，如果想到随着新教否定哲学的兴起，每一个不成熟的精神在最重要的事情上都全凭自己做出决断的话，那么，道德没有完全堕落就是一个奇迹了。革命的新教教义普遍的和有害的错误在于，它取消了任何一种不依赖于世俗权力的教会权力在政治上的存在。尽管新教的革命不可避免，它却不能摧毁这两种权力的分离原则恒久的价值。对于孔德来说，关于这种分离的学说，意味着天主教留给我们的最重要的遗产，因为只有从它出发，才能在实证哲学最终获得优势时，出现一种社会新秩序。[①] 但不幸的是，在整个欧洲，人们都忘记了分离原则是一个有益的原则；我们把现代人对中世纪的无理性的蔑视和新教对原始教会与希伯来政教合一的偏爱归咎于这一重大的错误。“社会进步的奠基性概念被这种方式弄得模糊了，至少是被歪曲了”。脱离双重权力原则的另一个方面则是，在近代，无论是政治上的野心，还是哲学上的野心，都追求这两种权力形式的毫无保留的结合。像拿破仑这样的统治者梦想世界霸权，而像黑格尔这样的哲学家，则重温了古希腊关于一种形而上学神权政体的梦想，他称之为精神的统治。

结束语

为了捍卫实证的和历史的方法，孔德有一次提到了麦斯特。[②] 麦斯特违背他的意愿，试图“通过简单的历史和政治的优越地位”

① 孔德，《实证哲学教程》，卷二，页497。

② 孔德，《实证哲学教程》，卷二，页6；《社会学》，卷一，页19。

来重新证明教皇的至高无上，而不是像过去的时代那样，以神学的方式从上帝的律法引申出它，由此来证明新纪元的必然性。当人们读孔德著作中关于天主教体系的永久贡献的那些辉煌篇章时，并不能排除这样的问题：孔德是不是不自觉地证实了相反的必要性，即为了能够在社会意义上建立一种天主教的“秩序”而维护或者重建基督教的神学基础？然而，这个问题在孔德单维的进步观中并没有出现。[①] 他认为天主教的“体系”，也就是它的社会组织之所以能够改善，是由于排除了作为根源的基督教信仰和作为基础的基督教教义。他信仰没有基督的天主教体系，信仰人们没有共同父亲的兄弟之情。他批判了神学信仰不确定的和任意的特征，却没考虑他自己对发展和人道的信仰有更大得多的不确定性和任意性。他指摘基督教由于要求成为人类历史上的最后阶段而阻碍了它自己的进步倾向，但却把这种终极性给予了科学阶段，认为“唯有科学阶段才标志着人类历史的终极形态”。和他的所有前辈和后继者一样，孔德并不清楚他关于进步的理念在多大程度上甚至还是神学的，他也没有认识到，只有当人们把第三个阶段从普遍的世俗化程序中分离出来时，这个阶段才是“实证的”。世俗化程序以论战的方式参与塑造了实证阶段，并不亚于对形而上学阶段的塑造。

进步发展的规律接过了天意的功能，天意的隐秘支配转化为一种理性筹划（prévision rationnelle）的预见。在孔德看来，这种预见不仅是自然科学的试金石，而且也是其他一切科学的试金石，

① 要评价孔德立场的彻底转变，请参见菲吉斯（J. N. Figgis），《沿着总的途径的文明化》（*Civilisation at the Crossroads*），London，1912。

就像在《圣经》对《旧约》到《新约》的历史进步的传统解释中，预言的实现是历史神学的最终试金石一样。由于决意“筹划”天意，孔德只把握了进步与天意的引人注目的对抗，却没有把握世俗的进步宗教对基督教的希望和信仰，以及对通过审判和拯救获得最终实现的期待的错综复杂的依赖性。由于纠缠于欧洲自法国大革命以来所激起的社会危机和政治危机，并且被这一事件所迷惑，孔德没有发现，他对实证哲学的最终突破之后“人类生存的奠基性变革”的期待，只不过构成了原初基督教核心的那种对新天新地的末世论期待的一种微弱反光。他对“未来指日可待”的信赖，如果不与使未来成为我们后基督教思维的关键性视野的基督教信仰相联系，也是无法理解的。生活在一个未来的末世里，成为由此返回到一个新的开端，不仅是那些在信仰中靠希望和期待过活的人的特征，而且也是那些靠对历史本身的信仰过活的人的特征。基督教的未来信仰与世俗的未来信仰的基本区别在于，“天路历程”(Pilgrim's Progress)不是一种向一个无法达到的理想的不确定的进步，而是一种面临上帝的确定的选择和决断。基督教对上帝国的希望是与对主的敬畏相联系的，与此相反，对一个“更好的世界”的世俗希望，却是毫无畏惧和战栗地憧憬未来的。尽管如此，二者都有末世论的立场和对未来本身的憧憬。唯独在像犹太教和基督教针对古典异教的由周期性循环而“绝望的”世界观提出的这种未来视野之内，进步理念才有可能成为现代历史观的主导思想。现代争取日益改善和进步的全部努力都植根于基督教的这样一种向上帝国的进步，现代意识从它得到了解放，但又始终依赖于它，就像是一个逃亡的奴隶依赖于他远方的主人似的。

孔德只是在他坚持教会权力和世俗权力的分离时，才有意识地肯定他对基督教传统的依赖性。在此，孔德当然意识到了这种基本差异的神学起源，但是他相信，曾经建立在神学基础之上的东西，可以经过科学的改善，重新建立在“人的健康理性和社会洞察力”之上。实证哲学认识到了对一种“不依赖于世俗权力的”精神权力，从而对一种作为人类社会整个体系之基础的精神权威之必要性的需求在日益增长。这种权威必须以中世纪基督教会实施的教会管理和教育为样板，但作为“实证的”权威，它必须是非教条的、相对的，就像所有的相对概念一样。天主教引入了一种普遍的教育，这虽然并不完善，但对于最显赫的基督徒，和对于最卑微的基督徒，都是同样的教育。“因此，为一种进步的文明推荐一种不那么普遍的机构，在任何方面来说都是怪异的”。孔德差不多可说是意识到了，一种仅仅建立在一个实证的、从而是相对的基础之上的权威概念中，有怪异的不一致性。这一点表现在他承认不知道应该由谁来实施它：“就那种有资格来构成新的精神权威的人而言，虽然可以轻而易举地说，谁不是这种人，但却不可能说，谁是这种人”。他们将既不是教士，也不是学者(savants)，也不是目前存在的任何一个阶层，而是一个“崭新的阶级”，是一种“哲学的教士”，它是从现存社会的所有阶层中聚合起来的，在这里，学者阶层对其他阶层没有任何优越地位。假如孔德看到二十世纪的新政权、新秩序和新权威，以及他们在“实证的”基础上独裁地重新塑造人类社会的尝试的话，他会说些什么呢？[①]

① 参见吕巴克，《无神论人道主义的戏剧》，页247以下。

孔德本人与他的许多学生和追随者，都坚定地相信找到了一个唯一合乎理性的、不可动摇的基础，在它上面，就可以建立西欧的未来。但是，如果我们和他一样假定，理性的预见和预言应该是哲学实证性的终极标准，就像事实上在自然科学中那样，那么，孔德本人对自己的驳斥就比任何一种可能的批判还要彻底。布克哈特曾预言了现代工业与军事政权和权威的交汇，而孔德则预言，现代工业"必然地"要导致消灭战争，[1]因为现代工业时代是"科学的，从而也是和平主义的"。发展的普遍方向是由军国主义的逐渐衰亡和工业化主义的兴起为特征的。拿破仑的军事活动构成了以"非同一般的状况"为条件的"例外"；在孔德看来，它们是最后一些这种类型的活动。但是，拿破仑本人，这个"倒退的英雄"，却使自己成为工业、艺术和科学的保护人。[2] 在未来，虽然各现代民族国家之间的争端依然需要一个起斡旋作用的精神权力的干预，但大型的战争却"毫无疑问一去不复返了"，因为军事精神注定"不可避免地要被根除"。[3] 科学时代将"不可避免地"，即以进化"规律"的不可避免性，把军事精神和军事体系连同神学体系一起摧毁掉。我们不可被神学权力和军事权力之间的偶然对立所蒙蔽，而忽视了它们的休戚相关。[4] 它们的相互关系曾在古代得到了最完美的实现，当时，两种权力被统一在一种领导之下。毫无疑问，就连科

① 孔德，《实证哲学教程》，卷二，页 123 以下；《社会学》，卷一，页 252 以下。

② 孔德，《实证哲学教程》，卷二，页 6；《社会学》，卷一，页 18。

③ 孔德，《实证哲学教程》，卷二，页 278 以下、页 395 以下；《社会学》，卷二，页 457 以下；卷三，页 328 以下。

④ 《孔德全集》，法文版，卷四，页 514。

学也为战争艺术做出了重大的贡献，但是，由于科学是建立在理性的意见交流之上的，所以，它在原则上与军事纪律和权威无法统一。现代科学工业与神学精神和军事精神都是敌对的，甚至通过强制征兵来维持大规模的常备军事机器，也不能挽救军国主义的衰亡，因为现代的兵役义务使军队成为一大群把服役义务当作暂时的负担来接受的反军国主义的公民，从而就摧毁了职业军人的特殊性质和荣誉。军事体系被抑制为现代社会机制中的一种从属的角色，这样，就可以“满意地看到，鉴于人类的精华，严重的和持久的战争必然完全销声匿迹的那个时代终于来到了”。[①] 孔德既没有预见到“工业大军”的兴起（马克思），也没有预见到军事工业的兴起（布克哈特）。此外他相信，随着我们的社会进步，“对人类生活的认真尊重”必然以对不朽的空想希望日渐消逝的同等规模得到扩大。[②] 个人死亡的定局决不妨碍普遍发展的进程，也不减慢进步的速度，它甚至是进步的前提条件。[③] “不要忽视，我们的社会进步是建立在死亡之上的”，因为进步要求通过各世代的前后相继来不断地更新它的动力。人生命的无限制存续将会马上终结一切进步，即使只把人生延长十倍，进步也会被减慢，因为在老人的保守本能和年轻人旨在革新的本能之间的竞争中，保守的老年人明显占优势。另一方面，如果把人生缩短到其正常寿命的四分

---

① 孔德，《社会学》，卷二，页457以下；卷三，页331以下。在斯宾塞（H. Spencer）那里，可以发现进步乐观主义的类似例证；斯宾塞毫不怀疑，恶必然销声匿迹，人必然通过进步的发展变得完善。

② 孔德，《社会学》，卷三，页744。

③ 同上，卷一，页461以下。

之一，那么，就会和过长的人生寿命造成同样恶劣的结果，因为在这种情况下，就会赋予革新的本能以过多的权力。影响进步速度的另一个原因是人口的增长，它使越来越多的人挤迫在一个给定的空间。因为很难说个人的经常更新应该追溯到一些人的生命短促，还是应该追溯到另一些人的较快繁衍。[①]

这样的和类似的考虑说明，孔德和所有的历史哲学家一样，指望的是集体，而不是个人。由于他考虑的总是人类的整个发展，其中所有的一切都“必然不是与人，而是与人类相关”，[②]所以，历史的普遍性和连续性就以人生有限的和个人的特征为代价得到了强调。同样，在孔德看来，在集体身上要比在个人身上更为清楚地看到道德的规律，而伦理学因此也就必然始终与政治学密切相关。

由于这种对个人的低估，对于孔德来说，死亡也就与人口的增长完全一样，意味着一种统计学的现象。在他看来，死亡是持久的社会进步的一个历史的发动者，而不是毁灭任何一种进步的现实的终结。孔德还没有看到那个对我们这个实证的时代来说既引人注目，又值得注意的矛盾，即，虽然我们史无前例地用尽科学进步的一切手段，来力争维持个人的生命，但同时又大规模地（en masse）借助同样进步的发明来摧毁它，因为人在统治自然方面的任何进步，都造成了屈辱的新形式和新程度，而所有进步的手段也同样是倒退的手段。

古希腊和《圣经》关于历史的思维所考虑的是罪孽和报应

---

① 孔德，《社会学》，卷三，页 466 以下。

② 同上，页 749。

(nemesis)、傲慢和失败、罪恶与审判,而现代的、实证的历史观只能为了一种无法达到的世俗目标来歪曲历史的现实。[1] 孔德单维的思维方式没有看到历史的深处,而是只看到了它的文化表层;因此,他关于未来"实证的国家本质"的遗嘱和他的"人性宗教"一样是浅薄的。"不要上帝也不要国王,通过对人性的系统崇拜来重新组合"(Réorganiser, sans Dieu ni roi, par le culte systématique de l'humanité)。人的自我崇拜的这种可怜产物应该取代基督教的上帝之爱,并提供一种实证的综合,比中世纪的体系"更现实、更全面、更稳定、更持久"。爱被理解为"社会情感",它应该补充秩序,补充被定义为"秩序在爱的影响下发展"的进步,[2]所有类型的进步都应该汇合在"人性"的最高本质中,由于这种人性,暂时性的上帝概念最终成为多余的。为了加速在尘世建立这种相对的上帝国,孔德把神学改造为社会学、把神权政体改造为社会政体、把对上帝的崇拜改造为对人性的尊重。新的精神权力应该掌管在学者的手中,世俗的权力应该由作为所有西方事务牧师的金融巨头和工业巨头来执行。他甚至花费大量精力来设计在未来管理新的西方社会的各种细节,包括新的旗帜、新的历法、新的节日、崇拜新的实证的圣人和新的教会。不过,一旦基督教的教会逐渐地空出来,人性宗教最初将利用它们,就像基督教的礼拜最初也在空出的异教寺庙里举行一样。在一八五一年的一封信中,孔德竟然做出了这样的预言:他在一八六〇年之前就将在巴黎圣母院(Notre-

① 孔德,《实证主义概论》(*A General View of Positivism*),London,1865,页112。

② 同上,页350。

Dame)宣讲实证主义的福音，即“唯一真实的和完善的宗教”。尽管他在青年时代就反感圣西门的一种新基督教的设想，但他本人却以把实证主义变成一种“终极的宗教”为终结。在孔德的体系发表的同一年，费尔巴哈发表了他的《基督教的本质》，即一种还原为人本主义的基督教；和费尔巴哈一样，孔德是一个“虔诚的无神论者”，他拒斥作为主体的上帝，但保留上帝传统的人类属性，例如爱和正义。[①] 实证主义学说是一种对人类进步的信仰，对于它来说，人的人道不成问题。和费尔巴哈一样，就连孔德也是极其真诚的，他具有简单化的天赋，但却既不深刻也不精细。[②]

在一百年后的今天看来，孔德一八四八年的《实证主义的一般特征》并不是实证的，而是幻想的。这部著作包含着对他关于在集中研究人性的实证科学基础之上重建欧洲的观念的通俗总结。这种科学应该接管对由五个最进步的民族（法兰西、意大利、西班牙、不列颠和德意志）构成的“大西方共和国”的领导，这五个民族“自查理大帝时代以来就一直构成了一个政治整体”。假如孔德真是在纯粹实证的基础之上前进的，即是以避免高估人在宇宙中的重要性的科学家的客观性前进的，那么，他就既不会“揭示”进步的规律，也不会研究人类社会的终极形态、战争的消灭和人性宗教。另一方面，假如他深入到了最初不是一个体系，而是一种忏悔的呼吁和一种福音神学“体系”的核心，他就不可能停留在实证科学方法

① 参见费尔巴哈，《基督教的本质》(*Das Wesen des Christentums*)，《费尔巴哈全集》，卷七，Leipzig，1883，导言，第二章。

② 参见吕巴克，《无神论人道主义的戏剧》，页277。

上，把它当作终极的答案和解脱。

3. 孔多塞和涂尔戈

孔德是孔多塞的学生，此外，他还写过涂尔戈（Turgot）的老师和朋友伏尔泰的传记。孔德的大部分思想可以追溯到圣西门、孔多塞和涂尔戈；孔德超出了他的前辈，并不是由于他的独创性，而是由于他的历史哲学体系广阔的详尽性。他的“秩序”原则和“进步”原则已经由孔多塞说过了，而三阶段规律也已经由圣西门和涂尔戈说过了。这三个人对历史神学进行了决定性的改造，使其成为以伏尔泰为开端的那种历史哲学。

孔多塞于一七九三年撰写他的《人类精神进步史纲要》[①]时的条件是非同一般的。在他成为自己曾慨然献身的法国大革命的一个牺牲品之前不久，作为受唾弃者和难民，他写这部纲要时没有借助任何一部书。用孔德的话说，他用自己的死提供了“感人的自我否定”的一个伟大例证；这种自我否定“与唯有宗教才能产生和维持的一种平静的和不可动摇的坚强性格密切相关”。

孔多塞的进步理念与孔德“实证的”发展概念之间的区别，在于孔德本人与人的完善能力相联系的、他称之为孔多塞“空想的和荒唐的期待”的那种东西。然而，恰恰是对进步和完善能力的这种夸张的世俗信仰，把孔多塞与基督教关于未来完善的希望比孔德更紧密地联结起来了，因为就连基督教信仰在其最内在的本质上

---

① 引文出自法文版，Paris，1883，共二卷。

也是狂热的和极端的。在像孔多塞、涂尔戈、圣西门和蒲鲁东这样的人物那里，十八世纪对理性和正义的激情点燃起一种宗教的热情。

孔多塞研究的对象是人的能力在人类历史进程中的发展，他想既强调人类历史的秩序，同时也强调它的变化。这种有序进步的自然目标就是知识的完善，从而也是幸福的完善。我们对自然进步程序的贡献就在于保证它和促进它。无论是思考还是事实都表明，大自然没有为我们的进步设置界限。“人的完善能力实际上是无界限的”，并且“从不会后退”。[①] 它的唯一界限就是我们在这个行星上的存续和宇宙规律的不变性。如果我们假定，地球保持它的地位，人类在它上面能够行使同样的能力，那么，我们就可以表述对我们未来在科学、道德和自由方面进步的一定希望。我们可以预言：

如果启蒙之光在多数民族中同时达到某种高潮，并且深入到一个大民族的全体大众中去，这个大民族的语言是世界性的，[②]它的贸易交往遍及全世界，那么，文明的各种赐福就必然会相互融为一体。如果这种统一有朝一日在一大批受过启蒙的人中间得到实现，那么，我们将把这批人看作是人类之友，他们共同致力于促进

---

① 孔多塞(Condorcet)，《人类精神进步史纲要》(*Esquisse d'un tableau historique des progrès de l'esprit humain*)，卷一，页19，前言。如果与早期社会主义者(特别是傅立叶)的进步的千年王国观念体系进行比较，则圣西门主义者，孔多塞和孔德表现为谨慎的理性主义者。

② 一种科学的世界性语言将完成以字母开始的进步；它将使错误“几乎不可能”出现(孔多塞，《人类精神进步史纲要》，卷二，页93以下；还请参见卷二，页52、72、84)。

人类的改善和幸福。[①]

如果我们从过去获得的进步中得出了正确的结论，那么，就可以可靠地预言人类未来的前景。

> 如果人能够几乎完全肯定地预言自己理解其规律的那些现象；即使他自己不知道这些规律，但如果过去的经验使他能够以相当程度的或然性预见未来的现象，那么，为什么我们要把以某些或然性根据人类历史的各种事件来设计人类未来命运的景象，看作是一种空想的冒险呢？在自然科学中，确信的唯一基础就是这样一种思想，即支配着宇宙各种现象的普遍规律，无论是已知的还是未知的，都是必然的和恒常的。为甚么这种被视为自然事件的原则一旦被运用于人的精神能力和道德能力，就应该很少是正确的呢？简言之，由于从过去的经验中得出的、涉及同一类客体的观点构成了指导最富有理性的人在自己行动中的唯一规则，假定哲学家赋予自己的猜测以比自己的观察的数目、恒定性和精确性所允许的更大的确定性，为甚么不允许他把自己的猜测建立在上述基础之上？[②]

为了能够在历史运动的整体中科学地辨明方向，并且预先规定未来的历史进程，只需要一个历史学的牛顿（Newton）。历史学应该借助试验和计算，“不与迷信、成见和权威混淆”，成为一门精

① 孔多塞，《人类精神进步史纲要》，前言，卷一，页27。

② 孔多塞，《人类精神进步史纲要》，前言，卷二，页58；第十个时期。

密科学。这样，任意的预言就转化为理性的预见，它使我们能够用人的预见取代神明天意。特别是把组合分析和概率计算运用于社会科学，使我们几乎以数学的精确性规定“善和恶的量”。[①] 我们能够指望的改善也将影响到我们的道德属性和物理属性，在这种情况下，将出现这样一个时刻，“那时，太阳在地球上所照耀的只是自由的人们，他们除了自己的理性之外，不承认其他任何主人；那时，专制君主和奴隶、教士及其……工具将仅仅存在于历史著作中和戏台上”。[②] 在有朝一日最终消灭了宗教迷信和政治专制之后，人的需求和能力将在工业和福利的完善化中得到平衡。

> 在这种情况下，越来越小的一块土地将生产出丰富而有用得多、贵重得多的生活资料，用更少的消耗就可以获得更多的享受。同样的工业产品将用更低的原料成本生产出来，并且更经久耐用；所有的土地都可以用来生产产品，它们将以更少的劳动力满足更多的需求。[③]

此外，人类的完善能力也影响到人的自然结构，并且延迟死亡，尽管不能完全取消死亡。孔多塞毫不怀疑，卫生事业的进步更有助于健康的食物和更为舒适的居住条件，必然将延长人生的正常寿命。假定“这样一个时代必将来临，那时，死亡不外是一种不

① 孔多塞，《人类精神进步史纲要》，前言，卷二，页52。

② 同上，页66。

③ 同上，页78—79。

正常事故，或者生命力缓慢减退的结果，平均寿命将没有一个可以确定的界限。人虽然不免一死，但生与死——如果他有朝一日没有疾病和事故而由于天性不能活得更长久——之间的时间跨度，却必将越来越延长”。[①]

最后，就连道德结构和精神结果也能够以自然的方式，借助遗传的积累而进步。因为，为什么父母把自己的优点、缺点和性好转递给我们，却不应该也把理智、精神力量和道德感受所依赖的那个部分也遗传给我们呢？因此，很可能教育“通过改善这些素质，也将改变和改善机体本身”。“在一个美好的日子里”，每一个民族，甚至东方人（按照孔多塞幼稚的见解，东方人还处在“童年阶段”），都将达到文明状态，就像今天只有“极开化的和自由的各民族”，即在非洲和亚洲重新确立自由的法国人和英美人，才达到了文明状态一样。[②] 当然，就连这些极开化的民族也还没有登上完善的顶端，“发现形而上学、道德和政治的真正主要原则”，还要等待一些时日，以至在我们能够制订出“个人人权的一个详尽目录”之前，还有许多问题尚待回答；但是，大型的征服战争和革命“几乎是不可能了”，火器的运用使进行战争变得不那么凶残。[③]

虽然孔多塞承认这样一种令人困惑的事实，即通过科学发明（例如指南针和火器）获得最重要进步的时代，也是最残酷的血腥屠杀的时代。但是，他由此并没有得出任何可能妨碍他在人的自

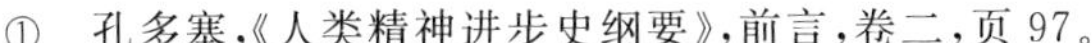

① 孔多塞，《人类精神进步史纲要》，前言，卷二，页 97。

② 同上。

③ 同上，页 88；并请参见卷一，页 142 以下。

然良善、即在“人的机体的必然结果”[①]方面的理性主义乐观论的结论。他仅仅指出，新世界的发现被对非基督教土著的屈辱性“成见”所玷污，导致了各基督教民族对五百万人的灭绝，导致了通过出卖和掠夺对更多的人的奴役，把这些人从这个半球拖到另一个半球，然后像对待商品一样地买卖他们。他从进步与犯罪的这种交汇中只有得出，由基督徒所犯下的这些罪行驳斥了宗教对政治有用的庸俗学说。[②]

孔多塞对人在未来完善的预言不是科学推论和证明的结果，而是信仰和希望的梦想。[③]

恰恰在“最开化的”各个民族那里，不要几代人就觉察到了，所有的科学进步对于文明化的野蛮人都毫无希望。[④] 在由科学发明所推动的进步中，欧洲最先进的人士产生了物质进步毫无意义的预感，因为进步本身似乎转眼之间就化为乌有。在法国，这种虚无主义在福楼拜(Flaubert)和波德莱尔的作品中，以令人信服的方式得到了表达。当福楼拜在《圣安东尼的诱惑》中揭露了各种各样流行的信仰和迷信之后，他准备澄清和分析我们现代科学文化的混乱。他编制了一份人类的愚行档案，旨在以嘲讽的口吻赞美所有被认为是真理的东西。这一荒唐的研究结果是小说《布瓦尔和

① 孔多塞，《人类精神进步史纲要》，前言，卷二，页93。

② 同上，卷一，页153以下；并请参见页167，第八个时期。

③ 参见莫利(J. Morley)，《批判杂文集》(*Critical Miscellanies*)，第一辑，New York，1897，页88以下。

④ 就连孔多塞也已经偶尔考虑到，由人口过于急剧增长所导致的一种文明化了的新野蛮状态的可能性；作为一种应付措施，他建议实行计划生育(孔多塞，《人类精神进步史纲要》，卷二，页81)。

佩居榭》，两个关注自己教养的庸人、驯顺而又懂事的抄写员的故事。在他们幸运地获得的庄园里，他们漫游了收藏知识的整个迷宫，从园艺、化学和医学到历史学、考古学、政治学、教育学和哲学，最后又开始做抄写员工作，从徒劳无益地研究了的书籍中编纂摘要。这部著作的结论是，我们的整个科学教养都是没有根基的。存续数世纪之久的各种学说，在寥寥几行话中得到了说明和阐释，并由于同其他学说的对立而被废除，其他学说随后亦被以同样尖锐和明快的态度废除。一页又一页，一行又一行，到处都是新的知识，但马上就又出现了另一种知识，把前一种打翻在地，自己又被第三种知识所推翻。在这部著作结尾的纲要中，佩居榭为欧洲人类的未来勾画了一幅幽暗的景象，而布瓦尔则勾勒了一幅美好的景象。在前者看来，在一种普遍的堕落中变得卑劣了的人类的终结已经临近，有各种各样的可能性：一、极端主义撕断与过去的任何联系，从中产生出一种非人道的专制主义；二、如果有神论的绝对主义取得胜利，那么，自法国大革命以来深入人心的自由主义将没落，随之而来的将是一种彻底的变革；三、如果自一七八九年以来推动着世界的各种动荡继续下去，那么，它们的波动将把我们卷走，无论是理想，还是宗教、道德，都将不复存在。“美国就将占领世界”。另一种可能性则是，欧洲将通过亚洲而被更新；借助潜水艇和气球，将发展出一种预想不到的交通技术，将产生出各种新的科学，它们使人类能够把宇宙的各种力量用来为文明服务，并且在地球被消耗殆尽时迁往别的星球。恶将会和人类的贫困一起消失，哲学将成为宗教。

波德莱尔刻画“世界末日”的意图出自同一时间。一些片断以“引信”为题目发表于一八五一年。

世界面临崩溃，它存续的唯一基础是它事实上的现存。然而，与所有预示着反面的东西相比，尤其是与“世界将来在天底下还能有什么作为”这个问题相比，这个基础多么脆弱！因为即使假定，就物质存在而言它将继续存续下去，但这还是一种无愧于这一称号、值得青书留名的存在吗？我并不想断言，世界将遭遇到南美各共和国那种无休无止的、滑稽的混乱，我们将退回到野蛮人的阶段，以便手持步枪在我们文明的遍地废墟上追逐食物。不，因为这样的奇遇始终以某种顽强的生命力，以原初时代的一种余响为前提条件。我们宁可为道德的无情规律提供一种新的证明，通过恰恰在我们的生命所指望的东西上栽跟斗来成为道德的牺牲品。机械化把我们如此美国化，进步如此完美地造成了我们精神存在的枯萎，以至乌托邦主义者的所有梦想中最嗜杀成性、最声名狼藉和最违背本性的梦想，与这样的实证结果相比也表现得心地善良了。我要求每一个思维着的人给我指出，人生究竟还剩下些什么。至于宗教，哪怕只是提到它，研究它的苟延残喘，在我看来也是多余的，因为居然还有人去费力否定上帝，是这个领域里的唯一让人讨厌的事情。随着长子继承权的废除，私有制也从根本上被废除了；但是，将会有一个时代，那时，人类将会像复仇的食人生番一样，把自认为是革命继承者的那些人撕吃干净。无论如何，就连这也不是最糟糕的……也不仅仅是政治设施表现出普遍的堕落，或者说普遍的进步，因为称谓无关紧要。毋宁说，这种普遍的堕落将由于人心的卑下而大白于天下。难道我还需要补充说,在动物般的欲望日益高涨的大潮中,将只剩下一些政治生活的最后残渣,统治者为了维护政权,哪怕是仅仅建立秩序的假象,将乞灵于今日还生活在水深火热之中的人类畏如蛇蝎的那些手段吗?

几个世纪之后,布克哈特在瑞士、尼采在德国、陀思妥耶夫斯基(Dostojewsky)与托尔斯泰(Tolstoi)在俄国,所预言的依然不是西方文化未来的进步,而是它的衰落。在《作家日记》中,陀思妥耶夫斯基针对俄国的西方成就狂热爱好者写道,鉴于西方文化面临的可怕崩溃,建议俄国人与西方的进步保持同一步伐,是荒谬的。"在欧洲早已不需要一个教会,不需要基督教建立起来的那个蚁封(因为教会在那里已经处处丧失了自己的理想,并且转化为一个国家),那个基础已经遭到破坏、失去了任何普遍的和绝对的东西的蚁封,已经摇摇欲坠了"。[1] 从欧洲接受在那里明天就要崩溃的设施,岂能是合适的吗?最聪明的欧洲人自己也不再相信那些设施,而俄国人却要依样画葫芦地复制它们,就好像市民秩序的滑稽剧就是人类社会的正常形式似的。

托尔斯泰也不相信通过西方文明可以拯救非欧洲各民族,他断言,欧洲不仅正在自我毁灭,而且正在着手借助传播和贯彻自己的进步文明来腐蚀印度、非洲、中国和日本。

---

① 妥斯陀耶夫斯基(F. Dostojewsky),《作家日记》(*Tagebuch eines Schriftstellers*),卷四,1923,页 403。

中世纪的神学或者罗马的世风日下，只不过毒害了自己人，即人类的一个小部分，而今日，电气化、铁路和电报却在败坏整个世界。所有的人都掌握了它们，而且不得不掌握它们；所有的人都以同样的方式在忍耐，以同样的方式被迫改变自己的生活；所有的人都被置于必须出卖自己生死攸关的事物、出卖对生活的理解、出卖宗教的境地。机器是为了制造什么吗？电报是为了促成什么吗？中学、大学、科学院是为了讲授什么吗？集会是为了讨论什么吗？书籍、报纸是为了传播什么消息吗？铁路是为了到某人那里或者到某个地方旅行吗？千百万被驱赶到一块，并臣服于一个最高的权力的人是为了完成什么吗？医院、医生和药店是为了延长生命吗？这究竟是为了什么？……无论是单个的人，还是整个的民族，学会这些被称作是文明的东西多么容易！毕业于大学、保持指甲的清洁、需要裁缝和理发师的效劳、到国外旅游——于是乎，最文明的人也就大功告成。就各民族来说，尽可能多的铁路、科学院、工厂、巨型战舰、要塞、报纸、书籍、党派、议会——于是乎，最文明的民族也就大功告成。因此，不是真正的启蒙，而是文明既争取到了足够多的个人，也争取到了足够多的民族。文明是轻而易举的事情，他不需要努力，而且获得了赞同；真正的启蒙则要求鼓足干劲，并且因此在大多数人那里得到的不是赞同，而是轻蔑和仇恨，因为它揭露了文明的谎言。[①]

① 转引自《托尔斯泰的逃亡与逝世》(*Aus Tolstois Flucht und Tod*)，R. Fülöp-Miller 与 F. Eckstein 编，Berlin，1925，页 103。

托尔斯泰没有献身于进步的假宗教，而是决意恢复基督的宗教。

把我们与孔德和孔多塞的乐观主义，或者至少是他们的改良主义隔离开来的鸿沟，几乎不可能更深了。但是，近几个世纪的变革并不是进步发展的终结，我们事实上的进步实现，甚至超越了过去的一切期待，但却并不能证明最初建立在它上面的希望。对于孔德来说，甚至死亡也是进步的一个要素；如今，我们由于自己最近的进步能够被用来支配大自然而吓得要死。

离题到十九世纪了，让我们回到涂尔戈。涂尔戈在廿三岁时撰写过一个历史纲要残篇。汤因比认为，它比阿克顿（Acton）的“历史工业”对理解历史的贡献更大。[①]

涂尔戈的历史哲学可以追溯到一七五〇年的两篇报告。这两次演讲的主题是援引基督教的贡献来证明人类和人类精神的进步。[②] 历史的进程虽然有时被偶尔的倒退所打断，但却是由简单的进步原则支配的。人最初生存在自然状态，直到基督教，后来是哲学，教给人普遍的兄弟情谊。从这一广阔的视角来看，历史不断前进的完善化是一幕“最辉煌的戏剧”，它启示了一种智慧的引导。

① 汤因比，《历史研究》，卷一，London，1934—1939，页 46。

② “论基督教的创立为人类带来的好处”、“论人类精神的持续进步”，除了这两篇文章外，《涂尔戈著作集》（Turgot：Oeurves，Paris，1844）卷二还收录了“两次关于世界通史的演讲稿”和“思想与残篇”。与孔德和孔多塞一样，涂尔戈也自知受益于波舒埃的《世界通史》（*Discours de l'histoire universelle*），他曾打算重新撰写这本书（参见《涂尔戈著作集》，卷二，页 626，注释）。参见索列尔在涂尔戈和波舒埃的观点之间所做的结构比较：《进步的幻觉》（*Les illusions du progrès*），Paris，1927，第五章第 1 节。

> 我们看到各个社会的建立和各个民族的形成，它们相继或者统治其他民族，或者臣服其他民族。各个王国此起彼伏，各种法律和政府形式相互更替，各门艺术和科学被发现和发展。它们的追步时而受到阻碍，时而又受到促进，弥漫过各个不同的地区。利益、野心和虚荣不停地改变着世界的舞台，用鲜血淹没了大地。在这些灾难中，人类的习俗变得温和了，人类的精神受到了启蒙，不相往来的各民族彼此接近了。贸易和政治最终把世界的各个部分都联结在一起，全人类都在静与动、善与恶的更迭中，尽管缓慢、但却不停地向着更高的完善进军。①

这一指向完善的进程原初是由基督教精神启迪的。为了证明基督教的优越性，涂尔戈把基督教与异教的宗教和偶像崇拜进行了比较；后者把动物、人的热情，甚至人的恶习神化，而基督教则是传播博爱和善的“自然宗教”。至于那些原则在人们的狂热激情的海洋中的作用日增，它们平息人们的愤怒，节制他们的行动，遏制国家的没落，基督教给西方文化带来了所有这些利益，在涂尔戈看来，是一个无可争辩的事实；同时，他又把这一事实预先设定为一个“必须达到的”②理想目标。目标就是尊重个人的自由和劳动、尊重财产的不可侵犯和权利的平等，以及增加维持生计的手段、财

① 涂尔戈，《涂尔戈著作集》，卷二，页 598。

② 同上，页 675。

富、愉悦、启蒙和促进幸福的一切手段——有谁不把涂尔戈、孔多塞和孔德的这些曾经如此新颖的要求看作美国公民、至少在三〇年代的“萧条”之前的传统价值观呢？美国人对通过扩大造成改善——“更大和更好”——的信仰，维持了二百年之久，直到它即便在最繁荣的国度里也遭到怀疑。

布克哈特断言，历史应该“按照人现在、过去、将来所是的样子”来对待人，与他的这种简洁的断言相反，涂尔戈把自己的希望投射在“事实”中，把自己的愿望投射在自己的思想中，以便能够到处看到一种向改善的转变，并且按照进步的导线来建构历史。

> 在古代各个共和国中，自由与其说建立在人的自然高尚感之上，还不如说建立在单个个人之间的野心和权力的平衡之上；对祖国的爱与其说是对同胞的爱，还不如说是对外来人的共同的恨。此外还有古人对自己的奴隶的野蛮，希腊人和罗马人的战争中那种的残酷，那种野蛮的性别不平等……总而言之，到处都是最强的人立法并且压迫弱者。[①]

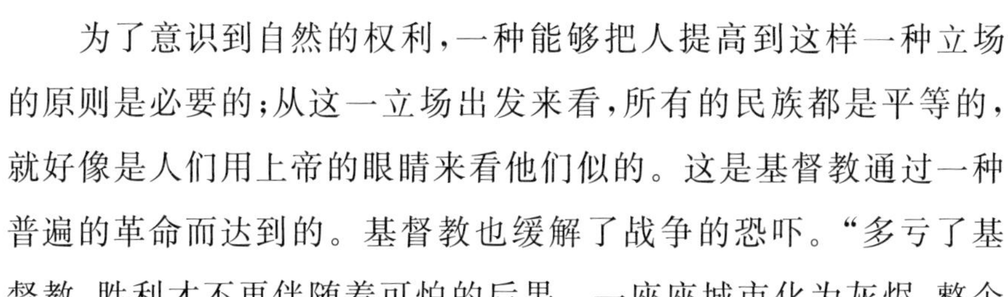

为了意识到自然的权利，一种能够把人提高到这样一种立场的原则是必要的；从这一立场出发来看，所有的民族都是平等的，就好像是人们用上帝的眼睛来看他们似的。这是基督教通过一种普遍的革命而达到的。基督教也缓解了战争的恐吓。“多亏了基督教，胜利才不再伴随着可怕的后果。一座座城市化为灰烬，整个

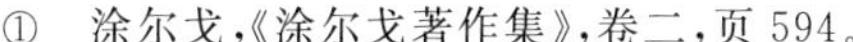

① 涂尔戈，《涂尔戈著作集》，卷二，页594。

的民族屈从于胜利者的宝剑，俘虏和伤员被冷酷无情地杀戮，或者，哪怕他们是国王，也要留下让他们蒙受凯旋式上的羞辱——古人的公共权利的所有这些野蛮，在我们这里都是闻所未闻的：成者和败者在同一些野战医院里接受同样的救助”。[1] 基督教也拯救和保存了古典教养的成就。

尽管涂尔戈从来没有给自己提出过这样的问题，即基督教，或者说对基督的信仰，是否从根本上由于它对尘世幸福的世俗“好处”而能够得到辩解，但他对基督教的理解要比孔多塞更好；对于孔多塞来说，除了穆罕默德教这个例外，宗教只不过是一种非理性的迷信罢了。涂尔戈知道，历史运动并不是一种单维的进步，而是热烈的意图和出乎意料的事件之间的一种辩证关系。虽然他并不用天意的隐秘支配来解释历史运动，而且即使他使用这样的词，他所指的也不同于波舒埃，也就是说，指的是支配人类的“自然”。[2] 进步的自然规律取代了天意的超自然意志。尽管涂尔戈把天意这样世俗化了，但他并不把历史的道路看作纯粹的发展。他从人的抱负开始自己对历史的综览。人的抱负通过造成历史运动，nolens volens（不管情愿还是不情愿）都有助于“天意的计划和启蒙的进步”。

> 激情，而且恰恰是最狂热的激情，引导着人们，而人们却不知道自己走向何方。我相信自己看到了一支庞大的军队，

① 涂尔戈，《涂尔戈著作集》，卷二，页595。

② 同上，页633。

> 其所有的运动都是由一种强大的精神指导的。一看见战争的标志，一听见军号和战鼓的声响，全部骑兵队伍就展开了，甚至战马也满怀着无名怒火，每一小队都跨越障碍向前推进，但却不知道这是为了什么。只有统帅才综览着如此众多相互联系的运动的结果。但之所以缺乏，激情增进了思想、知识得到了扩展、人才得到了完善这种方式，恰恰是因为理性的认识尚未成熟。即使它事先也曾支配了人们的行动，但毕竟收效甚微。①

可感知的行动与历史事件的隐秘动力之间的这种差异，起源于神学上的上帝的意志和人的意志之间的区分。这种区分是救赎历史和世界历史的二维性的基础，神学的历史理解就建立在这一基础之上。启蒙运动的历史哲学决没有扩展和丰富历史解释的神学图式，而是通过把神明天意拉平和世俗化为人对进步的预见，而限制和淡化了它。但即使像涂尔戈那样仅仅在人的层面上和在伏尔泰的意义上理解历史，只要历史不完全被简单化为前后相继的发展阶段的一种平淡进步，神学图式就依然在发挥作用。

① 涂尔戈，《涂尔戈著作集》，卷二，页632。参见（页58、页118以下、页133—134），黑格尔、维科和波舒埃的有关论述。

五、伏尔泰

欧洲精神史上的危机[①]发生在十七世纪末和十八世纪初，在这场危机的进程中，进步取代了天意。这场危机的标志是从波舒埃的《世界通史》(1681)到伏尔泰(Voltaire)的《论各民族的风俗和精神》(1756)的转变。前者是最后一种依照奥古斯丁模式的历史神学，后者是第一种“历史哲学”——这是一个出自伏尔泰的术语。历史哲学一开始，就面临着从历史神学中解放出来的任务和一个反宗教的主题。

一七四〇年，奥地利的查理六世刚刚去世，腓特烈大帝(Friedrich der Groβe)就在给伏尔泰的信中写道：“皇帝死了……他的死改变了我的全部和平计划，我相信，六月份的局势与其说是歌舞升平，倒不如说是硝烟弥漫……这是彻底颠覆旧政治体系的契机。石头已经飞出，将落在尼布甲尼撒(Nebukadnezar)所看见的由四种金属制成的大象头上，并将它砸得粉碎”。[②] 在但以理对尼布甲尼撒的梦的讲解中，落下来粉碎四个王国的石头就是上帝

---

① 阿扎尔(P. Hazard)，《欧洲良知的危机》(*La Crise de la conscience européenne*)，Paris，1935。

② 腓特烈(Friedrich)一七四〇年十月廿六日致伏尔泰的信，《伏尔泰全集》(*Voltaire，Oeuvers*)，卷卅五，Paris，1877年及后，页540。

的国，它长成为一座充满天下的山。[①] 腓特烈把基督教的学说视为“寓言，借助其古老和……荒唐的人们的轻信而称圣”[②]；对他来说，落下来的石头就是他自己，他将粉碎神圣罗马帝国，即他那个时代的哈布斯堡王朝。在这方面，他得到了自己的朋友伏尔泰的支援。后者试图要推翻旧的宗教体系，特别是基督教的历史观。两个人都意识到，自己在通过削弱政治大厦和“一七七五年以前”建立起来的“旧的谎言宫殿”的基础，而推行着一场伟大的革命。[③]

> 斧子已经砍向树根……各民族都将在他们的编年史中写上，伏尔泰是人类精神在十九世纪所发生的那场革命的推动者。[④]
>
> 人们已经在取笑巫师的符咒书，教派的创始人受到羞辱，人们在倡导宽容，一切都土崩瓦解了。只有一种奇迹才能重建教会……英国人伍德斯通(Woolstone)曾预计，败类至少还将存续二百年，他未能料到最近发生的事情。问题的关键在于摧毁成见，它是这座大厦的基础。它是在自身内部崩溃的，它的坍塌将为时不远。[⑤]

当伏尔泰撰写他的《论各民族的风俗和精神》，及《论从查理大

① 参见《但以理书》二章。尼布甲尼撒为巴比伦国王(前605—前562)。——译者

② 腓特烈一七三八年六月致伏尔泰的信，《伏尔泰全集》，卷卅四，页492。

③ 伏尔泰一七七五年八月三日致腓特烈的信，同上，卷四十九，页343。

④ 腓特烈一七六七年五月五日致伏尔泰的信，同上，卷四十五，页254。

⑤ 腓特烈一七六七年二月十日致伏尔泰的信，同上，卷四十五，页104。

帝到路易十三的重大历史事件》时，他是知道波舒埃的《世界通史》的。这部著作是奥古斯丁历史神学的一种结合当代状况的新文本，以创世为开端，以查理大帝为终结。伏尔泰就从这个地方开始，并把它延续到路易十三。在此之前，他已经发表了一部关于路易十四时代的著作。尽管他的著作最初是有意作为波舒埃著作的续集的，但无论是在原则上，还是在方法和内容上，它都成为对传统历史观的一种反驳。

伏尔泰从中国开始他的《论各民族的风俗和精神》，黑格尔在这方面也仿效了他。中国当时刚刚通过法国传教士的报道出现在基督教西方的视野中。中国文化的古老和高度，以及孔夫子的伦理，给法国传教士留下了深刻的印象，于是就产生了一个问题：基督教的传教是否应该顺应中国的宗教。许多去过中国的博学的耶稣会士都赞成这样做，但教会却表示反对，伏尔泰支援他的耶稣会士朋友，与教会对抗。中国的发现，被经典古代和基督教的世界(orbis terrarum)变成了一种深刻比较的对象。欧洲的成就第一次被一种非基督教的文明来衡量，欧洲必须学会从外部看自己和评判自己。由此就产生了这样一个问题：特选子民历史中的传统的统一和基督教历史的焦点，如何才能与对远东的新认识一致起来呢？一个特殊的困难在于，在《圣经》的历史时序和像中国人所拥有的那种非圣经的、天文学的时序之间进行调解。这令人想起了教父在试图使犹太人的时序和罗马人的时序相互一致时所遇到的困难。但这一次，恰恰是有笛卡儿学派教养的耶稣会士在数学上的精确性造成了不准确，甚至对于波舒埃来说也是这样。由于波舒埃给每一个日期都用括号配上另一个日期，后者与前者相差

不下于九百五十九年，他不免败坏了自己的时序架构。[①]

伏尔泰关于中国的第一章是以抨击《圣经》的创世史这一意图为基础的。他自己对这一非同一般的大胆行为所做的辩护，是他赞同“文明”，反对野蛮。按照他的观点，中国的历史不仅比《旧约》中所披露的事件更为古老，而且也更为文明得多。他强调了中国历史对犹太人的远为逊色、但却狂妄得多的历史相比的优越性。

> 只要追溯小小的犹太民族的历史命运，就会看到，他们注定不可能有另一种结局。他们夸耀自己像一伙强盗那样离开了埃及，搬走了自己从埃及人那里借用的一切；他们的荣光就是在自己所占领的城市里不怜惜任何男女老幼；他们敢于表示自己对其他所有民族的仇恨；他们反抗过自己的所有主人；始终是迷信的、野蛮的，不幸时卑躬屈膝，幸运时厚颜无耻。在能够读自己的书的希腊人和罗马人的眼中，犹太人就是这样；但在受到信仰光照的基督徒眼中，他们却是我们的先驱；他们为我们开辟了道路，是天意的宣谕者。[②]

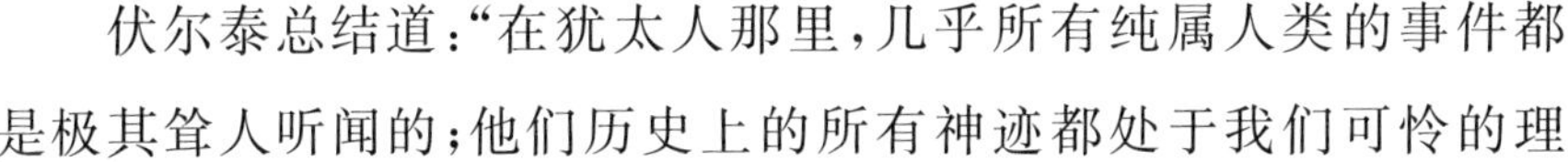

伏尔泰总结道：“在犹太人那里，几乎所有纯属人类的事件都是极其耸人听闻的；他们历史上的所有神迹都处于我们可怜的理

① 参见卡奇(W. Kaegi)，《伏尔泰与基督教历史观的衰落》(*Voltaire und der Zerfall des christlichen Geschichtsbildes*)，卷八，Corona，1937—1938。

② 伏尔泰，《论各民族的风俗和精神》(*Essai sur les moeurs et l'esprit des nations*)，《伏尔泰全集》，卷廿一，1877，页121—122。

解力的彼岸。对于它们,我们只能沉默不语”。[①] 与此相反,中国人的历史没有荒唐的瞎编乱造、奇迹和预言。孔夫子的画像就挂在伏尔泰的卧室里。对于伏尔泰来说,孔夫子(“请孔夫子为我们立圣言”[Sancte Confuci ora pro nobis])作为真正的智者要远远胜于一位先知。

在讨论了中国人的人道文明之后,伏尔泰又着手研究了印度、波斯、阿拉伯,然后是罗马和基督教的兴起。在所有这些引人入胜的、幽默的,但又是谨慎的描述中,他明确地是作为“哲学家”和“历史学家”[②]说话的,也就是说,不是作为一个相信上帝的启示的人,而是作为某个知道什么是人类事务的人说话的;因此,他一再强调宗教历史与世俗历史之间的界限。[③] 对于波舒埃来说,这两种历史由于其共同的目的是处在天意决定的相互关系之中的。伏尔泰不仅把理性认识与启示信仰区别开来,而且还对《圣经》的报道做出了历史的批判。[④] 他的方法是素朴的,他搜集到尽可能多的重要文化事实,用普遍的人类理性来权衡它们。对他来说,“文明”意味着科学和技艺、道德和法律、商业和工业的进步发展。这一进步的两大障碍是教条主义的宗教和政治战争,这在波舒埃的政治历史神学中,是两个主要的对象。就本质而言,伏尔泰《论各民族的风俗和精神》的巨大成就,要归功于下述事实:通过全部历史在十

---

① 伏尔泰,《论各民族的风俗和精神》,页166。参见伏尔泰,《哲学辞典》(*Dictionnaire Philosophique*),“犹太人”条目。

② 同上,页3等。

③ 伏尔泰,《哲学辞典》,“历史”条目。

④ 伏尔泰,《论各民族的风俗和精神》,页3—4、104以下。在伏尔泰看来,只有吉本才对历史从神学中解放出来有类似广泛的影响。

八世纪达到巅峰这一假定，他为蒸蒸日上的资产阶级特有的理想，提供了历史的辩护。在伏尔泰的《论各民族的风俗和精神》中，上帝退出了对历史的支配；即使上帝依然支配历史，也不再以统治的方式干预历史了。[①] 历史的意义和目的在于凭借自己的理性改善人类的关系，使人少一点无知，“更为善良和更为幸福”。[②]

伏尔泰的历史观以发现中国为条件，也同样以物理学中的变革为条件。他积极地参与了物理学中的这场变革。[③] 在道德方面，这场变革的影响，就像是一个人梦见自己生活在文明的巴黎，醒来时却发现巴黎是太平洋上的一个无名小岛。地球变小了，同时又是我们这个族类唯一的居住地。人类的中心地位表现为一种幻象。因此，基督教的创世说也就失去了可信性。人必须得出一种关于自己地位的比较谦虚的理论，而十八世纪则是用一种艰辛的，但却从不间断的进步理论回答了这一问题。

关于视角的这种彻底转换，经典的短文是伏尔泰的《米克罗梅格》，即“小一大人物”。这是一篇哲理小说，描述的是一个外星人来到了土星。在那里，他偶然结识了一些自称为“人”的奇特小生物。这些小生物能够运用语言，并且睿智得出奇。他们还坚持自己有一个“灵魂”。在他们中间有一位托马斯主义者，他甚至声称全部创造仅仅是为了人。对这种说法，那位星际旅行家忍俊不禁，

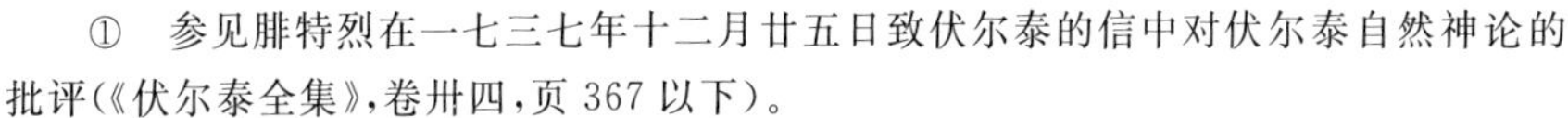

① 参见腓特烈在一七三七年十二月廿五日致伏尔泰的信中对伏尔泰自然神论的批评（《伏尔泰全集》，卷卅四，页 367 以下）。

② 参见伏尔泰，《哲学辞典》，“人”条目。

③ 至于牛顿的天体力学观点与伏尔泰的解释有多大距离，单从牛顿关于但以理预言的著作这一事实就可以看出。

笑得前仰后仆。

在哲理小说《老实人》中，受到伏尔泰挖苦批判的尤其是基督教的天意说和莱布尼茨(Leibniz)的神义论。在小说中，莱布尼茨是以邦葛罗斯(Pangloβ)的形象出现的。邦葛罗斯证明，在这个世界上万物都有某个与人类相关的目的，而且这个目的归根结底是所有目的中最好的目的。“你们看，鼻子是为了戴眼镜而长的，所以就有了眼镜。我们的双腿显然注定是要穿鞋袜的，因而我们就有了鞋袜。石头被创造出来，是为了人们把它凿平，并用它来修建宫殿，所以那些贵族老爷就有了漂亮的宫殿……猪被创造出来就是供人吃的，所以我们一年到头都吃猪肉”。对于是否相信原罪这个问题，邦葛罗斯回答说，堕落和随后的惩罚不可避免地归属所有可能世界中的最好世界的图式。“那么，先生，你不相信自由意志吗？”邦葛罗斯(他可能是提醒人注意奥古斯丁)说道：“请原谅，自由意志与绝对的必然性是一致的，因为我们必然是自由的……”。然而，另一位同行者却经历过如此众多的非常事件，以至任何事情都不会让他觉得不同寻常。对于他来说，世界之所以被创造，其目的是“为了让我们发狂”。这次奇遇临近结束时，老实人在威尼斯狂欢节期间的一次面具舞会上与六个外地人邂逅。这六个人是名闻遐迩的、被废黜的国王。他们谈到了自己的命运，为人类历史的无意义和贫乏作了见证。老实人和他的哲学朋友在遭到了一些不幸之后，落脚在君士坦丁堡附近的一个小农庄。在这里，他们偶尔继续关于道德哲学和形而上哲学的争论。有一次，他们向土耳其最好的哲学家、一位著名的托钵僧请教：“大师，请你告诉我们：像人这样一种奇特的动物究竟是为了什么而创造的？”“这和你有什么相

干?”托钵僧问道,“这是你的事情吗?”“尊敬的长老”,老实人说,“世界上的恶居然多得令人发指”。托钵僧答道:“有恶还是有善,这又有什么关系?倘若陛下派一只船去埃及,难道他还关心甲板上的老鼠处境是好还是坏吗?”但到最后,老实人却发现了自己存在的自然意义。这就是文明,或者最原始、字面意义上所说的文化(Kultur):人无非应该像亚当和夏娃耕耘伊甸园那样耕耘自己的园地。“这是唯一能够把人生塑造得可以忍受的方式”。小团体接纳了这一可嘉的建议,不分男女,每一个人都在自己的小庭院和园地里,发挥自己的才干。在与老实人的最后一次谈话中,邦葛罗斯始终还坚持自己的神义论:“这是因为,如果不是你由于放肆爱上了居内贡(Kunigunde)小姐而被扫地出门,被从一座漂亮的宫殿中驱逐出来,受到異端审判,步行穿过非洲;如果不是你用剑刺穿了男爵的肚子,在美丽的国土埃尔多拉多丧失了你的全部阉羊,你如今就不会在这里吃雪松子和阿月浑子罐头了”。“这好是好”,老实人答道,“但是我们现在必须去耕种自己的园地”。

伏尔泰的小说要证明,在这个世界的历史上为上帝作辩护[①]是荒谬的。这部小说是以一七五五年里斯本大地震的体验为基础的。那场灾难在整个欧洲留下了深刻的印象,[②]是重提对天意的理性主义理解的契机。我们今天已经习惯了许多不是出自大自然,而是出自我们自己意志的、规模更大的毁灭。扪心自问,是否

① 参见伏尔泰,《哲学辞典》,“善,一切皆善”条目。老实人的论据又重新回到了休谟,《自然宗教对话录》(*Dialogues Concerning Natural Relision*),第十部分。

② 参见康德为里斯本大地震所触发而写的《最引人注目的地震事件的历史与自然描述》,1756。

以类似的方式对数百个大城市的有意毁灭提供了审视下面这种传统说法的契机，即上帝在历史中借助人来实现自己的目标？[①]

当伏尔泰针对波舒埃来撰写自己的《论各民族的风俗和精神》时，对于他来说，关键在于一个双重的证明：首先，波舒埃的《世界通史》不是世界性的；[②]其次，天意并没有出现在历史的进程中。他据此指出，波舒埃的历史只讨论了古代的四个帝国，并且主要是就其与犹太人的命运相联系来描述它们的，就好像犹太人的命运是所有历史旨趣和历史感的中心似的。

> 对于我们现代编纂者的著作，我极为感到惊奇的是那种轻信。他们以那种轻信证明，在尘世的伟大帝国中所发生的一切，都只是为了教诲巴勒斯坦的居民。巴比伦的国王在其征途中顺便袭击了希伯来人，只是为了惩罚这个民族的罪孽。一个名叫居鲁士的国王成为巴比伦的主人，只是为了允许一些犹太人返回家园。亚历山大战胜了大流士，只是为了把一些犹太懒汉安置在亚历山大里面。罗马人把叙利亚和小犹大国并入自己的大帝国，这又只是为了教诲犹太人。阿拉伯人和土耳其人的出现，只是为了惩罚这些可爱的人。我们不得不承认，

---

① 参见康德的文章“论神义论中一切哲学尝试的失败”(Geschichte und Naturbeschreibung der merkwürdigsten Vorfälle des Erdbebens)。然而，这一经典的回绝所证明的，无非是不可能用哲学的方法论证神义论。在宗教的基础上，神义论的问题也许是无法解决的，但却不能被说成是无意义的；参见海克尔(T. Haecker)，《造物主和创造》(*Schöpfer und Schöpfuns*)，Leipzig，1934，第1章。

② 参见伏尔泰，《论各民族的风俗和精神》，前言；“用于补充的说明”，《伏尔泰全集》，卷廿九，页543以下；参见《哲学辞典》，“历史”条目。

> 他们受到了一种杰出的教育——从来没有一个民族拥有过如此众多的教师。这证明，历史是多么有用啊！[①]

伏尔泰说道："我们将像谈论斯堪特人（Skythen）或希腊人那样谈论犹太人"。

尽管把救赎历史拉平为世俗的世界历史是显得如此明显，但却没有造成更完备的世界性。因为历史并不由于人们综览的不是波舒埃的四种文明，而是八种或者廿一种文明就成为世界性的；它由此只是更为普遍罢了。对伏尔泰的《论各民族的风俗和精神》的目录稍加浏览就会发现，他的世界历史虽然是建立在内容上扩展了的阐述之上的，但却没有统一地按照一种中心意义来定向。把他的各种考察凝聚为一体的，只是编年史的顺序，和作为假定原则的进步。以一个唯一的目标为鹄的，至少潜在地把各种事件的全部进程富有意义地联结起来的世界通史，并不是出自伏尔泰，而是出自犹太教的一神论和基督教的末世论。唯有《圣经》的上帝，才世界性地为历史指明方向，把历史置于中心位置。一旦这种信仰站稳了脚跟，并且流行了数百年之久，即使人摆脱了创世和天意、末日审判和拯救这些说法，也很难返回到关于历史进程的一种无目标的、循环论的观点。他将会通过把基督教对拯救的希望，世俗化为对一个更好的世界的期待，来试图取代天意，但却仍是在预定的视野中进行的。对神明天意的信仰成为对人能够为自己的尘世幸福预先筹谋的能力的信仰。

① 伏尔泰，《哲学辞典》，"历史"条目。《伏尔泰全集》，卷十九，页355。

伏尔泰太聪明了，他不会过分夸大进步理念的。他信仰的是一种温和的进步，只要理性没有实现完全的统治，这种进步就会为周期性的倒退所打断，并屈从于偶然性。这种清醒的理解把伏尔泰与孔多塞及其狂热的期待区别开来了；但它还使伏尔泰与基督教对最后完成的希望划清了界线。尽管如此，对进步的信仰并没有出现在古代，这并不是一种巧合；古代的特征是对神话中的往昔的崇敬和一种永恒地兜圈子的时间的思想。[①] 在宇宙的一种循环秩序内部，每一种进步都同时是一种退步，在这里，一种不可逆转的进步没有地盘。只有犹太教-基督教的未来主义，才能开启未来，使它成为所有现代追求和思维的视野。就连现代的无信仰者，例如《天路历程》中的克里斯蒂安（Christian），也依赖希望和期待为生；甚至像索列尔那样的人，虽然揭露进步思想是一种"市民阶级幻象"，但却比他们的对手的主张更为进步。双方都相信一个未来的更好的世界。进步的理念取决于对未来的预见，取决于未来将带来某种"新东西"的假设。假若一位天文学家能够向我们证明，我们的行星到了二〇〇〇年就无法再居住了，那么，我们的进步性就失去了任何意义。这是因为，如果可能进步的时间马上就要消耗殆尽，一切改善最终都道致悲惨的结局，我们为什么还要致力于生产更好的汽车、更好的住宅和更好的食品，关心更好的健康状况呢？但是，即使我们假定，进步理念来源于基督教的希望，人

① 参见魏斯（H. Weiss）的富有启发性的文章，"从海德格尔哲学的角度看古希腊的时间和存在观念"（The Greek Conceptions of Time and Being in the light of Heidegger's Philosophy），载 *Philosophy and Phenomenological Research*，1941 年 12 月。

们还是要问:基督教怎么能够导致了反基督教的结果呢?是基督教在自身之中就有进步思想,因而也就能够产生出对进步的世俗信仰这个私生子,抑或它是在与后基督教世界截然不同的意义上是进步的呢?

只有当我们在现代的进步宗教、宗教的进步(Fortschritt der Religion)和宗教性的进步(religiösen Fortschritt)[1]之间做出区分的时候,才能回答基督教是不是"进步的"这一问题。如果我们以后者为开端,那就毫无疑问,尽管在奥古斯都(Augustus)及其后继者统治下的世俗进步必然是令人难忘的,但各福音却不是出自对一个更好的世俗世界的信仰,而是出自对自己和共同向末日审判和拯救进步的信赖。各福音所宣告的,决不是我们的世俗关系在未来的改善,而是与这个世界的国截然相反的上帝国的突然降临。通过告解和悔过在内心为末日审判和拯救作好准备,是唯一真正的"宗教教育",其进步必须按照这种灵魂的悔过自新的认真和目的明确来衡量。拯救不是通过我们自然禀赋的一种逐渐发展来实现的,而是只能通过一种断然的转变来准备的。这样,保罗关于不要回头看,而要"向前挤"的敦促,就与现代的能动主义和未来主义毫不相干了。对于他来说,问题在于转变和在一个遥远,但却临近的未来发生的完成。基督教并没有像现代的进步宗教那样,所开启的是一个不确定的未来的视野,而是终极性地预言了未来,并由

① 把宗教意义上的进步与宗教的进步混淆的典型例证是斯科特(E. F. Scott)的著作《新约中的人和社会》(*Man and Society in the New Testament*)中论进步的那一章,New York,1946。

此加深和强调了决定性“时刻”的庄严性。对未来荣耀和末日审判的虔诚期待，其前提条件不是历史无论是通过发展的自然法则，还是通过人的不懈努力而永无止境向前进，而是历史在基督身上已经实现了其目标。基督教从旧的亚当到一种新创造的进步，虽然是地地道道的进步，但却完全不依赖于社会和经济、文化和政治关系的历史变迁。对于保罗、弗兰西斯（Franziskus）和布尼安（Bunyan）来说，《天路历程》在本质上是同样的历程。基督教之所以没有做出任何进步，正是因为一个基督徒在宗教方面的进步在于仿效基督，而基督并不关心世俗的改革。他的神性的完善是属人的追随者所不能超越的。[①]

宗教的进步是某种与信仰中的进步不同的东西。没有一种历史上的宗教不是必然地参与历史程序的；后者根据人们衡量它的尺度不仅是进步的，而且也是倒退的。把基督宗教的历史设想为好像是从“原始”的基督教，经由中世纪的教会不断地前进到宗教改革，以至在自由派的新教和新的正教中得到自己的完成，这是非常幼稚的。一种历史性的世界宗教的转变，将或多或少与普遍的

---

① 参见索洛维耶夫（W. Solovjeff），《善的辩护》（*Die Rechtfertigung des Guten*），《索洛维耶夫选集》（*Ausgewählte werke*），卷二，科勒（H. Köhler）译，Jena，1916，页 211 以下。这里，恰恰是从在基督身上达到的完成来证明没有一种精神进步的。索络维耶夫论证道，没有人怀疑，在从苏格拉底的自然智慧到基督的短暂期间里发生了惊人的进步。但谁敢说自基督以来更久长得多的期间里发生了一种类似的精神进步，例如把斯宾诺莎和康德，或者路德和福克斯（Fox）与基督相比呢？然而，历史没有造就出更为完善的人物这一事实证明，基督的完成不能被理解为历史发展的自然产物。唯有一位神人的启示，唯有并非相对的，而是绝对的完成才能说明，为什么自基督以来在生活的所有领域都有一种进步，唯独在个人精神力量这个基本的领域中没有进步（索洛维耶夫，《善的辩护》，页 213）。

世界关系的转变保持一致,但所有的宗教改革都试图在新的条件下重建原初的、原始的福音。这之所以是可能的,乃因为信仰中的宗教进步并不依赖于一种宗教的普遍进步和衰落。

现代的进步宗教则又是另一种东西,它信仰人的逐渐完善,因为它不信仰一种绝对完善的一次性启示。世俗的进步信仰的标准可能和人的世俗目标一样众说纷纭,莫衷一是,但它们却彻头彻尾是世俗的。现代进步宗教的十字架并不像人们所说的那样,在于它失去了自己的世俗"运用"的精神"中心",而在于它在根本上运用了一种就其前提和结果而言都是反宗教和反基督教的进步理念。现代基督教的弱点就在于,它如此地现代化和如此地非基督教化,以至于接受了我们世俗成就的语言、方法和结果。这是出自于一种幻象,即现代的发明仅仅是中性的手段,借助于道德的、尽管非宗教的目的,就可以把这些手段基督教化。事实上,它们是极端世俗性和极端自信的结果。尽管如此,进步的非宗教依然是一种可以从基督教的未来目标中引申出的宗教,虽然它用一种不确定的和世俗内的末世取代了一种确定的、超世俗的末世。

六、维科

发生在伏尔泰和波舒埃时代之间的历史意识危机在意大利人维科(Vico,1668—1744)的《新科学》中得到了最重要的表述。维科在其私人生活中是如此地贫困和简朴,但作为作家他却是富有和自尊的。他的著作是一个由断简残篇构成的体系,是一个起源史和世界通史的杰出纲要,其中每一个部分都重新以整体的各原则为开端。因此,它包含着重复和隐晦,但却是以一个天才研究者的执着追求所特有的方式进行的。

《新科学》初版于一七二五年,其完备的版本出版于一七三〇年,重新校订的版本出版于一七四四年,[①]也就是孟德斯鸠(Montesquieu)的《论法的精神》之前四年,伏尔泰的《论各民族的风俗和

① 我们有时援引《新科学》(*La Scienza nuova*)初版,而通常则援引《新科学》第二版。两个版本都是由尼科里尼(F. Nicolini)编纂的,Bari,1931;第三版,1942。页码则援引奥尔巴赫(E. Auerbach)的《新科学》(缩写的)德译本(München,1924)。有时我们也援引 W. E. 韦伯的完整的德译本(Leipzig,1824)。对维科思想最好的全面阐述是克罗齐(B. Croce)的《詹巴蒂斯塔·维科的哲学》(*Die Philosophie Giambattista Vicos*),由奥尔巴赫和吕克(Th. Lücke)根据第二版译出,Tübingen,1927。另外两部有价值的作品出自彼德(R. Peters),《维科论世界历史的结构》(*Der Aufbau der Weltgeschichte bei Vico*),Berlin,1929;《奥古斯丁与维科》,载 *Geist und Gesellschaft* 丛书,卷三,《论历史思维》(*Vom Denken über Geschichte*),Breslau,1928。关于维科的英语专著有:弗林特(R. Flint)的《维科传》,London,1884,亚当斯(H. P. Adams)的《维科的生平与著作》(*The Life and Writings of Vico*),London 1935。关于其他文献请参见克罗齐著作的附录Ⅲ。尼科里尼正准备撰写一部经过扩展和修订的注释。

精神》之前十年,谢林的《神话哲学和启示哲学》之前一百年。但二百年后,它才被重新发现,并被认定为通向历史哲学的第一步。这是毕生深入研究人类历史的成果,不仅为赫尔德和黑格尔、伏尔泰和斯宾格勒的基本思想开了先河,而且还是尼布尔(Niebuhr)和蒙森(Mommsen)在罗马史领域内的特殊发现、沃尔夫(Wolf)关于荷马的理论、巴霍芬(Bachofcn)对神话的解说,格林(Grimm)词源学对古代生活的再现、萨维格内(Savigny)对法的历史性理解、库朗日(F. de Coulanges)的《古代城邦》,以及马克思和索列尔的阶级斗争学说的先声。[①]

维科在他有生之年几乎默默无闻。他超越自己的时代太远了,以至于不能发生直接的影响。一位书报检查官的机智判断为:《新科学》是一部"标志着欧洲历史上极为不幸的危机的"[②]著作。作为忠诚的天主教徒,维科几乎没有意识到他的《新科学》的革命性质,他关于没有虔诚就没有科学和智慧的断言,肯定不像现代的诠释者想认可的那样,是对教会的一种让步,而是一种真诚的思想倾向。当他在那不勒斯发表自己的著作时,这部著作已表明不是一部畅销书。他在给一位朋友的信中写道:"我确实有这样的感觉,就好像我在这个城市里把我的著作投入一片荒漠。我躲避着一切公共场所,以免碰上某个我曾经给他寄书的人。假如见面无

① 马克思读过《新科学》,把它看作是沃尔夫(Wolf)的《荷马》(*Homer*)、尼布尔的《罗马史》和建立比较语言文字学的萌芽。参见列夫席兹(M. Lifshitz)在《哲学与现象学研究》(*Philosophy and Phenomenonolosical Research*)(1948年3月)中关于维科和马克思的论述。

② 克罗齐,《维科的哲学》,页272—273。

法避免，我也稍事寒暄就溜之大吉。没有任何人借这种机会哪怕稍稍暗示他收到了这本书，于是我也就加强了这种印象，即我是在一片荒漠中出版自己这本书的”。然而，他知道自己完成了某种恒久的和新颖的东西：第一次从由天意规定的发展的一种永恒法则的哲学原则出发，以经验的方式构思人类历史——宗教、社会、统治形式、法律制度和语言的历史；这种发展既不是以进步的-历史学的方式，也不是以循环的-宇宙学的方式把握到的。

“新科学”的原则和方法

维科在他这本书的结尾[①]说道，他不自禁地要用“新科学”这样一个惹人嫉妒的标题来命名这部作品，“因为如果不用这个标题，将是对如此普遍的主题应有的要求和权利极不公正的隐瞒”。这个主题也就是“各民族的共同本性”——他的“一门新科学的各种原则”的副标题就是这样叫的。他的科学的各种原则是什么样的呢？他的科学的新方法又何在呢？

在讨论这门新科学的“要点”[②]时，维科给出了以下的定义：一、新科学是“神明天意的一种理性的民政神学”，即在包括诸如婚姻、丧葬、立法、政府形式、阶级斗争等之类的民政事物在内的社会历史中，对神明天意的理性证明；二、它是“一种创始权(auctoritas)的哲学”，特别是所有制起源的哲学，因为人类社会最初的创

---

① 维科，《新科学》，第二版，奥尔巴赫德译本，页420。

② 同上，页160以下。

始人(auctores)也是所有制、律法和传统的创始人;三、它是“一部人类理念的历史”,尤其是一部关于上天的最古老宗教观念的历史;四、它是“对最古老的宗教传统的一种哲学批判”,尤其是对神谱学的批判;五、它是“一部理想的永恒的历史,所有民族的历史在时间中都遵照它进行”,也就是说,它强调文明程序的一再复归的典型图式;六、它是“一个各民族自然法的体系”,法的自然性建立在原初的生存必需和有用性之上;七、它是异教世界世俗历史最古老和最隐晦的开端,或者“原则”的科学,因为它解释了神话历史的隐秘真理。总而言之,新科学就其各种角度的整体来说是“民政世界”(mondo civile),即历史世界的一种理性论证的神学。它到处都强调原始的、英雄的和诗性宗教的精神,这种精神也是后来各时代理性化了的人类的创造性基础。

二十世纪熟悉黑格尔的客观精神哲学以及新近奠立“精神史”和“文化哲学”的各种尝试的读者,会觉得维科发现作为一门特殊科学对象的民政世界,和他的许多发现一样,差不多都是老生常谈。在十八世纪初,当新的数学-物理学类自然科学是唯一真正的科学时,情况却不是这样。人们只需要想一想,在他之后一百年,孔德还在试图按照自然科学和数学的范型把历史哲学建成为“社会物理学”,就可以衡量他把历史,特别是把社会-宗教的历史,提高到一门科学的层次所付出的努力了。必须按照当时占统治地位的笛卡儿学派的科学来评价维科科学的新颖之处。当维科冒险向笛卡儿的《哲学原理》和《方法谈》提出挑战,并扭转它们的时候,笛卡儿学派科学的革命新颖性还不足百年之龄。[①]

在《方法谈》的第一部分，并且再次在《第一哲学沉思集》的第一个沉思中，笛卡儿叙述了他做出断然决定的历史，即怀疑一切不能完全确定的东西，以便通过方法上的怀疑达到绝对的确定性，并由此达到科学的真理。公众意识、法学、医学、修辞学、语言文字学、历史和古代作家与道德学家的纪事，同启示神学与传统的哲学见解一样，都不能揭示这样一种绝对确定的真理。所有这些都建立在传统的权威之上，建立在"实例"和"习惯"之上，而不是建立在可靠的认识之上。于是，笛卡儿决定撕下这些伪科学的整个华丽的"上层建筑"，以便在一个稳固的基础上重新开始。他当然也很清楚，在"公共事务"领域，例如在一个国家或者一种占统治地位的宗教的改革领域，这种彻底的重建是不可行的；在这里，人所信赖的是权威、习惯、实例和传统，因为在这一实践的领域，问题根本不在于理论上确定的真理，而是仅仅在于或然性。对于笛卡儿来说，历史类科学根本不是科学。伪称精通古罗马历史的历史学家，对古罗马历史所知还不如罗马的一个厨子；懂拉丁文也不过是就连西塞罗的仆女也能做到的事情。因此，所有建立在以感性和历史的方式传递的经验之上的认识，都必须抛弃，因为在如此经常欺骗我们的传说和感觉中，找不到任何绝对的确定性。笛卡儿以排除可疑者的方式找到的唯一的、微小的、但又无比重要的确定性，是"我思故我在"(cogito ergo sum)及其天赋观念在形式上的确定

① 参见柯瓦雷(A. Koyré)，《关于笛卡儿的谈话》(*Entretiens sur Descartes*)，New York，1944。

性。从那里出发,就可以借助大自然的真正语言,即数学语言,而在科学上重建物理世界了。笛卡儿力图按照数理科学和确定性的典范,并借助其尺度来改造哲学。

从法学和历史学走向哲学的维科,恰恰对笛卡儿式真理的批判标准产生了怀疑,而且是根据这样一个基本原理,即一切真实的知识都必须是关于原因的知识,也就是说,我们仅仅真实并且透彻地知道也是我们自己造成或者创造的东西。真实的(Verum)是根据被创造的宿命来度量的。[①] 但是,难道人自己创造了物理学宇宙的自然世界了吗?或者,由于上帝也创造了这一世界,只有上帝才能拥有关于这一世界的完备知识吗?既然我们自己是被造物,并且没有创造大自然,大自然对于我们来说,也就必然始终是看不透的。笛卡儿的确定性只属于形式的意识,而不属于真实的知识,只属于单纯的思(cogitare),而不属于真实的认识(intelligere)或者深刻的洞见。对于人来说,完备的、可证明的认识只有在数学虚构的王国内部才能达到,在这里,我们就像上帝那样自由地构造我们的客体。然而,数字和形体只是抽象物,它们并不能为对大自然的具体认识提供任何基础。不过,作为维科科学主要对象的"各民族的共同本性"又怎麼样呢?它是和物理世界一样看不透的,还是对我们的理解开放的呢?

为了回答这一问题,维科接受了笛卡儿在方法上的怀疑,但却

① 如要深入研究维科的知识论,请参见克罗齐的《维科的哲学》,第一章、第二章和附录一;以及阿梅里奥的(F. Amerio)的《维科研究引论》(*Introdazione allo studio di Vico*),Torino,1947。

借助一个命题扭转了它，这个命题就是：在“怀疑的汪洋大海”中，有“一小块独一无二的陆地”，能够使我们脚踏实地。[1]

对于认识《新科学》能够并且必须作为出发点的真理来说，唯一确定的阿基米德点就是在真实的和被创造的之间可以相互代换。关于历史，甚至关于历史的最隐晦的开端，我们能够知道某种确定的和真实的东西，因为在充满了把极遥远的古代在我们眼前遮掩起来的阴影的黑夜里，闪耀着那无论如何也不能加以怀疑的真理的永恒光芒，即这个历史的-民政的世界毫无疑问是由人创造的。因此，它的各种原则也就能够并且必须在我们人类自己的精神变迁中找到。[2]

这些原则虽然不是直接给出的，但却可以借助结构上的诠释找到它们。维科承认，他花费了廿五年之久的苦苦思索，才打破了现代理智主义的成见，重新复活了现代文明尚未触及到的荷马时代和前荷马时代人类在其律法、习俗、语言和宗教中的精神状况。任何人只要考虑到通过我们人类自己的精神变迁，探讨古代历史这种可能性，就会对下述状况惊异万分，即哲学家把自己的力量用于建立自然世界的科学，而由于自然世界是上帝创造的，它只能为上帝所认识；相比之下，由于我们自己创造了各民族的世界，所以我们也能够认识这个世界，但哲学家却忽视了它。[3]《新科学》是

① 维科，《新科学》，第一版，第 40 节。

② 维科，《新科学》，第二版，奥尔巴赫德译本，页 125。参见奥尔巴赫对这一段的文体诠释，“关于维科《新科学》的语言学解释”，载 *Archivum Romanicum*，卷廿一，1937，页 173 以下。

③ 维科，《新科学》，第二版，奥尔巴赫德译本，页 125。

一种哲学，同时也是一部人类历史；它之所以可能，乃是因为人们和各民族的本性自身是人性的和历史的；它不是由物理属性一劳永逸地给定的，相反，人类的“本性”(natura)成为它所是的样子，乃是因为它是借助于既是自然的也是天意规定的那种发展的历史法则“产生”(nascendo)[①]的。

> 因此，我们的科学就能够描述一种永恒的理想的历史，所有民族的历史都在时间中按照它历尽其繁荣、进步、停滞、式微、终结之行。我们甚至冒昧地说，任何人只要对这门科学深入思考，他就是在向自己叙述这一永恒的理想的历史，他依据的是这一历史过去、现在、将来都必然如此的基本原理。因为根据我们的第一条无可怀疑的原则，历史世界毫无疑问是由我们人创造的，从而也就可以在我们自己的精神变迁中重新发现它。如果创造事物的人再来叙述事物，再也没有比这更为确定的了。这门科学的做法就像是几何学。几何学在根据自己的基本原理构造和考察量的世界时，也就是创造了这个量的世界。不过，由于人类事务的法则，比点、线、面和体拥有更多的现实性，这门科学也就比几何学拥有更多的现实性。这又是一个证据，说明这样的证明都是神圣的。读者啊，这样的证明必然会给予你神圣的愉悦，因为在上帝那里，认识和制作是一回事。[②]

① 维科，《新科学》，第二版，奥尔巴赫德译本，页137、81。参见奥尔巴赫对维科本性概念的分析：“关于维科《新科学》的语言学解释”，上引书，卷廿一，页177以下。

② 同上，页138以下。

通过真实的与被创造的在历史理解中所完成的替换，维科摆脱了笛卡儿的出发点，达到了在语言、习俗、律法和制度的人类世界中所出现的所有那些“语言文字学”确定性的哲学真理。事实上，维科既没有在历史认识的层次上重复笛卡儿的几何学确定性理想，也没有为了单纯或然的东西而放弃科学的真理。毋宁说，他的真正努力是，借助真实与确定的辩证法来克服笛卡儿在理论真理和感性-实践的或然性之间所作的全部区分，这种辩证法先声道出了黑格尔的“感性确定性的真理”。他把“语言文字学”，即笛卡儿极度轻视的外在的历史资讯，提高到一种哲理科学的层次。[①]他通过对现代自然科学的优先权的批判，引入了我们自黑格尔以来所说的“精神哲学”的优先权。

物理的自然只是现实的一半，而且是不那么重要的一半。维科以对一个球的解说把人引入了他这部著作的基本思想，这个球在寓意式描述中的位置是值得注意的。在画卷的左上角是上帝的眼睛（天意），左边是一位观望着上帝的女人（形而上学），她站在天球（物理世界）上，而天球由一个祭坛（最古老的祭天活动的象征）的一边支撑着。右边有荷马（神学诗人）的一座雕像，这是最古老的异教智慧的标志。神明天意的一道光线把上帝的眼睛与形而上学的心联在一起，第二道光线则从形而上学的心通向荷马。因此，天意的神圣光线是通过形而上学而与荷马，即与异教的历史世界

① 维科，《新科学》，第二版，奥尔巴赫德译本，页 78—9，140 以下。参见奥尔巴赫，“维科与语文学的理念”（Giambattista Vico und die Idee der Philologie），载 *Homenatge a Antoni Rubio I Lluch*，Barcelona，1936。

联系起来的，但它却略过了自然世界。维科的解说指出，形而上学是“在自然事物的秩序之上”观望上帝的；而哲学家迄今为止都是以自然事物为中介观望上帝的。真正的哲学在上帝里面观望的是人类精神的世界，为的是在人的世界中，即在各民族的民政世界中证实上帝的天意。那个球只由祭坛的一边支撑着，“因为迄今为止哲学家只是与自然秩序相联系观望天意，只显示了天意的一个部分……他们忽视了从人所特有的观望神明天意的方面；人的历史本质就在于，人天生是社会的”。[①]

神明天意在寓意式图画中，以及在维科整部著作中所占的突出地位表明，如果人们这样解释“真实的＝被制造的”这一原则，就好像维科要说，人的历史世界仅仅是人自己的自发创造力量的产物，那就误解了这一原则。[②] 无论是在《新科学》的初版中还是在其第二版中，一旦维科提到这一原则，他都急急忙忙地补充说，我们的精神重新发现历史的起源，以及它与自己的过去打交道的能力，奠立了一种人类精神的哲学，“为的是引导我们走向作为永恒天意的上帝”。

《新科学》第一卷最后一章着重讨论天意，它是《新科学》的所有原则的完成。值得称道的是，天意是作为《新科学》的“方法”，作为历史获得其方向和秩序的合法则的道路被引入的。在维科看来，没有任何历史世界是建立在无神论之上的。[③] 婚姻、丧葬[④]和

① 维科，《新科学》，第二版，奥尔巴赫德译本，页 44。

② 参见克罗齐，《维科的哲学》，页 97 以下。

③ 维科，《新科学》，第一版，第 8 节。《新科学》，第二版，奥尔巴赫德译本，页 426。

④ 维科，《新科学》，第二版，第 12 节。在维科看来，庄重的婚礼和葬礼是最能使人成为人的制度。按照维科的词源学，人性、人类（humanitas）是从埋葬（humando）派生的。

农业的所有文明、律法和机构，特别是最原始的，都建立在献祭和仪式之上，建立在某种宗教形式之上，不管它是真宗教还是假宗教，是基督宗教还是异教的宗教。假定一切民族都以崇拜某种神明为开端，那么，在家族体制时期，家长就是了解神谕方面的智者，是为正确解释神谕而献祭的祭司，是向其家族传告神朋律法的“国王”。[①] 甚至最粗野的人也不是没有宗教感和宗教设施，迷信在道德上和就创造力而言要优于贫乏的无信仰。甚至哲学也不能取代宗教；波里比阿（Polybios）说，如果有哲学家就不需要宗教，这是一个错误，因为如果没有一种社团先行存在，就不可能有哲学家，而如果没有宗教，就不可能产生这样的社团。[②] 原初的人越是感到自己受自然力量所控制，就越是强烈地要求一种更高的力量来拯救自己。[③] 但是，只有上帝才比人和大自然优越，它的力量首先是在恐惧中被体验到的。[④] 恐惧驱使人通过献祭来寻求保护。然而，所有神灵的本质特征都是天意的力量。按照维科的词源学，“神性”（divinitas）出自“预言”（divinatio），即预见和猜测神明力量给人预定了什么的能力。就人的社会活动和政治活动来求神谕和探询神的意志的其他方式，是所有原始宗教的最古老和最重要的标志之一。如果听凭自己，人就会处在自私的专制统治下；他只热衷于自己的私利，这种私利将会摧毁全部社会生活和历史生活，从而摧毁人自身。只有借助于神明天意，才能把人控制在家庭、民

① 维科，《新科学》，第二版，奥尔巴赫德译本，页 103。

② 同上，页 88—89、426。

③ 同上，页 131、157、160。

④ 同上，页 132、158。

族、国家和人类内部。从人们各自寻求自己的满足的情欲中，从野蛮、贪婪和野心中，天意作为神明立法，创造出战士、商人和统治者的德性，创造出各民族的自然法。天意使这种将会把整个人类从地球上铲除的自然恶行，转化为一种公民幸福，“因为事物由于其纯自然的秩序是不会安静下来，不会持久的”。[①] 所谓的“自然”法一开始就是一种在国家（civitas）中确立的民政法，它以一种民政神学为基础。

虽然天意的起源是超自然的，但按照维科对它的理解，它起作用的方式却是“自然的”和“简单的”，[②]它几乎就与历史发展的民政法则是一回事。它仅仅通过间接的原因在“民政事物的救治”（Ökonomie）[③]中发挥作用，就像它在物理世界中起作用一样，但后者更不易看透。天意以人的自然习惯的轻松方式展开自己的秩序，[④]“因此，《新科学》在某种意义上也就是突显和证明作为一种历史事实的天意……它叙述天意在人没有注意和参与，而且经常违背人的意图的情况下带给人类各大社团的那些秩序的历史”。[⑤]既然这些秩序是某个时候由神明天意引入的，“各民族事务的进程过去、现在和将来就必然”如同《新科学》以理性的方式所推导出来

① 维科，《新科学》，第二版，奥尔巴赫德译本，页132以下。

② 同上，页265。

③ 德文Ökonomie有两义：一为经济学，一属神学。此处显然意属神学，即民政神学，天意体现于民政世界中的“拯救计划”。它可以客观化为“结构”或“秩序”。译者原译为“管理”或“经世”；但总嫌前者人意太强，后者儒味太浓。校者拟改为“救治”，旨在突出民政事物秩序中的天意。——校者

④ 维科，《新科学》，第二版，奥尔巴赫德译本，页135。

⑤ 同上，页134。

的那样。[①]

鉴于这种论断，对维科的天意概念作批评的人事实上有权利说，天意在维科那里变得如此是自然的、世俗的和历史的，就好像它根本不存在。[②] 在维科对天意的"突显"中，标志着从奥古斯丁到波舒埃的天意信仰的那种超世俗的和神奇的支配什么也没有剩下。天意在维科那里还原为一个秩序的图式，它的本质内容无非就是历史进程自身的普遍的和持久的秩序。维科的上帝是如此地全能，以致他禁不住要做出特殊的干预。在历史的自然进程中，他发挥作用只是借助于历史的自然手段：情势和机缘、原始的必然性和有用性。任何人只要能够在人的社会历史中读懂历史性的天意的自然语言，对于他来说，历史从第一页到最后一页，都是一部敞开的值得惊赞的计划书。

《新科学》由于是建立在民政神学的原则之上的，因而也就能够描述每一个民族的历史在时间中所经历的"理想的永恒历史"。由于人观察这种典型的历史模式是在其空间、时间和多样性的整个辽阔视野中进行的，所以他就获得了"神性的愉悦"和满足，即对上帝所期望和预定的必然性的满足。因为如果没有上帝的这种导引，单是人的自私意志就太软弱、太腐败了，不能把无序转化为有序，把恶转化为福。

维科强调天意，与斯多亚学派和伊壁鸠鲁学派——既有古代的（芝诺和伊壁鸠鲁），也有现代的（斯宾诺莎[Spinoza]，霍布斯和

① 维科，《新科学》，第二版，奥尔巴赫德译本，页138。

② 参见彼德，《维科论世界历史的结构》，第七章。

马基雅维利[Machiavelli])——对命运的信仰和对偶然性的信仰的争论相联系。[①] 斯多亚学派和伊壁鸠鲁学派之所以都否认天意,乃是因为他们作为"修道院里的"孤寂的思想家,都没有意识到天意规定的对民政事物的救治。对天意的信仰与对命运和偶然性的信仰之间的区别在于,神明天意为达到自己普遍的目标而利用了人类自由的、尽管是堕落了的意志。盲目命运的学说忽视了天意规定的必然性与意志自由的辩证法,与此相反,伊壁鸠鲁学派的偶然性学说把自由降低为单纯的心血来潮。然而,天意的原则和自由的原则都同样是真实的和至关重要的。[②] 但引人注目的是,它们在维科的阐述中并不是势均力敌的。单是他把天意视为可证明的这一事实,其前提条件就是,天意以无条件的必然性引导着似乎是任性和偶然性的产物的东西。[③]

历史的辩证法

无论维科的认识论对于建立《新科学》有多么重要,都不能孤立地对待它。真实的可替换为被制造的,这一命题就其逻辑一贯性而言,将导致完全非维科的结论,即人是历史的上帝,他凭借自由的活动创造了自己的世界,从而也知道自己过去、现在和将来做

① 维科,《新科学》,第二版,奥尔巴赫德译本,页 5、76、130、134、136、425。

② 维科,《新科学》,第一版,第 9 节。《新科学》,第二版,奥尔巴赫德译本,页 78、118。

③ 参见维科,《论意大利人最古老的智慧》(*De antiquissima ltalorum sapientia*),《维科全集》,卷一,Bari,1914;第八章其中,似乎幸运、偶然性和宿命都追溯到天意。

的是什么。对于克罗齐(Croce)来说,历史是“自由的历史”,而不是天意的历史。他在这种意义上诠释维科,因而觉得自己有必要把维科的天意概念尽可能地从其所谓的“现实趋势”中排除掉。按照克罗齐对历史的诠释,人对人类事务的认识其实与上帝的完备知识是一致的。因为人凭借自己的自由活动创造了历史世界,而当他思考这个世界时,他再次创造了自己的创造物,并以这种方式完全认识了它。“这里是一个现实的世界,在它里面人事实上和上帝一样”。[①] 克罗齐不是以维科对天意的信仰为基础,而是以黑格尔的主体与客体的辩证法,及特殊主体与一般主体的辩证法为基础,来理解真实与被制造的一致性的。自由地创造历史的单个的人,应该是一个理性的和普遍的个体,即一种具体化了的普遍性。在这一前提条件下,天意对于克罗齐来说,就与偶然性和命运一样是多余的和有妨害的了,因为所有这三者都通过在创造个体背后的活动,而把自己与自己的产品分割开来。对命运和偶然性的信仰,甚至还有对天意的信仰,并没有把这种心血来潮的因素从历史中排除掉,反而加强了它。但是,由于基督教把历史理解为上帝的作品,就其在根本上把自由的、创造性的活动视为历史进程的最终源泉而言,它优于古代的命运说和偶然说。所以,在克罗齐看来,“人们出自对这一更为深刻的观点的感激之情,把上帝和神明天意的名字赋予历史的合理性”,[②]就是自然而然的了。“如果这样理解,天意就具有双重的价值,既是对个人主义幻象(好像个人的利

① 克罗齐,《维科的哲学》,页28—29、97以下。

② 同上,页98。

益就是历史的全部现实）的批判，又是对神性事物超验性的批判”。在克罗齐看来，每一个具有历史感的人都必然接受这一立场，并且从历史自身出发来回答历史是什么的问题，而不用求助于命运和偶然性，或者求助于上帝和天意。

然而，这显然不是维科的立场。维科对历史进程的理解要恰当得多，也就是说，他把历史理解为一个由人创造的世界，但这个世界同时又为某种与自由选择相比更为接近命运必然性的东西所征服。历史不仅是自由的活动，是决断和行动，而且还是并且主要是发生的事件和事件的发生。因此，历史不是单一含义的，而是双重含义的。

维科对事件发生中自由和必然性的这种辩证法的描述，令人印象极深，比克罗齐哲学上的自由主义要更为符合对历史事件的普遍体验和公允感。维科一开始在解说寓意式图画时就摆明了问题的关键。形而上学是“在上帝之中”，即在天意的光照中观望人类精神的历史世界的；一个祈祷和献祭用的祭坛处在画卷的中央，因为上帝借助我们的社会本性给予我们一种人的存在，并且通过它来保存我们。上帝的筹谋和天意是这样安排人类事务的，它使“人们在由于原罪而从纯粹的正义堕落之后，**就几乎总是冀求某种与自己的利益完全不同、甚至截然相反的东西**——以至于为了满足自己的自私需求，人们宁愿像野兽一样孤独地生活着——**但也沿着其相反的倔强的道路，由于同样的自然需求，而被引导到过正义的生活，维持在社会中并遵循自己的社会本性”。**[1] 凭借上帝的

① 维科，《新科学》，第二版，奥尔巴赫德译本，页 44。粗体字为作者所标。

立法，天意从野蛮、贪婪和野心中创造出共同体的强大、富裕和智慧。[①] 在他这部著作的结尾，维科重复了《新科学》的无可辩驳的原则，即人自己创造了这个各民族的世界。然后他接着说——在他看来，就连这也是无可辩驳的——这个世界出自一种精神，这种精神"与人们的特殊目标**经常不同，有时与它们截然相反，并且始终是高于它们的。**上帝使人们的狭隘目标为自己更为广泛的目标服务，并且总是利用它们来把人类保存在这个地球上"。[②] 在历史中，人们并不知道自己本来想要什么，因为某种与他们的私欲不同的东西也借助他们而成为意欲的对象。"人们自以为想要满足自己动物般的性欲并败坏了自己的生育，但他们所造成的却是贞洁的婚姻，各家族就是建立在这种贞洁的婚姻之上的；家长想要对依附民肆无忌惮地行使父权，但却在这样做的时候把他们置于国家的权利之下，各共同体就是从这些国家的权利中产生的；贵族的统治阶层想要对平民滥用主子的自由，但他们自己却不得不屈服于导致民众自由的律法；各自由民族想要摆脱自己的律法的束缚，但却正因此而陷入了对君主的依赖；君主为了自己感到安全而想要用种种伤风败俗的恶习腐化自己的臣民，但却由此而造成他们作为奴隶承受更强大的民族的奴役；各民族想要彼此毁灭，但幸存民族却逃往荒野，在那里它们像不死鸟一样获得新生。所有这些都是精神的作品，因为人们这样做凭借的是理智；这不是盲目的宿命，因为人们这样做凭借的是选择；这也不是偶然性，因为每当他

① 维科，《新科学》，第二版，奥尔巴赫德译本，页77。

② 同上，页424。粗体字为作者所标。

们这样做，就总是产生同样的结果”。[①]

特殊的意图和普遍的终极目的、人的行动和他们意料之外的结果之间的这种辩证法，并不像克罗齐所认为的那样，是人的一种“失误的喜剧”，而是一种上帝的真理的喜剧，可以与黑格尔的历史哲学中天意的作为媲美，即愚弄人的意图的“理性的狡计”。同样的辩证法也表现在社会制度的实例中，支配着各时期的时间序列，支配着神的时代、英雄时代和人的时代的前后相继。在所有这些历史发展阶段中，人们必然对神明天意表示极大的惊赞，因为“它首先使想法完全不同的人们畏惧神灵，对神灵的宗教崇拜是各种政治社团最重要的基础”。[②]

① 维科，《新科学》，第二版，奥尔巴赫德译本，页 424。参见克罗齐对这种辩证法的概括（《维科的哲学》，页 99—100）：“人们相信，通过把自己的女人带入洞穴，在那里避开上帝的目光来满足自己动物般的性欲，就可以逃避雷鸣电闪的上天的愤怒；并且通过把女人强留在洞穴中，他们建立了最初的两性关系和最初的社会机构，即婚姻和家庭。他们在领地设防，其目的是保卫自己和自己的家庭；而事实上，由于他们在一定的地方设防，他们也就结束了自己的游牧生活和动物般的游荡，学会了农业。弱小的，无拘无束的、由于饥饿和相互杀戮而极度绝望的人，为了维持自己的生活，通过使自己成为英雄的依附民，而在那些设防了的地区寻求庇护；这样，他们就不知不觉地把仅仅由儿子组成的家庭，扩展为也包括侍从；并进一步扩展为贵族制和封建制的共同体。贵族、封建主相信，通过极严厉地对待耕种土地的依附民或者平民，就可以保有自己对土地的公民所有权；然而这样一来，他们也就促使依附民团结起来保卫自己，唤醒了他们对自己固有力量的意识，使平民成为真正的人；贵族越是傲慢地炫耀自己的贵族地位并试图维护它，他们就越是有效地服务于摧毁贵族状态和建构民主状态”。

② 维科，《新科学》，第二版，奥尔巴赫德译本，页 263。

真宗教和各种假宗教

人们有理由注意到，维科在真宗教和各种假宗教之间、在基督教和异教之间所做的区分，只是稍稍触及他的具体的历史哲学。他的著作独创的和令人感兴趣的方面，并不是在《圣经》中的历史和世俗的历史之间所做的传统的区分，而毋宁说是那种公允的态度；以这种态度，他在同样的基础上探讨了各种异教的宗教和真宗教，并敉平了轻信和信仰、诗性想象力和启示真理之间的差异。把二者联结起来的，是各历史发展阶段的无所不包的天意。各异教民族"尽管是在错误的意义上，但却有理由"[①]把自己事务的引导归于朱比特（至大至善的神[deus optimus maximus]），即天神和雷电之神，而基督教的上帝同样也是至大至善的神。但是，天意怎样才能够在对朱比特的原始信仰和对真正的基督教上帝的真信仰之间建立一种连续性呢？对此的答复是，那在历史中致力于保存人们的天意，借助于一种假宗教的幻象，把最初的几代人引入真理，因为最初的几代人在天性上无能在心灵和真理中领会一种真宗教。当天意还没有在基督牺牲的爱中、在基督的众使徒中、在教会中启示自身的时候，它不得不在雷电之中显现给异教徒，为的是以畏惧的方式使人变得有宗教信仰和文明。这最初几代人以其纯粹质料的想象力，创造出自己的各种神灵，只不过他们是像诗人

① 维科，《新科学》，第二版，奥尔巴赫德译本，页160；另参见页267。

（字面意义就是“创造者”）那样来虚构的。[①]

维科选择维吉尔的话：缪斯出身于朱比特（A Jove pvincipium musae）[②]，来作为初版的题词。最高的天神朱比特（Jupiter），是在可怕的雷电中显现给最初几代人的。由他产生出所有“粗俗的”智慧，这种智慧既不是启示的也不是理性的，而是一种预卜的智慧，即预言和占卜的智慧，它是所有异教民族的宗教智慧。为雷电的巨大后果所惊吓，最初的人类——巨人——意识到了上天乌那诺斯（Uranos）；他们把上天与自己相比，把上天想象为一个要对他们说些什么的巨大的有生命的物体，称他为朱比特。“这样，他们就开始依从自己自然的好奇心；好奇心是无知的女儿，是科学的母亲”（缪斯）[③]。这些人觉得“宙斯充满了”一切事物（Jovis omnia plena[朱比特充满了一切事物]）。宙斯是至善和至大的神的意志（numen），是众神和万民之王。由于宙斯没有用自己的霹雳毁灭人类，他还获得了“救世主”（soter）的头衔。这些原始的野蛮人按照他们拥有的人类心智的标准来把握神圣的事物和天意，由于怀疑大自然的帮助，他们渴望某种高于大自然的东西能够来拯救他们。天意本身**“允许他们受骗，去畏惧朱比特虚妄的神性”。**[④] 这样，他们就穿过了那最初的、由闪电照亮了的雷雨的乌云，遇到了那个伟大的真理，即神明天意监护着全人类的福祉。

维科在《新科学》中描述“现”代，即描述基督教时代开端的地

① 维科，《新科学》，第二版，奥尔巴赫德译本，页153、155。

② 参见同上，页163。

③ 同上，页91（参见W.E.韦伯德译本，页217）、154以下、163。

④ 同上，页160和《新科学》，第二版，第948节。粗体字为作者所标。

方，没有片言只语谈到耶稣基督是世界历史的转折点，几乎没有片言只语谈到基督教会的兴起和扩展。对于他来说，古代早期与早期基督教的相似以及理想的同时性，要比基督在异教世界内部无与伦比的显现重要得多。他主要把基督教的早期时代看作是一种复归，是第二个英雄野蛮时期，包括个人“英雄主义”（殉道士）、“宗教战争”（十字军东征）、“英雄式的奴役制”（例如，在基督徒和土耳其人之间的关系中）、国王般的祭司和封建制度。[①] 罗马陷落后的新发展又是以一种宗教开始的，不过这一次不是以对朱比特的崇拜，而是以一种真正的、启示的宗教开始的。在维科那里，找不到一种护教士倾向的痕迹。他既不捍卫基督教的信仰，也不攻击异教的迷信。他个人过于牢固地植根于基督教-天主教的传统，以至于想不到他的博学的兴趣和他对非基督教的、古代的权威和传统的偏爱可能产生的后果。对于他来说，基督教是不言而喻的；与此相反，异教人类“粗俗的”智慧和神话的隐秘真理是他发现的。同样，他承认希望、信仰和博爱这三种基督教的德性是既定的，并且捍卫——不是在道德意义上，而是在历史意义上——异教徒的英雄德性，例如力量、聪慧和慷慨。[②] 受异教世界的古典传统所激励，他要比奥古斯丁及其后继者更为认真地对待异教徒“空洞的知识”和“无聊的智慧”。奥古斯丁及其后继者在古罗马和古希腊的神话中所看到的只是胡说八道，与此相反，维科，还有他之后的谢林，却发现了它们的意义。在原则上，维科把宗教解释为一种“民

① 维科，《新科学》，第二版，奥尔巴赫德译本，页399以下、404以下。

② 同上，页416以下、423。

政的”、世俗的和历史的现象。每一个异教民族都有它自己的朱比特，就像它也有自己的赫拉克利特（Heraklit）、有它自己的礼仪和土地耕作、有它自己的婚礼和葬礼一样。但是，由于是神明天意在借助诸如习俗和传统这样简单的和自然的手段发挥作用的，似乎他注意到了前基督教传统和基督教传统之间的连续性。卢梭曾表述了一个两难境地：古代的政治宗教虽然有用，但却是虚妄的；与此相反，基督教虽然是真实的，但在政治上却毫无用处。维科并没有意识到这一两难境地，因为他还没有把“人”与“公民”分开。[①]对于维科来说，基督教神学是古代神学诗人的“政治神学”、形而上学家的“自然神学”和“最高的启示宗教”的一种混合。[②]

维科只是偶尔谈到基督宗教和犹太民族非同一般的起源和性质。[③] 希伯来人是一个例外，不同于其他所有民族的共同本性和发展；其他民族为了从一种动物般的状态达到理性的人类，必须经过一个神的时代和一个英雄时代。由于上帝的特殊启示，犹太人一开始就是人性的，即使就身躯而言也拥有正常的形象，而起源于含（Ham）、雅弗（Japhet）和闪（Sem）——拒绝其父亲挪亚（Noah）宗教的人——的巨人族，则必须经受一个漫长而又艰辛的驯化程序。与所有异教的宗教相反，希伯来人的宗教建立在对预言的明确禁止之上，因为以色列的上帝是精神，是感官无法达到的。

在对基督和《旧约》上帝的偶尔指点中，显现出维科的民政神

① 参见《社会契约论》（*Du Contrat social*），卷四，第八章。

② 维科，《新科学》，第二版，奥尔巴赫德译本，页 147。

③ 同上，页 86；W. E. 韦伯德译本，页 59—60（奥尔巴赫德译本，页 73）；奥尔巴赫德译本，页 119、123、150（W. E. 韦伯德译本，页 216）；页 165、426。

学，和从奥古斯丁到波舒埃的传统历史神学之间一个引人注目的差别。在奥古斯丁和波舒埃那里，对异教各民族历史的解说是围绕着犹太人的命运进行的；在维科这里，把《圣经》中的历史与大洪水之后世俗人类的最初开端联结起来的唯一纽带，就是这样一个思想，即这些原始野蛮的开端是对原罪的惩罚，是一种从特选子民前的神圣历史的倒退。此外，维科否认《圣经》是历史的原始资料，这并不妨碍他力图从世俗的原始资料出发来证明《圣经》的真实性。他承认特选子民的特殊起源，但正是出自这一理由，《新科学》并不探讨它的历史原则。在任何地方，强调的都是古罗马的盛衰，它是世界历史的图式，是中世纪历史上第二次进程(corso)的典型模式。[①]

历史的进程与复归

根据一个古老的埃及传统，维科在自己著作中区分了继巨人的史前时代之后的三个时代。

一、神的时代：此时异教的人生活在神的统治之下，在从事任何活动时都要求预兆和神谕，这是历史上最古老的事物。

二、英雄时代：此时占统治地位的是贵族制度，根据的是一种比平民优越的人性。

三、人的时代：此时所有的人都坚信众人人性的平等，生活在

---

① 维科，《新科学》，第二版，奥尔巴赫德译本，页399以下。

自由的共和国和君主国中。[1]

神的时代是严格的神权政治，英雄时代是一个神话的时代，人的时代则是理性的时代。前两个时代是本来意义上的"诗性的"，即由于想象力而是创造性的。与这三种类型的人性和统治相一致，维科区分了三种类型的语言和文字（神圣的、象征的和世俗的），以及三种类型的自然法、政治共同体和法律。所有这些就其前后相继而言，都是由神明天意统一起来并赋予形式的。人类的这一合规则的和典型的进程，就其从无序到有序、从野蛮的英雄习俗到理性化和文明化了的习俗而言，是进步的。然而，它并不是一种朝着越来越文明化状态的进步。它的现实的目标是没落和衰亡，在此之后，整个进程在向一种新的野蛮时期的复归（ricorso）中重新开始，这种复归也就是一种重新繁荣。这样一种复归已经发生过一次，即在罗马衰亡之后，在中世纪野蛮时代创造性的重现中。现时代的进程已经是一次复归，在它终结时是否将出现一次类似的复归，这在维科本人那里是一个未曾答复的问题。然而，维科的基本原理是，过去发生的一切，将来都会以类似的方式再次发生；要与这一基本原理保持一致，要符合历史发展的永恒图式，这一问题就必须得到肯定的答复。[2] 因此，虽然克罗齐从神明天意为维科的思维设置的界限出发，解释维科缺乏进步概念是没有道理，但他说维科不可能有进步概念却是正确的。至于维科为什么

① 维科，《新科学》，第二版，奥尔巴赫德译本，页 64—65。

② 同上，页 164。

没有把他的预定的神明提高为进步的神明,[1]其原因毋宁说是他关于神明天意内在于自然事件的循环程序之中的观点。产生和衰亡的自然历史进程,是不能根据一个目标而在一种“进步性丰富”[2]的意义上超越的。这间接地通过下述事实得到证明,即维科在自己著作的结尾中,考虑历史进程的终极目标和终点的可能性时,就不再与自己保持一致了。在对欧洲、俄国和亚洲当时状况的综览中,他居然敢说,如今一种“完满的”人道似乎已经遍布在所有的民族中,因为尽管还有一些野蛮的民族留存了下来,但支配这各民族的整个世界的,却是少数几个基督教君主国。[3] 若干主权国家彼此结成联盟,它们可以和古代在专制部落酋长统治下的政府形式相媲美。

眺望一个作为全部历史的实现的基督教民政世界,这种尝试与维科著作的真正主题是无法一致的,因为这部著作强调指出,历史没有实现,没有答案,而是在其进步中被复归性所支配。正常的进程既是自然的,又是历史的。“人们首先感到必需,然后注意到效用,接着注意到舒适,进一步喜欢享乐,后来因奢侈而堕落,最后变得疯狂,挥霍自己的财产”。[4] 有时,天意还在一个民族的内部力量中,在一个诸如奥古斯都这样的统治者的形象中,或者从外部,通过征服这个民族,并且如果它不能再治理

---

① 克罗齐,《维科的哲学》,页 113、121—122。

② 与克罗齐在复归和进步之间的这种妥协类似的,是列夫席兹的马克思主义答案(《哲学与现象学研究》,1948 年 3 月)。列夫席兹坚信,在共产主义革命程序中,人类事务的复归干脆就是“社会有机体的自然脉动”。

③ 维科,《新科学》,第二版,奥尔巴赫德译本,页 416 以下。

④ 同上,页 101;另参见页 102。

自己，就让它臣服另一个民族，来找到一种拯救的药方。“如果各民族在那种极其严重的政治不幸中腐化下去，既不拥有一位土著的君主，又没有更能干的民族来征服和保存它们，那么，天意对这种极其严重的灾难就求助于它的最后的拯救药方”。[①] 这最后的拯救药方就是回到原始野蛮时期的淳朴和宗教畏惧的复归。

复归不是一种纯自然的宇宙论的复归，而是历史的一种自然结构，它具有法律上的“上诉”这种附属含义。[②] 由于进程没有一种持续进步的目标，在某种意义上可以说，它必须向一个更高的法院上诉，让它重新接受自己的案件。但最高的法庭就是作为整体的由天意规定的历史。历史的法则要求一个堕落和精神过分细腻的时代、即“谋划的野蛮”时代，复归到创造性的感性野蛮时期，为的是能够从头开始。

> 由于这样一些民族按照野兽的方式，习惯于只考虑每一个人的特殊利益，并且以其极端的养尊处优，或者毋宁说盛气凌人，像野兽一样，稍不如意就勃然大怒，野性发作，以至于他们虽然四体发达，但却像动物那样颓废，生活在心灵和意志的完全孤寂之中。每一个人都服从自己的喜好和情绪，几乎没有两个人能够取得一致。在无穷无尽的党争和令人绝望的内战中，他们使城市变成森林，又使森林变成人住的洞穴。过去

① 维科，《新科学》，第二版，奥尔巴赫德译本，页 422。

② 彼德，《维科论世界历史的结构》，页 139。

> 他们曾在第一个感性存在的野蛮时期是无人道的动物，邪恶的心智通过谋划的野蛮，使他们成为更无人道的动物了。感性存在的野蛮尚且表现出一种宽宏大度的粗野，在它面前另一个人还能够自卫、逃避或者戒备，而谋划的野蛮却以一种卑下的粗野，在甜言蜜语和亲吻拥抱之际，谋夺亲人和朋友的生命和财产。如今，在长达数世纪的野蛮追程中，过分的细腻和邪恶的心智这些怪胎也迟钝了。因此，这些存心害人的民族，就由于天意运用的最后拯救药方而变得痴呆、迟钝，终于对舒适、精美、奢侈不再感兴趣，重新只感觉到生活的必需品了。即使有少数的幸存者，并且有丰富的生活必需品，他们也将自然而然地重新合乎礼仪了。借助最古老的各民族世界的那种原初淳朴的复归，他们变得虔信、真诚和忠实了。这样，作为正义之基础的虔信、忠实和真诚，乃至上帝的永恒秩序的仁慈和优美，就又回到了他们中间。①

当维科为一种痼疾开出一张根治的药方时，他眼前浮现的是罗马文化世界的终结。但是，他给予自己的思想以一种普遍的表述，使它既能适用于五百年，也能适用于二千年。这一历史学说的结论既包含着维科的、也包含着天意自身的最后和终极的智慧。他在《新科学》的一一一二节中所综览的，是堕落了的人的半创造性世界。这个世界除了把各民族既是自然的也是历史的法则称为“天意”外，与历史神学的上帝之国并没有实质性的联系。因此，维

① 维科，《新科学》，第二版，奥尔巴赫德译本，页422。

科的观点与其说是基督教的，倒不如说是古代的。和古人一样，他对起源和原初的建立感兴趣，而不是在希望和信仰中对未来的实现感兴趣。历史是重复的，虽然有种种变形并且是在不同的层次上进行的；对于他来说，进程、衰落和复归的循环并不像对于奥古斯丁那样是“毫无希望的”，而是历史发展自然的和合理的形式。与波里比阿的循环论相比，维科的复归毕竟还是半基督教的。循环往复的复归为的是通过人类社会本性的再生来“教育”乃至“治愈”人类。它通过在根本上保存人来“拯救”人。[1] 唯有这一点，而并非从地上的国(civitas terrena)无可救药的历史解脱，才是历史的原初目标和由天意规定的意义。野蛮时期的复归，拯救人类免于文明化的自我毁灭。

维科既不像伏尔泰那样用一种由人规定的进步来取代天意，也不像波舒埃那样把正统观念引入历史。他的主导思想既不是向一种最终实现的历史进步，也不是一种纯自然的生生灭灭的宇宙论循环，而是从进程到复归的自然-历史进程。在这一进程中，循环本身具有了天意规定的意义，因为它是针对堕落了的人性开出的药方。复归到一种新的野蛮状态，虽然没有把世俗的历史从其自身中解救出来，但却使人克服了过度文明的谋划的野蛮。

维科的视角依然是神学的，但起拯救作用的天意的手段却是历史的-自然的。历史有一个前历史学的开端，但却没有终结，没有实现；不过，它是由天意为了人类所指导的。

这样，维科的整部著作既不是奥古斯丁意义上的历史神学，也

---

① 维科，《新科学》，第一版，第41、8节。

不是伏尔泰论战意义上的历史哲学；对于伏尔泰来说，神圣历史与世俗历史的分离，是为贬低神圣历史服务的。维科的这种著作是一种“以理性方式推论出的民政神学”，处在波舒埃和伏尔泰之间的半途中，因为它承认神明天意，但又把它等同于历史。它处在把历史神学批判性地转化为历史哲学的边缘地带，因而是非常模棱两可的。他的著作的这种两重性马上就表现在，人们对待它的态度是多么千差万别。莱比锡科学院学报上的一篇评论代表了一种观点，认为作者是一位耶稣会士，其著作是一种为罗马天主教会服务的反动护教尝试。保守的意大利天主教徒[①]抨击《新科学》，因为他们看到，一种内在于历史、作为其自然法则的天意，将瓦解《圣经》关于上帝的超验监护的观点，而维科对救赎历史和世界历史所做的严格区分，则有可能导致一种对包括宗教在内的文明起源和进程的纯粹人类的理解。意大利反教会的社会主义者则重新出版了《新科学》，在十八世纪末把它宣传为迫在眉睫的革命中的一种武器。维科本人几乎没有意识到，他的学说隐含着对《圣经》历史观的一种批判，这种批判的彻底程度，并不亚于他在解释荷马时所运用的“新的批判艺术”。[②]

---

① 参见拉万卡(B. Labanca)，《维科及其对天主教的批判》(*G. Vico e i suoi critici cattolici*)，Neapel，1898。

② 克罗齐(《维科的哲学》，页168)注意到，不能排除斯宾诺莎的圣经批判促使维科对荷马的文学创作做出批判这种情况。

七、波舒埃

波舒埃历史观的荣衰与在他那个时代已经被自由思想者所拒绝的一个命题密切相关，即人类历史的全部进程都是由天意指导的。“自由思想者向神明天意宣战，除了善恶分配之外，他们找不到更好的论据；这种分配似乎是不公正、不合规则的，因为它在善恶之间没有做任何区别。在这里，无神论者就像在一个不可攻占的要塞中一样设下防御；从这里，他们肆无忌惮地把箭射向统治世界的智慧；他们错误地相信，人类事务表面上的无序是反对这种智慧的证据”。[1] 波舒埃坚信，天意说对不道德是最有力的障碍。“他们想甩掉天意的轭具，为的是独立自主地维护一种不可教诲的自由；这种自由可以让他们没有畏惧、没有管教、没有限制地过着一种随心所欲的生活”。[2] 和黑格尔一样，波舒埃也不否认，历史初看起来既没有理性也没有正义，因为世界历史并没有把虔诚的人与不信上帝的人区分开来。它是一个情欲和利益的战场，在这

① 波舒埃(Bossuet)，“关于天意的讲道”(Sermon sur la providence)，载 *Sermons choisis de Bossuet*，Paris，出版日期不详。参见《世界通史》第一章和最后一章；脚注根据的版本是《波舒埃全集》(*Oeuvers de Bossuet*)，《世界通史》(*Discours sur l'histoire universelle*)，Paris，1864。

② 波舒埃，“关于天意的讲道”，上引书。

里，恶取得了成功，而正义却遭到了失败。但是，波舒埃在反驳自由思想者时继续指出，对表面上的无序的这种直接印象，产生自过于接近其对象的着眼点。如果我们拉开距离，从一个永恒的着眼点出发，即用“信仰的眼睛”，或者像黑格尔所说的那样，用“理性的眼睛”更远一点观察历史，那么，整幅图画就变了，在表面上的无意义中启示着一种隐秘的正义。“如果你们善于找到观察事物必须由之出发的那个点，那么，一切非正义都将得到纠正，在你们过去仅仅看到无序的地方，你们将仅仅看到正义”。[①]

从当时在历史中尚未有一种正义的秩序这一事实得出的唯一合理结论就是，人还必须期待未来，或者更为准确地说，期待永恒会带来某种东西。牢记着末日审判，我们必须生活在持久的忐忑不安中，生活在恐惧和希望中，直到所有的一切都被一个最终的和不可抗拒的决定理出头绪。上帝有无限多的时间来实现他的意图，至于说所有的尘世事物一片混乱，我们不应该没有耐心。就所有的尘世事务而言，对天意的信仰赋予我们两种休戚相关的心态：不惊赞任何尘世的伟大，不惧怕任何尘世的灾难，唯有历史的主人基督才分配最终的奖赏和惩罚，就像基督也允许仆人亚伯拉罕(Abraham)的子孙一样，他甚至也允许一个完整的基督教国家落入无信仰者手中，例如落入穆斯林手中。政治上的世界帝国的所有特殊计划，都不可避免会遇到抵制，并且被其他帝国的计划彻底推翻，而上帝无所不包的计划却在任何情况下都不会遇到干扰。归根究底，所有尘世事件都不情愿地、不知不觉地为实现它的永恒

① 波舒埃，“关于天意的讲道”。

目的而协作。这样,信仰天意的人将永远不会失望。无论在现实的历史上发生了什么,都将既使他感到惊吓也使他感到安慰,因为历史的隐蔽奥秘就是,它启示的出自圣宠的意外(coups de grâce)和出自严厉,正义的意外(coups de rigueur et de justice)同样多。在历史的幸运达到巅峰时,基督徒将想到,事物可能会突然发生变化,自己在极度的困惑时是处在上帝的掌握之中的。

在一种天意占统治地位这一前提条件下,波舒埃撰写了他的从创世到查理大帝建立新的西方基督教帝国的世界通史;他在这方面代表了一种信念,即法兰西王朝是罗马王朝和神圣罗马帝国的继承者。这部著作是用来教导他的国王学生,即路易十四的。与奥古斯丁的上帝之国相比,波舒埃的《世界通史》表现出对政治历史的伟大之处更多的历史性理解,和对原因与结果的实践联系更强烈的兴趣。[①] 另一方面,波舒埃比奥古斯丁更是一个教会政治家。他的著作不是一个上帝之国,而是仿效君士坦丁(Konstantin)的顾问优西比乌(Eusebius)所写的一部教会胜利的历史。

《世界通史》的第一部分描述世界的十二个时期和七个时代前后相继的一般概况,并没有在神圣的事件和世俗的事件之间做出区别。例如,他以下述方式开始关于第六个时期的那一章:"大约世界的第三千年,即出埃及之后四百八十八年,让神圣历史的时代适应世俗历史的时代来说,则是占领特洛依之后一百八十年,建立罗马之前二百五十年,耶稣基督之前一千年,所罗门(Salomon)完成了这

① 参见波舒埃,《世界通史》,第三部分,第五章,关于亚历山大·格鲁森(Alexander den Groβen)的论述;第三部分,第六章,关于罗马德性的论述。

一神奇的建筑”。各时代是通过耶稣基督划分的，耶稣基督的诞辰是由天意确定的，并由但以理做出了精确的预言。[①] 有三个最重要的日期，即公元前四〇〇四年(或者前4963年，因为波舒埃不能肯定这两个日期哪一个是正确的)，是创世的日期；公元前七五四年，是建立罗马的日期；纪元一年，不言而喻，以耶稣基督的诞生为开端的第七个时代也是最后一个时代，因为各个帝国可能会生生灭灭，但基督的教会却是永恒的。基督教的宗教不仅是建立在最古老的、因而也是最权威的文献之上的，而且它还具有从未间断的传统。

第二部分讨论宗教的历史，它以犹太人的命运为中心。第三部分讨论各世俗帝国的历史。上帝之国从亚伯拉罕一直延续到节节胜利的教会，地上之国从埃及王国一直延续到罗马帝国。神圣历史与世俗历史的这一区分，对于理解二者各自的特殊之处是必要的，但它并不排斥二者的相互关系。“这两大主题在这些世纪的伟大运动中携手向前，它们仿佛采取了同样的航线”。[②] 归根究底，不仅神圣的历史，而且各世俗帝国的盛衰都要借助神秘的指导来说明。从纯粹历史的，即特殊的原因出发是无法把握它们的。因此，在全部历史进程中证明一种终极“意义”的可能性、建立在世俗历史与神圣历史的这种关系之上。

对于波舒埃来说，神明天意在一个民族的历史中最引人注目的显现就是特选子民——由上帝拣选为特殊的民族[③]——的历

① 波舒埃，《世界通史》，第一部分，第十章；第二部分，第廿三章。参见优西比乌(Eusebius)《福音的见证》(*Dem evans*)，卷八，第二章。

② 同上，第一部分，第十二章，页122。

③ 同上，第二部分，第一、二十、廿一章；第三部分，第一章。

史;因此,与其他所有民族不同,这个民族体现了政治历史的宗教意义。其他世俗帝国更多是间接地、通过与以色列历史的一种亲缘关系而获得一种神圣目的。但是,在政治历史中还有其他许多通过各种事件的神奇交汇,表现出上帝的指导的例证;这种交汇就其本质而言不是一种巧合,而是一个隐秘计划的实现。例证之一就是奥古斯都统治下的罗马和平(Pax Romana)与耶稣基督的诞生由天意规定的交汇,因为罗马和平是福音和教会得以传播的必要前提条件。在神圣的历史上所发生的一切,无不是由上帝的意图预先规定的。例如,尽管提多(Titus)试图阻止摧毁耶路撒冷,朱里安(Julian)试图重建城市和神殿,但耶路撒冷却必然遭到毁灭。神明天意利用亚述人和巴比伦人来惩罚上帝的子民,利用波斯人来重新扶植他们,利用亚历山大来保护他们,利用安提奥库斯(Antiochus)来让他们习惯于冷酷,利用罗马人最初是为了针对叙利亚几代国王保护他们的自由,然后是为了在他们鄙视救世主之后根除他们。但是,当罗马迫害基督教会时,他们再次为上帝的意图服务,对教会施加考验,并加强教会,使教会最终让君士坦丁皈依了真宗教,并由此把异教徒永恒的罗马转化为基督教真正永恒的罗马。

> 这样,各世界帝国就为宗教、为保存上帝的子民服务了。正因如此,同一个上帝既让其先知预言它的子民的各种各样的命运,也让这些先知预言了各个帝国的前后相继。你们看到了这样的章节,它把尼布甲尼撒说成是为了惩罚各傲慢民族,尤其要惩罚犹太民族而出现的人物,因为犹太民族对自己

> 的创造者毫无感激之情。你们听到了居鲁士(Cyrus)在他出生之前二百年就被称作要重新扶植上帝的子民和惩罚巴比伦傲慢的人物。尼尼微的毁灭也曾被预言过。但以理在他那值得惊赞的幻景中让你们以前的巴比伦人的帝国、米堤亚人和波斯人的帝国、亚历山大的帝国和希腊人的帝国在一瞬间衰落下去。那里还预言了显赫的安提奥库斯的亵渎神明和残暴,以及上帝的子民对这些残暴的迫害者的神奇胜利。我们看到,所有那些著名的帝国一个接着一个衰落,耶稣基督将建立的新帝国的特征得到了详细的描述,使人不可能忽视它。它是人子的帝国,它将在其他所有帝国的衰亡中继续存在,唯有它才被预言为永恒。①

今天,谁还会冒昧地要通过预言“精确地准时”实现来证明历史的意义呢?无论是对波舒埃来说,还是对奥古斯丁来说,这都是所有可能的证明中最令人信服的证明,就像自然科学由于能够精确地预言未来的事件,而对我们来说是令人信服的一样。对于波舒埃来说,先知预言的实现证明,各个帝国的历史归根究底是为基督教会服务的。当然,上帝并不天天都通过其先知就它所提携或者推翻的国王和君主宣布自己的意志的。“但是,通过他在我们上面所说的那些伟大帝国中经常如此行事,它借助这些著名的例证向我们表明,它在其他所有场合是怎样做的。它教给统治者两个伟大的基本真理:首先,它是各大帝国的创造者,它想把这些帝国

---

① 波舒埃,《世界通史》,第三部分,第一章,页358。

给谁就给谁；其次，它无论在什么时候认为合适，就可以让这些帝国为它关于自己子民的计划服务”。[①] 即使我们“从人的角度”考察这些帝国的历史进程，也可以从这一闹剧中吸取关于大人物虚荣心的“美好教训”。各帝国是与她们的统治者一道灭亡的。因为除了所有人类事物在原则上的变化无常和动荡不安，以及它们天生的易逝性和脆弱性之外，所有人类辛劳的可怕废墟还能给我们什么教导呢？

在波舒埃描述了罗马繁荣和没落的特殊原因之后，他在最后一章还曾提出了天意的问题。只有对我们近视的、沉溺于细枝末节的无知来说，历史事件的变迁才表现为纯粹的偶然性和命运。如果正确地看待问题，则偶然性和命运的这种混合是以一种有计划的秩序为基础的，最终的事件早在极遥远的原因中就已经作好了准备。但是，这一事件是历史的行动者所不曾知道的。

> 因此，所有的统治者都感到自己臣服于一个更高的权力。他们实际上的所作所为总多于或者少于自己的预想；他们的决定总产生出乎意料的结果。他们既不是过去时代为人类事务做出的那些规定的主人，也不能预见未来将采取甚么样的航线，更不能强迫未来……亚历山大不可能知道，他是在为自己的将帅辛劳，他的王朝将由于自己的征服活动而毁灭。当布鲁图(Brutus)激励罗马民族无限制地热爱自由时，他做梦也没有想到，他由此而为无法控制的放荡不羁播下了种子；由

① 波舒埃，《世界通史》，第三部分，第一章，页359—360。

> 于这种放荡不羁，他立志摧毁的专制制度有朝一日以比塔尔奎尼人统治时期更可怕的方式重建了起来。当凯撒谄媚自己的士兵时，他们并没有打算让士兵上升为自己的后继者和帝国的主人。简而言之，没有一种人类的权力不违背自己的意志促成着与自己的计划不同的计划。唯有上帝才知道怎样按照自己的意志实现一切。如果根据具体原因来看，一切都是意外的，而就整体来说，一切都有一个有序的进程。[①]

且不说人们是否借助于“理性”或者“天意”来解释历史，对历史程序的这种直观描述，不仅与黑格尔的“理性的狡计”是一致的，而且与真相也是一致的。“你们用凿过的石头建造房屋，却不得住在其内，栽种美好的葡萄园，却不得喝所酿的酒”。[②] 表面上，波舒埃和黑格尔一样表现出比阿摩司（Amos）更具知识。关于我们今日的基督教精神所说的话，也能够适用于天意信仰在历史理解方面的过于精细的运用：“越少越好”。天意的一种更为简朴的运用将更为无可置疑，从而也更具基督教精神。[③]

假如波舒埃仅仅坚持十字架是“福音的真正法则”[④]，那么，就历史的“意义”而言，便只有一种结论是适宜的，即历史是一个受难的学校，是造物回归到其创造者的一种可能性。就一种对世界历

---

① 波舒埃，《世界通史》，第三部分，第八章，页 451。

② 《阿摩司书》四章 11 节。——译注

③ 参见布罗依（L. Bloy）对波舒埃的批评，《布罗依文选》（*Textes choisis*），Fribourg，1943，页 70、92。

④ 波舒埃，《世界通史》，第二部分，第十九章，页 231。

史的基督教理解来说，就只有一个尺度：耶稣基督，即被遗弃和钉上十字架的“受难的仆人”的生和死。

> 这样，在耶稣基督里面，就给予世界一种完满德性的活生生榜样；这种德性在尘世不占有也不期待任何东西；人们只有通过坚持不懈的追求才能被给予报酬；他不停地为人们谋利益，而人们自己的好意侍奉带给他的却是死刑。耶稣基督死了，没有得到那些理应感激他的人的感激，也没有得到他的友人的忠诚，更没有得到他的法官的公正；甚至他的父，他的希望唯一所是的父，也没有表示保护他的任何迹象；正义者被交给了他的敌人，他死去了，被上帝和人们遗弃了。[①]

从人子和上帝之子在没有神明保护的明显迹象的情况下死去这一事实中，波舒埃得出的教诲是，常人在自己的困境中不应该要求任何没有提供给基督的东西。

正是天意在世界历史中缺乏任何明显的迹象这一点，证明了信仰不可见者的必要性，并唤醒了信仰。信仰并不是以可以客观证明的确定性或者百分之五十的或然性为基础的，而是以它们的缺乏为基础的。它要求奉献和冒险，要求对不确定性的勇气。它是对某种没有信仰就不可信的东西的信仰。要事后在世界的政治历史中理解和说明天意，这是无信仰者的尝试。无信仰者就像魔

① 波舒埃，《世界通史》，页231以下。参见波舒埃，“关于真正的基督教精神的讲道”(Sermon sur la verta de la croix de Jésus Christ)，引自 *Sermons choisis de Bossuet*。

鬼对耶稣那样说:“你若是上帝的儿子,可以跳下去”。[①]

对于基督的后继者来说,就只有一个被拣选的迹象,即十字架;而且也只有在这一迹象下,才有基督教在世界历史中接受考验。

> 如果法官要唾弃某人,宣布他不配享有人的荣誉,他们通常都是在此人身上烙下一个侮辱性的耻辱标记;这个标记向每一个人宣布他的耻辱……上帝在我们的额头……打上了一个在他看来是光荣的、在人看来却是耻辱的标记,为的是保护我们,以免我们在这个尘世接受任何一种荣誉。这并不意味着,我们作为好基督徒不配享有世俗的荣誉,而毋宁说是世俗的荣誉配不上我们。按照世俗的见解,我们是不光彩的,因为按照世俗的标准来看,我们的荣耀十字架是所有耻辱的总和……我们的祖先认为,一个统治者几乎不配做一个基督徒。这已经发生了变化:现在人们认为,基督教的虔诚配不上一个身居高位的人物;十字架的卑下引起了我们的惊慌,我们在追逐掌声,要赢得尊敬。[②]

但是,如果十字架是追随基督的独一无二的象征,就不能期待世界在任何时候都将追随基督。一个自称为基督教世界的世界是荒谬的。基督教对世界历史的理解只能建立在上帝的国与这个世界的国之间的基本冲突之上。

① 《马太福音》四章6节。——译者

② 波舒埃,“关于耶稣基督十字架的德性的讲道”,引自 *Sermons choisis de Bossuet*。

八、约阿希姆

自基督教的最初年代以来，就一再出现对一个直接面临的世界末日所做的启示录式思辨和期待，但只有佛罗利斯的约阿希姆(Joachim，1131—1202)[①]才把它构思成为一个合乎逻辑的历史—寓意式解释体系。由于其革命性的结论，这一解释在天主教会内部引发了一场激烈的争论。尽管在今天看来，十三至十四世纪的这场争论离我们已经很久远了，但无可怀疑的是，它重新点燃了早

① 最令人信服的作品有：格龙德曼(H. Grundmann)，《佛罗利斯的约阿希姆研究》(*Studien über Joachim von Floris*)，Leipzig，1927；波奈乌提(E. Buonaiuti)，《佛罗利斯的约阿希姆：时代、生平与著作》(*Gioacchino da Flore：I Tempi，la vita，il messaggio*)，Rom，1931；还有他为《论四部福音》(*Tractatus super quatuor evangelia*)的批判版所做的导论，Rom，1930；和《短文集》(*Scritti minori*)，Rom，1936，本茨(E. Benz)，"约阿希姆宗教的历史解释的范畴"，载 *Zeitschrift fur Kirchengeschichte*，第三，第一期，1931，页 24—111；以及《属灵教会》(*Ecclesia spiritualis*)，Stuttgart，1934。一部简明的英语专著出自拜特(H. Bett)，《佛罗利斯的约阿希姆》(*Joachim of Flora*)，London，1931。关于约阿希姆文献的一个批判性的一览表，发表在《明镜》(*Speculum*)，卷七，1932，G. L. Piana 编。以下的阐述主要依据格尼德曼和本茨的著作。约阿希姆(Joachim)的代表作(《旧约与新约的一致》[*Konkordanz*]、《启示录解说》[*Erklärung der Apokalypse*]，《十弦琴诗篇》的批判版尚未出版)。关于三个时代的主要资料是《启示录解说》的第五章和《旧约与新约的一致》的第五卷第八十四章。约阿希姆的思想可以一直追溯到二世纪的摩泰教异端(参见德尔图良[Tertullian]，《论一夫一妻制》[*De monogamia*]，第十四章；《论贞操》[*De virsinibus velandis*]，第一章)。正统对约阿希姆的异端命题的批判见阿奎那，《神学大全》(*Summa theologica*)，第二部，第 106 个问题，第 4 节；参见本茨，"阿奎那与约阿希姆"，*Zeitschrift fur Kirchengeschichte*，第五十三期，1934，页 52 以下。

期基督教的狂热，间接地规定了近代的进步宗教。

约阿希姆从事了一种革命的尝试，要构思出各个时期和各种秩序的一个新图式，以扩展和取代从《旧约》到《新约》的宗教进步的传统图式。把历史看作是一个救赎历史，这种新解释的直接对象和基础就是约翰的《启示录》及其象征性的形象和事件。这里出现了“永远的福音”[①]这一表述，后来，约阿希姆的学说就归在了这个标题下。按照对《启示录》的传统注解，例如波舒埃的注解，对这一段的解说简直就是：在战胜了异教的偶像崇拜之后，只剩下了一个任务，即传播耶稣基督的福音，把它当作是一直将统治到世界末日的最高规范；与此相反，旧的秩序，即摩西的律法，只能存绩到基督出现。按照这一解说，不言而喻的是，现存的教会，即罗马天主教会，作为上帝的意志在尘世唯一合法的体现，同样将一直存续到世界末日。然而，约阿希姆在一个更为宽泛、同时也更为典型的意义上使用“永远的福音”这一术语，把这一术语批判性地运用于对《旧约》和《新约》的精神理解。这意味着，在最终的历史时期，教会将不再是一个世俗化了的教士等级体系，而是一个仿效圣本笃(der heiligen Benediktus)的修道院式圣徒社团，其历史使命在于借助最后的努力拯救陷入堕落的世界。在约阿希姆死后，无论是弗兰西斯修会还是多米尼克修会都提出了成为真教会的要求，因为真教会是无条件地以清贫和谦恭、以真理和心灵追随自己的主和导师的。

① 《启示录》(*Offenb*)十四章 6—7 节。

约阿希姆关于“一个新时代”的发现、幻想和预言激起了极大的反响，魔术般地影响了他的学生和追随者；他们以他的名义撰写了大量振奋人心的书，并且广为流传，在宣传方面为给那个时代作好准备产生了影响。这一运动在一二五四年达到了高潮，当时在巴黎出版了一本书，题目为《永恒的福音引论》，是由巴黎大学一位名叫格哈德（Gerhard von borgo San Donnino）的年轻神学教师写的。他大胆地宣布，永恒的福音的时代，即圣灵的秩序，在六年后，即一二六〇年，就将开始。他声称，约阿希姆已经开创了一个灵修生活的新时期，圣弗兰西斯的灵性追随者——格哈德就是其中之一——理应是新时代的喉舌和宣告者。随着这本书的发现而倾泻到世界上的暴风雨……把帕尔马的圣约翰（den heiligen Johann von Parma）从其弗兰西斯修会总会长的职位上扫荡掉，给圣波纳文图拉（den heiligen Bonaventura）带来了职位和权力。波纳文图拉在官方教会成员内部使一个“精神”新时期的雄心勃勃的梦想戛然而止，而另一方面，他却给异端阵营带来了梦想、希望和期待的汹涌大潮。[①]

格哈德被判处终身监禁。

① 琼斯（R. Jones），《永恒的福音》（*The eternal Gospel*），NewYork，1937，页3—4。琼斯虽然在广义上接受了永恒的福音的观念，但不承认“启示录式的上天救援行动的骇人听闻的慰藉”。于是，虽然他清楚地知道，证明世俗的历史是上帝的一种启示，并在它里面寻找一种永远的福音的迹象，是一件棘手的事情，但他还是在若干页导论之后就与约阿希姆拉开距离，为的是展开自己关于一种“精神现实”的“进步性启示”的观念；这种精神现实在“历史的道德胜利中”启示上帝。

天意规定的向历史末世的进步

在基督教世界的历史上，这是一个关键性的时刻，此时，这位曾接受过息斯特修会（Zisterzienserorden）严格教育的意大利籍修道院长、著名的预言家和圣徒，在其卡拉布里亚山的荒野中经过艰苦的研究和冥思之后，于圣灵降临节（在一一九〇年和一一九五年之间）获得了一次顿悟，这次顿悟在圣约翰的《启示录》的光照中为他揭示了时代的征兆。

“当我早上醒来时，我读起圣约翰的《启示录》。这时，我精神的眼睛突然被知识的光芒所吸引，我受到启示，明白了这部书的内涵和《旧约》与《新约》的一致”。这一启示是长期追求系统理解的人的隐秘命运的突然结果。约阿希姆受到启示的是，《旧约》和《新约》中的征兆和形象既是历史的也是神秘的意义，这些征兆和形象凝聚为救赎历史从头到尾、直到《启示录》的历史实现的整体画卷。当他把《新约》的历史逻辑运用于过去和未来时，他仅仅是在其隐秘的意义上来把握各种形象、角色和动物的，也就是说，他把握的是，这些形象、角色和动物指的是历史上确定的人和事件，而对于他的宗教理解来说，历史无非就是世界历史中的救赎历史。现在，由于找到了借助类型学的和寓意式的运用[①]来展示所有画卷和事

① 重新检验自从最初那些年代就流行的类型学阐释和寓意式阐释的方法论意义，也许是适宜的。值得注意的是，所有现代教会史学家中最具批判性的欧韦贝克（F. Overbeck）得出了惊人的结论，即对《圣经》的寓意式阐释“根本就是对神学的阐释”（《基督教与文化》（*Christentum und Kultur*），Basel，1919，页 90—91）。广义上的寓意式阐释的必要性在于，基督教信仰和教会是建立在一个人——为了证明他的真实性——必须在精意上来阐释的历史档案之上的。

件的神秘意义的钥匙，一种终极的和全面的历史理解就成为可能了。在他的《启示录解说》中，他把《启示录》的各种形象区分为已经得到实现的和尚未得到实现的。这样，他就能够以预言的方式，在整个历史进程中勾画由天意规定的发展的未来阶段了。被他当作标准来区分过去事件和未来事件的那个决定性时代，也就是他自己生活于其中的那个世纪，即一个彻底堕落的世纪。“在福音书中所描绘的迹象，显现了如今必然逝去、必然没落的这个世纪的灾难和毁灭。所以我认为，借助这部著作使信徒警惕上帝的智慧，让我这个微不足道的人物知晓的那些事物，以便用振聋发聩的声音，把变得冷酷了的心灵从其沉睡中唤醒，并且可能的话，借助这种新式的注释把它们引向蔑视世界，将不会是徒劳无益的”。[①]

约阿希姆的深刻解说的普遍图式立足于三位一体说。三位一体的三个位格先后在三个不同的时期中启示自身，三种不同的秩序也在这三个不同的时期中展开。第一种秩序是圣父的秩序，第二种秩序是圣子的秩序，第三种秩序是圣灵的秩序。最后一种秩序正是现在（即十二世纪末）开始的，是朝着“灵”的完满“自由”发展的。[②] 犹太人是圣父的律法下的奴隶；基督徒与第一个时期的

① 约阿希姆，《旧约与新约的一致》，前言。

② 《哥林多后书》三章 17 节；《罗马书》（*Röm*）八章 1—11 节；《加拉太书》（*Gal.*）四章。这是从希腊语的“灵”和“自由”到《新约》的概念，并由《新约》到其现代意义的一条大道。对于 Paulus 来说，“灵”（pneuma）是圣宠的注入，它使人转变成为一种灵性的生物。“自由”（eleutheria）则是这样一种蒙宠的生物，凭借自愿的服从摆脱死与罪的自由。因此，基督教的自由绝对不能与权威和服从相对立。问题仅仅在于，什么样的权威和什么样的服从才真正使人自由。就连约阿希姆也并不怀疑圣父、圣子和圣灵的权威。但他与奥古斯丁不同。对于奥古斯丁来说，一种完满的自由在尘世生活内部是不可思议的；而约阿希姆却期待在历史的最后阶段里灵的完全自由。

律法道德相比，已经是灵性的和自由的；在第三个时期里，圣保罗的预言将得到实现，即我们如今的知识和预言都只是片断的，"等那完全的来到，这片断的也就了结了"，[①]而且人们已经可以感知到灵敞开在其完全的自由和丰满中。第一个时期是由亚当在畏惧中、以律法为标志开始的，自亚伯拉罕以来，它已经结出了果实，为的是在耶稣基督身上实现。第二个时期是由乌西雅（Usia）诚信地、谦恭地以福音为标志开始的；自撒迦利亚（Zacharias），即施洗约翰（Johannes des Täufer）的父亲以来，它已经结出了果实，为的是在未来的时代里实现。第三个时期是由圣本笃在爱和愉悦中以灵为标志开创的，它将随着以利亚（Elias）在世界末日的复归而实现。三个阶段相互交织，因为第二个阶段是在第一个阶段里面开始的，而第三个阶段又是在第二个阶段里面开始的。在同一个时代里，存在着具有不同等级和不同意义的灵性周期。因此，自圣本笃以来，未来的修士教会就已经存在于教士教会内部了。第一种秩序在历史上是一种成婚者的秩序，以圣父为基础；第二种秩序是教士的秩序，以圣子为基础；第三种秩序是修士的秩序，以真理的灵为基础。第一个时代里占支配地位的是艰辛和劳作，第二个时代里是学识和纪律，第三个时代里是灵修和赞美。第一个阶段拥有知识（Scientia），第二个阶段拥有局部的智慧（sapientia ex parte），第三个阶段则拥有心智的完满（plenitudo intellectus）。未来的时期是在此之前作准备的那些阶段的实现，但在律法之前、在律

① 《哥林多前书》十三章9—10节；参见《罗马书》十三章12节；《哥林多前书》十三章12节；《约翰福音》十六章12节。

法之下和圣宠之下一去不复返的各时代，也和未来的时期一样是必然的。因为救赎历史的基本法则，就是从《旧约》和《新约》的“字句”的时代向“精意”的时代的不断进步，[①]类似于水向酒的神奇转变。

这样，未来圣灵的各时代就先后以第一个时期和第二个时期为样板，即以圣父的时期和圣子的时期为样板。它们精确地相互对应，因为从精意上理解，《旧约》的每一个形象和每一个事件都是对《新约》的一个相应的形象和事件的预兆和象征。这种一致既是一种意义上的顺序，也是一种时间上的顺序，也就是说，《旧约》的一定事件和形象与《新约》的一定事件和形象，就其拥有一个相应的历史位置和意义而言，在精意上是同时的。例如，以利亚用圣灵的火施洗，这火耗尽一切肉体的和纯字句的东西，这种施洗又复现在约翰的用水施洗中。这不断进步地积累(consummatio)的全部进程，同时也是一个筹划(dcsignatio)的程序，它扬弃了前此的预兆和意义。然而，每一种秩序的各个周期并不是按年计算的，而是按世代计算的；各世代也不是按照其存续期，而是按照其数目相互一致的；每一代大约有三十多年。三十这个数字的根据不是自然

① 参见弗兰克(E. Frank)，《哲学理解与宗教真理》(*Philosophical Understandings and Relision Truth*)，New York，1945，第六章。康德的《单纯理性限度内的宗教》就其理性主义的形式而言，是对《新约》“文字”的最坚决的“精意化”。借助于把纯粹的“理性宗教”或者“道德信仰”，与建立在历史性启示之上的“教会信仰”区别开来，康德把基督教的全部历史解释为从一种启示宗教向一种理性宗教的逐步上升；上帝的国作为一个伦理共同体，将借助理性宗教在尘世实现。对于康德来说，当时的启蒙时代“毫无疑问”是最好的时代，因为它把信仰和圣宠的非理性前提条件抛在脑后，从而是基督教信仰的最进步的表述。

的，而是灵性的。它涉及同一神明的三位一体，涉及耶稣；当耶稣赢得第一批属灵的子女（filii spirituales）时，他就是三十岁。按照约阿希姆主要根据《启示录》十一章 3 节和十二章 6 节，以及《马太福音》一章 17 节做出的计算，他自己那一代是第四十代，而他的追随者则设想，再经过两代人的周期，即大约到一二六〇年，就将要达到巅峰。腓特烈二世将显现为反基督者，而弗兰西斯修会严律派（die Franziskanischen Spirtualen）将显现为新秩序，也是终极秩序的由天意规定的领袖；这个时期将以历史通过末日审判和复活最终完成而终结。在历史时间内部，救赎历史的目标和意义就是不折不扣地遵循福音的诫律和劝诫，尤其是山上圣训。

在约阿希姆对救恩史的阐释中，新颖的和革命性的东西产生自他的寓意式解释的预言—历史的方法。就它是寓意式的和类型学的而言，它并不是新颖的，而是对传统的教父诠释的统一运用。[①] 这种诠释之服务于约阿希姆的创造性幻想，并不是为了道德的和教义的目的，而是为了根据《圣经》和历史及其解说之间的本质性相互关系来理解启示。在《圣经》和历史及其解说之间，如果一方面历史确实充满了宗教意义，而另一方面福音是世界历史

---

① 参见本茨，“约阿希姆宗教的历史解释的范畴”，页 100；《属灵教会》，页 434，460 以下。本茨在这里指出，约阿希姆致力于把教会史严格地在宗教上理解为《新约》的本质性形象和事件的一种净化。参见格龙德曼关于约阿希姆的诠释方法及其历史先驱的分析（《佛罗利斯的约阿希姆研究》，页 18—55；波奈乌提，《佛罗利斯的约阿希姆：时代、生平与著作》，页 189 以下）。在约阿希姆的阐释中，令人吃惊的不是他的寓意式诠释和启示录式幻想的飘逸，而是他构思一种基督教的历史逻辑时遵循纪律的程度，因为他在思想中把教会史的最重要事件，与《新约》的各种形象和幻景在文献中的次序归在一起了。

的轮中之轮(rotulus in rota)或者中轴，则一个就必须说明另一个。假定世界历史事实上就是救赎历史，而教会的历史则是其样板，那么，对历史的宗教理解的唯一合适的钥匙必然就是《圣经》;对于约阿希姆来说，它们之间的一致并不意味着对一种摆脱了历史的、绝对的学说的证明，而是意味着一个救赎史程序的合理结构。以对《圣经》受启示的品质的信仰为基础，约阿希姆就能够从《圣经》引申出一种严格宗教的历史理解，另一方面又能够在现实的历史中发现纯宗教意义的隐秘支配。这种以宗教的方式解说历史，和以历史的方式解说约翰的《启示录》的尝试，不折不扣就是对以下的基督教学说的复杂阐述，即教会是"基督的身体"，因而教会的历史也就完全是宗教的，而不是世界历史的一个部门。由于基督之后的历史依然有进展，但根据《启示录》又将要终结，所以，不能把"时间的实现"理解为过去的一个独一无二的事件，而是要理解为某种将在未来展开的东西;这样，基督的教会迄今为止都不是一个永恒的基础，而是一个不完满的征兆。如果这样理解，那么，对历史的诠释就必然是预言，对过去的正确理解则建立在对未来的正确展望之上，在未来里，前此的征兆将获得其实现。这种完成不是在历史时间的彼岸，在世界的末日，而是在一个最后的历史时期实现的。因此，约阿希姆的末世论图式既不在于一种千年王国，也不在于对世界末日的单纯期待，而是在于一种双重的末世:它是救赎历史的一个最终历史阶段，先行于由基督的再次降临所开创的新时代的超验末世。圣灵的国是上帝的意志在尘世和在时间中的最后启示。因此，教皇和教士的等级制局限于第二个时期。尽管教会是建立在基督之上的，它也必须在救赎史得到实现的时候让位于

未来圣灵的教会。这一最后的转变还将导致废除讲道和圣礼;圣灵秩序借助于直接的灵修就拥有对上帝的认识;当它得以实现的时候,讲道和圣礼的中介力量就成为多余的了。圣礼的真正意义再也不是一种超验现实的神奇临在,而是预示圣灵的历史在未来的可能性。

自身属于第二个时期的约阿希姆,并没有从他的历史一末世论的构思中引申出革命的结论。他既没有批判自己那个时代的教会,革命性地重新塑造现存机构和圣礼的意图,也没有与他把《启示录》的天使说成是注定要革新基督教宗教的新领袖(novus dux)的解说结合起来。他的解释仅仅要求出现一个弥赛亚领袖,却"不管他是谁"。这个领袖要为了基督的国进行一种精神上的革新,并揭示迄今为止遮掩在有丰富意义的形象和圣礼之中的东西。只是到了后来,才由十三世纪和十四世纪的人,由弗兰西斯修会严律派,得出了革命性的结论。他们把约阿希姆看作是新的施洗约翰,宣称圣弗兰西斯就是最终秩序的新领袖,甚至是"新的基督"。对于他们来说,教士的教会事实上已经终结。他们谴责在严格的诫律和弹性的劝诫之间做出区分的实践,从根本上试图在无条件的清贫和谦恭中过一种基督徒的生活,并把教会转化为一个没有教皇、教士等级制、圣礼、《圣经》和神学的圣灵团体。他们认为,圣弗兰西斯的修会章程是福音的精髓。和约阿希姆一样,他们这一运动的动力,是鉴于当时那个处于堕落状态的时期而产生的末世论期待的炽热感情。他们判断自己那个时代堕落和背离福音的标准,是圣弗兰西斯的生活。由于约阿希姆已经设想在两代人之内将发生新秩序和恶势力之间的大决战,所以,他的追随者也就可以

更为斩钉截铁地把皇帝说成是反基督者了，但最终又把他说成是天意惩罚一个反基督的教会的工具；这个教会抗拒自身的改革，迫害基督真正的追随者。

在圣弗兰西斯的福音尚且停留在传统的末世论范围之内的时候，他的追随者却成了革命者；他们把圣弗兰西斯、把他们自己、把自己那个时代的事件都说成是约阿希姆预言的实现。他们的使命感实际上在尝试着不可能的事情：在当时的世俗世界（saeculum）里实现上帝之国的律法。于是，他们卷入了严重的冲突，首先是与多米尼克修会的争宠努力的冲突，其次是与腓特烈二世的帝国弥赛亚主义的冲突[①]，再次是与罗马天主教会的冲突。在与约阿希姆主义者的斗争中，教会的不妥协和聪明足以缓和对立，并把这个危险的运动作为被认可的教派之一合并到自己的机制之中。就像这一运动的目标是极端的一样，它最终完全崩溃了。但值得注意的是，到了十九世纪，还有一位像孔德这样的实证主义者称弗兰西斯修会的运动为“基督教改革唯一真正的预兆”。

十四世纪在意大利，当罗马民众领袖林佐（Cola di Rienzo）自封为新领袖——虽然不是世界帝国（imperium mundi）的，但却是意大利的新领袖——并重新提出腓特烈二世的弥赛亚主义要求时，一幅可怜的政治－宗教末世论漫画短时间内激动了人们的心

① 参见坎通洛维茨（E. Kantorowicz），《皇帝腓特烈二世》（*Kaiser Friedrich* Ⅱ），第三版，Berlin，1931。这部著作由于使二〇年代的德国青年确信自己肩负着“秘密帝国”的弥赛亚主义使命，从而在他们中间广为流传，直到这一秘密在希特勒（Hitler）的第三帝国中水落石出并世俗化。被教会开除教籍的腓特烈在耶路撒冷为自己加冕，并接受了一个“世界主人”（dominus mundi）的弥赛亚主义头衔。

灵。和弗兰西斯修会严律派一样，林佐坚信圣灵的流溢不是过去的一次性事件，而是某种将重复的事；他自诩为圣弗兰西斯的政治伙伴，是被选定支撑和革新一个衰落的帝国的，就像圣弗兰西斯支撑和革新了四分五裂的教会一样。[①] 为了罗马和意大利的民族复兴，他必须把皇帝党与弗兰西斯修会严律派的野心，和弥赛亚主义努力融合起来。他扮演预示的领袖（dux）这一角色的企图悲惨地失败了。从一三四九年到一三五〇年，他在依然忠实于被禁止的约阿希姆学说的弗兰西斯修会隐修士处避难。在他与后来囚禁他多年的皇帝查理四世和布拉格大主教的信件来往中，他试图说服他们相信约阿希姆的先知式预言的真实性。

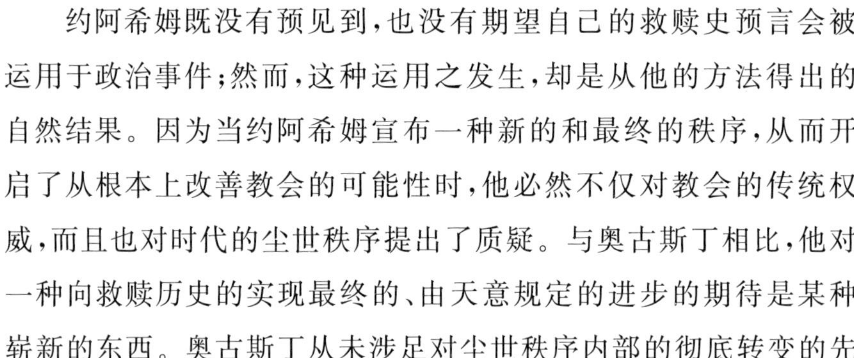

约阿希姆既没有预见到，也没有期望自己的救赎史预言会被运用于政治事件；然而，这种运用之发生，却是从他的方法得出的自然结果。因为当约阿希姆宣布一种新的和最终的秩序，从而开启了从根本上改善教会的可能性时，他必然不仅对教会的传统权威，而且也对时代的尘世秩序提出了质疑。与奥古斯丁相比，他对一种向救赎历史的实现最终的、由天意规定的进步的期待是某种崭新的东西。奥古斯丁从未涉足对尘世秩序内部的彻底转变的先

---

① 参见本茨，《属灵教会》，页 387—388；邓南遮（G. d'Annunzio）的林佐传记，《林佐生平》（*La vita die cola die Rienzo*），Mailand，1912；皮尤（P. Piur），《林佐》，Wien，1931；把弗兰西斯库（Franziskus）解释为"新领袖"，这源自约阿希姆。"领袖"这一头衔的灵性起源在《马太福音》（*Matt.*）二章 3—6 节。把这一灵性头衔转用到一个政治领袖身上，这在意大利一直延续到我们这个时代的"领袖"。在二〇年代，一位天主教教士发表了一份关于弗兰西斯库（Franziskus）和墨索里尼（Mussolini）的传单，其中他试图证明二人在努力革新方面的一致。墨索里尼的福音是一个"弗兰西斯式的福音"（messagio francescano）！吉奥托（Giotto）的一幅弗兰西斯库飞行讲道图的复制品和一幅墨索里尼抚摸狮子的照片形象地说明了这种一致！

知式预言，这种预言在本质上是服从变化的。

由于受到了颠覆者革新的挑战，教会必须在从奥古斯丁到安瑟伦（Anselm）的基础上，重新论述把历史进程看作是一种救赎历史的基本观点。[①] 它必须建立在《旧约》和《新约》两种秩序的传统区分上，排除第三种秩序，并且强调最终完成的非历史性质。在向超历史的实现和完成的持久进步中，死和复活、衰亡和复兴没有合理的位置。[②] 此外，根据教会的论证，允许从完满的状态向不那么完满的状态后退，也违背了救恩史的本性。完满的状态将在时间实现的时候达到，因而不可能随在当前的状态之后。[③] 灵性的理智（spiritualis intelligentia）是使徒时代的特权，教会就是以不断的仿效从使徒时代发展出来的。救赎历史和救赎手段一劳永逸地体现在由基督创立的教会中。作为这样的教会，它将经受住所有非法的革新，一直存续到基督再次降临。然而，这一超世俗的末世限制了教会的历史。它必须强调自己状态的不变性，抑制其对手的末世论激情。因为无论过去和现在，它自己的存在都建立在基督教信仰的这一原初志趣的无效之上。自我保存和自我维护的逻辑，只能违背末世论思维在存在上和历史上的扩张。弗兰西斯修

① 参见本茨，《属灵教会》，页 404 和页 432 以下，关于奥莱利（P. Aureoli）历史神学的论述。

② 借助于约阿希姆，复活成为一个历史神学范畴。由于耶稣基督的生、死和复活是他在教会中的身体的样本，历史性的教会也就有生、死和重新复活。

③ 教会把这一基本原理运用于关于清贫和财产的争论，针对弗兰西斯修会严律派论证道：即使原始基督教要求赤贫，把它当作完善的状态，而事物的目前状况似乎与进步的法则相互矛盾，但是，即便在原始基督教中，占有“尘世的东西”（temporalia）也是合法的。

会严律派的目光投向了即将来临的、彻底的危机，而教会的目光则过去和现在都注视着自己的持久基础。

从奥古斯丁到托马斯，基督教的教义从一开始就排斥对终极事物作历史的解释，并恰恰因此而以神学的方式支配着世界历史。约阿希姆以一种救恩史的视角来观察一切。对他来说，就连基督也不仅意味着《旧约》预言的实现，而且还意味着一个新时代的开始。基督依然处在核心，但这个核心是一个中心，具有既是为他，也是由他出发继续指向未来发展的迹象和意义。它的意义之所以是一种真正历史的意义，并非因为它是一次性的，而是因为它在一种历史连续性内部既指向前也指向后；在这一连续性中，基督之后的各世代和在他之前的各世代同样重要。约阿希姆的思维是严格地神学的，同时又在一种时间进程（cursus temporis）的意义上——并非在一种临时状态的意义上——是历史的。时间的进程是通过向更高阶段的转变来划分的，每一个阶段都取代了一种更早的启示，以至每一个阶段在自己的时代（in suo tempore）都有自己独特的必然性和真理。这类似于孔德和黑格尔，但却是在中世纪的“非历史主义”思维范围内。和黑格尔的世界精神一样，基督教的真理也在一个时间的秩序中展开为一种真理的发生。在奥古斯丁和托马斯那里，基督教的真理一劳永逸地建立在一个一次性的历史事实之上；而在约阿希姆这里，真理自身却有一个开放的境界和一种根本的历史性。

在奥古斯丁的思维中，宗教的完善在基督之后历史进程的任何一点上都是同样可能的；而在约阿希姆的思维中，它只是由于各种事件的某种交汇而在某个时期才是可能的。在奥古斯丁看来，

历史真理是启示在一个独一无二的事件之中的；而在约阿希姆看来，它是启示在各种秩序的前后相继之中的。前者期待世界的末日，后者则期待圣灵的时代。两人一致认为尘世上没有常住不变的东西(nihil stabile super terram)，但对于奥古斯丁来说，这意味着所有的一切都是暂时的；而对于约阿希姆来说，这却意味着所有的一切都要经历一种变化，包括教会及其学说。与奥古斯丁和奥罗修(Orosius)相比，但同样与托马斯和弗莱辛的奥托(Otto von Freising)相比，约阿希姆的思维是神学的历史主义。①

天主教教会反对约阿希姆追随者的态度，和奥古斯丁反对基督之后几个世纪的千禧年主义期待的态度，具有同样的动机。当教会在历史世界中获得成功之后，它必须加强自己的地位，并运用这个世界的智慧，以便在一个可靠的基础上经理救赎手段。原始基督徒的英雄主义毫不关心这个世界连续的历史，②教会的胜利把原始基督徒极端末世论的无政府主义可能性固定了下来，并使之中性化。在千年之久的历史存在之后，教会已经充斥着世俗性，就像它的神学充斥着哲学——阿拉伯的哲学和亚里士多德的哲学——一样，基督教信仰原来的因素——上帝之国降临、耶稣再次降临、忏悔、再生和复活——已经被大量赢得的权利和世俗利益淹没了。

弗兰西斯修会运动提醒教会，一个绝对的开端，即创世，还要

① 格龙德曼，《佛罗利斯的约阿希姆研究》，页 96 以下。

② 至于基督教不是为了尘世的宗教，从保罗和德尔图良到卢梭、基尔克果和尼采都理解到了这一点。

求有一个绝对的终结或者一个末世。开端与终结之间的历史之所以是一个"中间时期",并非因为它的期限是不确定的,而是因为一个可以确切期待的终结即将来临。弗兰西斯修会严律派连同历史意识一起唤醒了末世论预见的激情。于是,在他们的宗教热情和世界历史性的自我理解之间,就出现了紧张关系。由于他们盯着一个确定的处境,甚至是一个确定的时刻,即一二六〇年,所以,许多杰出的约阿希姆主义者的期待由于现实事件中出乎意料的转变而崩溃了。人们曾设想腓特烈二世将把诱惑者和反基督者的角色一直扮演到底,但他却早死于一二五〇年,这个现实的历史事件否定了约阿希姆主义者的历史一末世论解释。

且不说这一"失误"属于似乎与历史地预测超历史的启示密不可分的那种类型的失误,它们不能根除基督教关于这个世界的形象在消逝的信念。十三世纪的这场斗争具有恒久的意义。它在一种基督教氛围中,与一个作为新巴比伦的基督教的罗马相抗衡,复活了基督教信仰还在与异教的偶像崇拜分庭抗礼的那个时代的原始期待。

和他之后的路德一样,[①]约阿希姆未能预见到,他使教会世俗化的意图在别人手中会转向其反面,转向世界的世俗化。恰恰由于末世论的思维被应用于终结前的事物,这后一种世俗化得到了

---

① 雷南(E. Renan)曾说过,一个完全出乎人意料之外的事实是,新教没有提前三个世纪诞生(《约阿希姆和永恒的福音》(*Joachim de Flore et l'évangile éternel*),Revue des deux mondes,1866)。从某种角度来看,约阿希姆主义者所期望的改革,甚至意味着同占统治地位的都会的一种比路德宗教改革更为彻底的决裂,因为路德从未怀疑过字面的意义,而毋宁说加重了字句的含义。

促进。由此,沿着最终解决在自己的层次上和用自己的手段根本不能解决和救治的问题这个方向,世俗进军的冲击力得到了加强。[①] 约阿希姆对一个"实现"的新时代的期望,可能产生两种截然相反的结果:它可能针对教会的世俗性促进灵性生活的严格性,这也正是他的意图;但是,它也可能推动对新的历史实现的追求,这在实际上是他预言一种新圣约在后来的结果。在一种末世论信仰的范围内,鉴于一种完善的隐修生活而宣告的彻底变革,在五个世纪之后,被一个哲学化的教士团体重新捡起,这个团体把世俗化的程序解释为上帝国在尘世的"精神上的"实现。作为一种实现的尝试,莱辛、费希特(Fichte)、谢林和黑格尔的进步思维形式,可以被转化为孔德和马克思的实证主义和唯物主义思维形式。[②] 约阿希姆主义者的第三次圣约又表现为"第三国际"和"第三帝国",由一位统帅(dux)或者领袖来宣告,他作为救世主受到欢迎,千百万人向他三呼"万岁"。凭借历史来完成历史,这种尝试的源泉就是弗兰西斯修会严律派的期待,即最后的斗争将把救赎历史导向其世界历史性的实现和完成。

① 参见基尔克果的《孤独的人》(*Der Kirchenväter*)前言,载 *Die Schriften über sich selbst*,《全集》,卷卅三,Düsseldorf/Köln,1951。

② 参见附录一。

九、奥古斯丁

反驳古代世界观

基督教的历史解释把其目光对准了未来，未来是一个确定的目标和一种最终的实现在时间上的视域。把历史描述为朝着尘世内部的实现的一种虽然从未完结，但却是合理地安排的进步，所有这些现代尝试都是以这种神学的、救世史的图式建立起来的。因此，对基督教历史意识的彻底检验，并不能在对后基督教世界的世俗化了的，但同样是未来主义的历史概念的研究中进行。它必须能够反驳前基督教关于时间中的发生的观点。在奥古斯丁时代，这样一种观点还在以古典观点的形象活跃着，即世界时间是一种无目的的、周期性的循环运动。在《上帝之国：驳异教徒》(*De Civitate Dei contra Paganos*)中，奥古斯丁试图以一种由上帝指导的世界历史的神学，来反驳时间运动和世界运动的古典理论。这个迥然不同的反驳点就已经使人看出，它并不能在古典理论的基础上切中它。奥古斯丁不是以理论的一宇宙论的方式，而是在实践上以道德的一神学的方式来反驳它。《上帝之国》第十一卷第四章以这样一个论断开始：

> 在可见者中间，世界是极大者；在不可见者中间，上帝是极大者。然而，有一个世界存在是我们所见；有一个上帝存在是我们所信。我们最确定无疑地相信上帝，它创造了世界。我们是在哪里听到上帝的？再也没有比《圣经》更好的地方了。在《圣经》中它的先知说道："起初上帝创造天地。"①

作为基督教立场的一种真正经典性描述，这段话马上就使人明白，为什么它与古人的论点无法统一，但也使人明白，为什么从基督教的信仰出发，在理论上无法反驳古希腊的宇宙论。因为从信仰到观察，不存在任何过渡。用肉体的眼睛来判断，信仰实际上是"瞎子"。古希腊的理论（theoria）确实是一种世界－观（Welt-Schau）或者对可见者的静观，因而是可以指点和显现的；与此相反，基督教的信仰（pistis），却是某种信念或者对不可见者的一种无条件的信赖，因而是不可证明的。被信仰的不能以理论的方式加以认识，人们必须以实践的方式信认它。没有任何自然神学打开过朝向基督教上帝的通道。由于上帝在存在和力量方面无限地超越它的创造，因而不能从世界出发来把握它。《圣经》所理解的世界作为一种创造，可以存在也可以不存在；它并不是在实质上天然存在的。可见世界唯一权威的证人是不可见的上帝，它在《圣

① 我们引用的是教父丛书中施罗德（A. Schröder）的《上帝之国》（*Gottesstaat*）德文译本，《教父奥勒留·圣奥古斯丁选集》（*Des heiligen kirchenvaters Aurelius Augustinus*），Kempten/München，1911—1916。

经》中为自己的创造物作了见证。

异教徒的指摘是以世界没有开端和终结的永恒性为前提条件的，只是沿着这第二个线索，作为对异教徒指摘的回答，奥古斯丁才继续论证说，即使先知沉默不语，世界自身也已经表明了被创造的性质。世界通过它自己的变化无常、它自己井然有序的进程和所有可见事物的美，证明自己是被创造的。[①] 奥古斯丁远没有把这第二种宇宙论的论证当作决定性的论证来使用，并且从世界的合目的结构和可变性，推导出一个做出安排和不可变的上帝的存在，而是强调指出，宇宙的所有大，有序和美都"毫无意义"；与从无中创造天和地的永恒上帝的不可见的大、智慧和美相比，甚至不能说它们"存在"。[②] 一个从无中创造出来的世界一开始就被剥夺了其自己的、本真的存在。对自然世界的这种贬低，不仅适用于《创世记》，而且也适用于《诗篇》和圣弗兰西斯的赞颂。[③]《圣经》的世界虽然充满了美和奇迹，它们就像兄弟姐妹一样，但这仅仅是因为它启示了人和世界的共同创造者，而不是因为它把自身启示为美的、有序的和神性的。[④] 在基督教的观点中，凭借超世俗的起源，

① 奥古斯丁，《上帝之国》，卷十一，第四章；《忏悔录》，卷九，第四章。根据强调的是井然有序的变化进程还是可变性本身，论证有所不同。在第二种场合，天和地宣告自己被创造，乃是因为自己经历着变迁；而凡是可变的，就不能是永恒的。前提条件是完善的和神圣的事物没有变化这一古代论点。

② 奥古斯丁，《忏悔录》，卷十一，第五章。

③ 参见阿诺德（M. Arnold）的文章，"异教徒和基督徒的宗教情绪"，载 *Essays Literary and Critical*，Everyman's Library，页 127 以下。

④ 参见西塞罗（Cicero），《论诸神本性》（*De Natura Deorum*），卷二，第二、五、七、八，十一至十五，十七章。在这些地方，世界的神性是直接从它自己的宇宙本性和结构推导出来的。

宇宙获得了古人的宇宙在神圣的独立性方面失去的东西。

时间是与世界一起被创造的，因为设想在创造出运动、变化着的东西“之前”有一种时间，是不可能的；[①]与此相反，上帝是不变的和无时间的。上帝创造宇宙不是在时间中，而是把宇宙作为一个有时间的世界同时创造的。“因为凡在时间中发生的都发生在一个时间的前后之中，即在一个过去时间之后和一个将来时间之前；孤零零的一个过去时间在这里是不可思议的，因为没有一种造物在变化运动时让时间脱离飞去。”相反，“世界是与时间一起被创造的；在创造时间时也创造出了造成变化的运动，最早的六天或者七天的那种划分似乎指的就是这种情况”。[②] 因此，如果异教哲学家主张一种观点，认为世界及其一再重复的运动是永恒的，即是无始无终的，他们就弄错了。但这不是因为他们缺乏理性，而毋宁说是因为“无信仰的错乱”。他们把仅仅适用于上帝的东西归于世界，而上帝却与世界有无限的区别。但是，奥古斯丁不是用理论的根据来反驳异教的失误，而是指出了《圣经》的权威性；在他看来，《圣经》的真理由于其预言的实现而被看作是得到了证明的。按照《圣经》的传说，世界不仅有一个开端，而且这个开端还是严格确定

① 奥古斯丁从时间与运动和变化的关系出发，来理解时间（《上帝之国》，卷十一，第六章），这是希腊人的一种发明（亚里士多德，《物理学》，卷四，第十至十四章）。时间观中的基督教革命是随着奥古斯丁的下述问题开始的，即时间原初的家在“哪里”。奥古斯丁的回答是：在人类精神不可见的延展中（在其表象现在的注意中、在其再现过去的回忆中、在其预知未来的期望中），而不是外在于宇宙中，即不是在作为古典的运动观和时间观的可见样板的天体运动中（奥古斯丁，《忏悔录》，卷十一，第廿四章和第廿八章以下）。

② 奥古斯丁，《上帝之国》，卷十一，第六章；《教父奥勒留·圣奥古斯丁选集》，卷二，页151—152；参见《忏悔录》，卷十一，第十三章。

的：自创世以来还不足六千年！[①] 但是，即使我们把世界的年龄估算到六十万年，那也毫无意义，因为与一个永恒的、无时间规定性的创造者的无限永恒相比，有限时间的任何可设想的存续期都是无。在一个点上开始并被一个终点所限制的一段时间，无论它有多么长，与既没有开端也没有终结的上帝相比，都是无比短暂的，或者毋宁说是无。[②]

至于人类，一些古代哲学家相信人类是一直存在的，因为经验教导人们，根本没有一种属人的存在不是由人产生的。奥古斯丁反驳说，这些哲学家"说的是他们所设想的，而不是他们所知道的"。奥古斯丁"知道"，人有一个不依赖于他人的开端，因为他借助信仰的眼睛知道，人并不纯粹是生育的产物，而是一个一次性的、绝对的创造。人类存在的根本不是生育，不是一代又一代的同一性，而是这样一个事实，即每一单个的人和每一世代都是弱小的和无知的，要衰老和死亡的，但却能够通过精神的再生而获得新生。在人的生存的短暂期间里，关键在于将永享天福还是永受诅咒。虽然异教哲学家也谈到新生，但却是鉴于自然及其重复的循环而言的。他们断言，这些循环的重复是无休无止的，就像日出和日落、夏天和冬天、生育和衰老一样；在这种同一事物的永恒重复中，以自然的方式给希腊精神启示了一种不变的秩序，而时间中的变化就是以它为准则的；这种同一事物永恒重复的理论使异

① 奥古斯丁利用的是优西比乌的年代计算；优西比乌估算从创世到罗马被哥特人占领为五千六百一十一年。

② 奥古斯丁，《上帝之国》，卷十二，第十，十二章。以下的讨论是以卷十二第十至十三章和第十七至二十章，卷十一第四章和第六章为基础的。

教哲学家确信，宇宙是可靠的。[①] 对于奥古斯丁来说，同一事物永恒重复中的更迭，无非意味着一种毫无意义的“变换”，由于这种变换也不把人不死的灵魂和命运排除在外，它也就更不能得到承认了。

因此，反驳古典时间概念的决定性论据是道德上的：异教的学说是不抱希望的，而希望和信仰在本质上是指向未来的，如果过去的时间和未来的时间是无始无终的循环重复内部具有同等价值的阶段，那就不可能有真正的未来。在一定的循环永无止息地进行的基础上，我们只能期待不幸与幸运、即虚假的幸运和真正的不幸的一种盲目回旋，而不能期待永恒的天福，只能期待同一事物无休无止的重复，而不能期待任何新颖的、起解救作用的、终极的东西。基督教的信仰为爱上帝的人真实无妄地许诺了拯救和永恒的天福，而无神论却主张无用的循环，使希望和爱失去力量。如果所有的一切都一再发生在确定的时间域里，那么，基督教对一种新生活的希望就毫无意义了。

> 难道这不是不可接受、不可相信、不可忍受的吗？即使这是真的，最好也秘而不宣；如果对它一无所知，那就更为聪明了。因为如果我们在彼岸看不到这种命运，并因此而是幸福的，那么，为什么还要在尘世用这样的知识来加重我们的不幸

---

① 在基督教的观点看来，不能设想宇宙的任何可靠性，除非是凭借上帝意志的可靠性；上帝每天早上对太阳说：“再来一遍！”（切斯特顿[G. K. Chesterton]，《正统观念》[*Orthodoxy*]，第四章）

> 呢？但如果不可能在彼岸免除我们的这种命运，那么，我们至少应该在尘世不受这样的知识之害，为的是，由于人在尘世希望达到永恒的人生，而到了彼岸却觉察到这人生虽然是幸福的，但却不是永恒的，而是有朝一日将重新失去的，从而在尘世期待至善要比在彼岸达到至善更令人感到幸福。[①]

所以归根究底，这是排除了真正的幸福，这种排除使同一事物自身封闭的永恒复归的理论“令人厌恶”，并“敌视”基督教信仰；基督教信仰是对随着救世主降临世界及其历史所出现的、不可重复的新事物的信仰。

> 如果灵魂以它过去从未用过的方式而得救，永不再返回到不幸，那么，在它里面就出现了一种过去从未出现过的东西，而且是某种极其伟大的东西，即永不会再终止的永恒幸福。但是，如果在不死的品类身上发生了既不是循环中的重复，也将不会有一种重复的全新的东西，为什么这样的东西不会也发生在有死的事物身上呢？[②]

具有次要意义的是奥古斯丁的另一论证，即某些事物的新颖之处是与“大自然的秩序”无法统一的。因为他不是把这种秩序理

---

① 奥古斯丁，《上帝之国》，卷十二，第廿一章（第二十章）；《教父奥勒留·圣奥古斯丁选集》，卷二，页237。

② 同上，页239。

解为自然生成(physis),而是理解为创造大自然和人的上帝所希望的、由天意规定的秩序。神明具有力量"来完成它迄今为止从未完成,但始终预见了的事物;新颖只是对世界来说的,而不是对神明来说的"。对于一个再生的基督徒灵魂来说,不幸和幸福是全新的体验;不幸的起源在于罪,而幸福的起源在于从罪得到解脱。如果一个讲道者说太阳下面没发生任何新东西,他这样说指的是异教的同一事物的复归(这是奥古斯丁谴责的一种假定),那么,就连他也不是一个智者,而是一个无信仰者。

奥古斯丁反驳古典的循环复归理论,并不是在其自己的基础上以理论的方式进行的。尽管他为了粉碎这种理论而运用了自己的所有精神武器,但他归根究底援引的并不是洞察力,"即使理性并不出来反对它,信仰也必然耻笑无神论者试图把我们质朴的虔诚从正路(即直路)上引走所使用的证明"。[①] 紧接着,他用下面这句名言结束了自己的论战性阐述:"我们连想都没有想过相信这种东西。这是因为,由于基督曾为我们的罪而死去,并又从死者复活,它将不会再死"。同一事物的永恒复归与宇宙的—自然的事件的持久性相关,用超自然的论据,即基督的降临和复活是两个具有普世意义的一次性事件,来结束对这种复归的讨论,这并不是巧

① 奥古斯丁,《上帝之国》,卷十二,第十七章;《教父奥勒留·圣奥古斯丁选集》,卷二,页232。阿奎那(Aquinas)力图把亚里士多德的物理学与《创世记》统一起来,从理论上解决古典的永恒运动理论和创世说之间的冲突;与此相反,阿维罗依主义者(Averroisten)却认为世界运动的永恒性与创世说无法统一(《神学大全》,第一部,第46个问题);《反异教大全》(*Summa contra gentiles*),第二部,第卅四章;《论世界的永恒性》(*De aeternitate mundi*);参见罗马的吉尔斯(Giles of Rome),《哲学家们的失误》(*Errores Philosophorum*),J. Koch 编,J. O. Riedl 译,Milwaukee,1944)。

合。使死者获得永生的力量是对上帝力量的最有力证明，比希腊哲学家所教导的那种世界的永恒性无限地更重要。在复活的奇迹中，创世的奇迹重新得到完成和提高。[①] 正确的学说导向未来的一个目标，与此相反，“恶人却做圆周运动”。[②] 按照古人的观点，圆周是唯一完善的运动，因为它是在自身中封闭的运动；圆周是无目的的，而既然十字架是人生的象征，其意义在一个目标中得到实现，圆周就是应予摒弃的。

现代思维还始终缅怀着这两个形象，即十字架和圆周；而欧洲人类的精神史就是在古代和基督教之间作调和的一个持久的尝试，这个尝试不可能成功，除非借助原则上无法统一的东西之间的一种妥协。无论是尼采还是基尔克果都指出，无论过去和现在，基督教和异教之间的原初分野都是根本性的。因为怎么可能把古代

① 参见《罗马书》四章17节。

② 《诗篇》十二篇9节（据查证，中文和合本《诗篇》十二章无第9节——译著）。几个现代英文译本（King James钦定本、美国修订本，Goodspeed，Moffat）用一个毫无意义的词“在任何一方面”、“来来回回”，“围绕我们”来翻译拉丁、希腊和希伯来文本中的“圆周”。

根据尼采对循环理论的恢复，魏宁格（O. Weininger）在“时间的一维性”这篇文章中重做了在道德上进行反驳的尝试；载*Uber dic letzter Dinge*，第六版，Wien和Lcipzig，1920。古典的永恒复归理论的主要资料有：赫拉克利特，《残篇》（*Fragmente*），30、31、51、63、67、88；恩培多克勒，《残篇》，115；柏拉图著作中几乎所有的神话；亚里士多德的《形而上学》，卷十二，第八章；《论天》（*De Caelo*），卷一，第三、十四章；《问题篇》（*Problemata*），卷十七，第三章；欧德谟斯（Eudemus），《残篇》，51；南米修斯（Nemcsius）的《论人性》（*De nat bom*），卷卅八，第一四七章；*Maxc Aurel*，卷十一。塞内卡（Seneca）致Lucilium的第廿四封信。除奥古斯丁之外，基督教反驳的主要资料有：贾斯汀（Justin）的《同特利封的对话》（*Dialog mit Trypho*），卷一，引言；俄里根（Origines）的《驳克尔苏斯》（*Contra Celsum*），卷四，第六十七章；卷五，第二十章；《论原理》（*De Principiis*），卷二，第三章。

关于世界永恒性的理论同基督教对创世的信仰，把圆周同一种末世、把异教对宿命的认可同基督教对希望的义务一致起来呢？[①] 古典的世界观旨在于可见者，与此相反，基督教的“世界观”根本不是一种观念，而是属于希望和对不可见者的信仰；单是这一点，就说明了上述的不可统一性。

历 史 神 学

每一种历史观，如果它能被称之为“基督教的”，都是以奥古斯丁的《上帝之国》为样板。《上帝之国》不是一种历史哲学，而是在世界的发生程序中对基督教的一种教义的解释。奥古斯丁借助神圣历史和世俗历史来解释基督教学说的真理性，但是对于他来说，世界历史本身却没有自己的趣味和自己的意义。[②] 上帝国不是一个在历史中实现的理想，教会就其世俗存在而言也仅仅是超历史的上帝城（civitas Dei）的一个代表。在奥古斯丁看来，教会的任务

① 《罗马书》八章 24—25 节。基督教的希望远远不是开朗性情的自然禀赋，而是一种宗教义务，特别是当事物毫无希望的时候。与信仰和博爱一样，它是一种神秘的圣宠德性，而所有异教的德性都是依据理性的（参见切斯特顿，《异教徒》（*Heretics*），第十二章）。关于基督教的希望说的现代表述，参见佩吉（C. Péguy）的诗歌《希望》（*L'Espérame*）。

② 参见舒尔茨（H. Scholz），《世界历史中的信仰和无信仰》（*Glaube und Unglaube in der Weltgeschichte*）；特洛尔奇，《奥古斯丁、古代和中世纪》（*Augustin, die Antike und das Mittelalter*），München/Berlin，1915；格龙德曼，《佛罗利斯的约阿希姆研究》，Leipzig，1927，页 74；卡姆拉（W. Kamlah），《基督教与历史性》（*Christentum und Geschichtlikeit*），Stuttgart，1951；并请参见伯里，《进步的理念》（*The Idea of Progress*），New York，1932，页 21；蒙森（Th. Mommsen），“奥古斯丁和基督教的进步观念”，载 *Journal of the History of Ideas*，1951 年 6 月。

不是在世界历史前后相继的各时期里发展基督教的真理,而是宣告和传播一次性地启示的和确定的真理。就教会与历史相关而言,奥古斯丁满足于优西比乌描述过的那些历史事实。从把教会理解为基督的神秘身体,到教会作为一个机构掌管救世手段而依据的教会实践,再到把教会看作是文化史的一部分,并因此而服从历史变化的现代观点,是一条漫长的道路。在这个世俗世界里一切都服从变化,这对奥古斯丁来说是不言而喻的。但正是从这一理由出发,世俗的历史对于信仰来说没有直接的意义。无论在当今和作为界限和目的的终结之间还会发生甚么事情,与接受还是拒绝基督教的福音相比,都是微不足道的。奥古斯丁的信仰并不需要历史的展现,历史进程本身既不能造就、也不能接受上帝道成肉身的中心奥秘。对此的信仰突破了一切历史的发展和危机。亚伯拉罕、摩西和基督虽然表现了信仰的一种救赎史次序,但这一次序并不说明基督宗教的历史。无论是奥古斯丁还是阿奎那[①],都不承认在基督的第一次降临和第二次降临之间有一段基督教的历史。与基督的一次性事件的新颖之处相比,不可能再有真正新颖的东西。因此,奥古斯丁在《上帝之国》中所做的,并不是把神学纳入历史,而是把原初社团的信仰纳入被认可的教会学说。他捍卫这一学说,驳斥基督徒、犹太人和异教徒比教会的教义远为"历史

① 阿奎那,《神学大全》(*Summa theol*),第二部,卷二,第一个问题,第7节。信仰的阶段(articuei fidei)不可能历史地发展,因为它们是自身完成了的,是无时间规定性的。它们只能被展现。

性的"、固执的千禧年主义期待。[①] 另一方面,由于拒绝这样的历史时间内部的期待,奥古斯丁也就能够建构一种世界通史,作为一个从开始到终结的合目的的进程(procursus),没有一个中间的千禧年。在这一建构中,世界历史性的事件和超世俗的目标,原则上被分离开来了,只有借助信徒的朝圣(peregrinatio),才能在这个世俗世界里(in hoc saeculo)相互结合起来。

奥古斯丁这部著作的标题《上帝之国:驳异教徒》,表现出批判的和护教学的观点。这样做的动机来自于亚拉里克(Alarich)于四一〇年对罗马的洗劫,这是一次给罗马帝国各民族造成了极深印象的事件,可以和耶路撒冷被毁灭和君士坦丁堡在十五世纪被占领相比。在我们今日,俄罗斯人对维也纳和柏林的占领可能也在中欧各民族中产生了类似的效果。罗马人在罗马被洗劫之后断言,诸神抛弃了罗马,因为那些自称为基督徒的"无神论者"闯进来了,并且压制和取缔对异教诸神的崇拜。奥古斯丁反驳道:罗马人早在基督教兴起之前很久就已经遇到了类似的恶运,而本身也是基督徒的亚拉里克的行为相对还要好一些。奥古斯丁继续说,多神论的崇拜保证不了尘世的福祉,罗马人的征服不仅要归功于罗马人的精明能干,而且还要归功于一种不惜灭绝那些和平民族的

① 参见尼格(W. Nigg),《永恒的国》(*Das ewige Reich*),Zürich,1944,页 123 以下;陶伯斯,《西方的末世论》(*Abendländische Eschatologie*),Bern,1947;并请参见格龙德曼(《约阿希姆研究》,页 70 以下)关于约阿希姆对传统的,特别是对奥古斯丁主义历史图式的态度的提示;勒瓦特(E. Lewalter),《奥古斯丁的末世论和世界历史》(*Eschatologie und Weltseschichte bei Augustin*),*Zeitschrift für Kirchengeschichte*,卷五十三,1934。对历史与末世论之间关系的最清晰的讨论在奥古斯丁致 Hesychius 主教的两封信(第一九七封和第一九九封)中。

肆无忌惮的政策。

奥古斯丁对罗马帝国的评价以公正和温和著称。在评价他自己那个时代的事件时,他所倾注的同情和所保持的距离是同样大的。他拒绝把罗马看作是但以理预言中的第四个帝国的传统观点,因为他原则上摒弃任何一种世界历史的,即政治上的末世论。他本人相信罗马帝国的继续存在,但是,他既不把一个帝国的继续存在,也不把它的衰亡看作是终极事物秩序中具有决定性意义的事情。他没有像叙马古(Symmachus)、克劳蒂安(Claudianus)和普鲁登修(Prudentius)那样把罗马城(urbs)抬高为一种圣地,并把它与罗马帝国(orbis Romanus)等同起来,而是强调指出,野蛮人的入侵并没有危及帝国的东部首都君士坦丁堡。第一〇五篇讲道的讽刺矛头直指那些相信罗马具有独一无二的意义和圣洁性的异教徒和基督徒。同样,《上帝之国》的前十卷有意贬抑了罗马人传统的罗马式骄傲,不管是异教的罗马人还是基督教的罗马人。在真正的救赎历史的秩序范围内,罗马帝国的现实意义就在于维护尘世的和平,这和平是传播福音的前提条件。帝国和国家既不是魔鬼的作品,也不是善的,由一种自然法说明理由的。它们起源自人的罪,它们的相对意义是以维护和平和正义为基础的。

历史的关键问题不是各帝国暂时的强大,而是在一个末世论的未来里的拯救和诅咒。理解当今和过去事件的固定目标就是最终的完成:末日审判和复活。这个终极目标构成了人类历史以创世和堕落为原初开端的对立面。与这两个超历史的、最初的和最终的事件相联系,历史是救赎历史最初的启示和未来的完成之间的一段时间，只有在一个起决定作用的救赎历史这一前景中，世俗的历史才在根本上进入奥古斯丁的视域。在廿二卷中，只有四卷有时谈到我们称之为“历史”的东西，而这种历史的意义又是建立在史前史和史后史，即建立在超验的开端和超验的终结之上的。只有借助于一个绝对的开端和一个绝对的终结的这种联系，历史作为整体才有一种意义。这一有限历史的中心是耶稣基督的降临，这是不折不扣的末世论意义上的事件。

历史之所以是普世的，乃是因为它是由一个唯一的上帝和一个唯一的目标指导的，而这一历史真正的发生，乃是上帝的国与地上的国之间的斗争。这两种国与可见的教会和国家并不是等意的，相反，它们是两种神秘的、由截然相反的人类存在方式构成的共同体。在尘世，地上的国是以该隐(Kain)杀弟开始的，而上帝的国则是以亚伯(Abel)为开端的。该隐是“这个世俗世界的公民”，并且由于他的罪行而是尘世各帝国的建立者。亚伯在这个世俗世界中则是向着一个超世俗目标朝圣途中的“异乡之旅、朝圣者”(peregrinans)。亚伯的精神后裔在这个世俗世界里虽然也生活在该隐的国里，但并不是它的建立者和开拓者。上帝的国的历史并不是与人的国的历史并列的，相反，唯一真正的救赎历史和上帝的国的历史进程在于一种异乡之旅、朝圣。在奥古斯丁的思维方式中，“进步”无非就是向着一个最终的超世俗目标孜孜不倦的朝圣。作为身在异乡的、朝圣的国(civitas peregrinans)，就世俗事件服务于建造上帝宫殿这一超世俗目的而言，教会与它们是有联系的。但就其自身的尺度来衡量，地上的国是由功利心、傲慢和野心引导的，而上帝的国则是由奉献、服从和谦恭引导的。

一个是虚妄(vanitas),后者则是真理(veritas)。地上的国是凭借自然的生育存在的,而上帝的国则是凭借超自然的再生存在的;一个是有时间规定的、有死的,另一个则是永恒的、不死的。一个由对上帝的爱来规定,直至鄙视自己本身;另一个由自爱来规定,直至鄙视上帝。光明的子女把自己的尘世存在视为达到喜爱上帝的手段;黑暗的子女则把自己的神明视为达到喜爱尘世的手段。这样,本真的历史也就是信仰和无信仰之间旷日持久的斗争。①

救赎历史并不是一个显而易见的经验事实,而是一个信仰行为的序列,而各帝国的历史,即罪与死的历史,则是朝向一个终极的终结的;这个终结既是历史的完成,也是从历史中解脱出来。历史进程本身,即世俗世界,仅仅表现出在各个时代生活着的各世代无望的前后相继和死亡。用信仰的眼睛来看,不管是神圣历史还是世俗历史,整个历史程序都表现为预定的上帝的秩序(ordinatio Dei)。

就此而言,奥古斯丁这部著作的整个计划都服务于在历史中为上帝作见证的目的。然而,历史是服从上帝的,这个上帝不是黑格尔式的历史中的上帝,而是历史的主人。上帝在历史中的作为不是我们所能支配的,它的天意预见到人们的意图,并且超越人们的意图之上。在奥古斯丁看来,首先是犹太人的命运说明,世界的

① 参见歌德在《东西方诗集》(《荒漠里的以色列》)(*West-östlichen Divan*[*lsrael in der Wüste*])中的说明:“世界历史和人类历史的本真的、唯一的、最深刻的主题”是“信仰和无信仰的冲突”。

全部历史都是合理地安排的，都是服从上帝的审判的。[①] 这并不意味着，我们自己的智慧使我们有能力来评价上帝同样给予虔诚者和无神论者的那些世俗帝国的功绩，我们只能感知到上帝任意向我们启示的合理秩序的一些断简残篇。历史是一个由上帝建立的学院，它主要是借助受难来进行教育的。

在这一神学基础上，奥古斯丁区分了六个时期，它们与创世的六天一一对应。第一个时期从亚当到洪水；第二个时期从挪亚到亚伯拉罕；第三个时期从亚伯拉罕到大卫（David），其时宁录（Nimrod）和尼诺斯（Nimus）[②]为竞争对手。第四个时期从大卫到巴比伦之囚；第五个时期从巴比伦之囚到基督诞生。第六个也是最后一个时期，最终从基督的第一次降临一直绵延到世界末日基督的再次降临。

这一传统的划分也为阿奎那所赞同。在这一划分中，奥古斯丁认为最后的基督教时期的存续期是不确定的。拉克坦修（Lactantius）还估算出，世界将在约五百年后终结。奥古斯丁不愿对最后这个时代的存续期作任何启示录式的估算。从末世论的观点来看，决定性的不是几百年或者几千年的细微差异，而是世界是被创造的和短暂的这一事实。除了仿照人的六个年龄段（第一个童年期、第二个童年期、少年、青年、成年、老年）划分为六个时期外，还

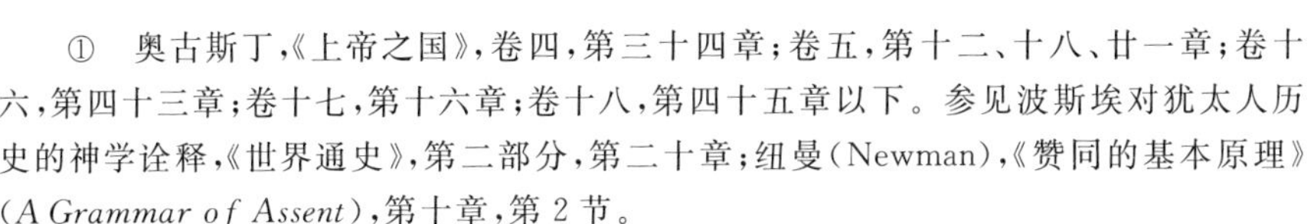

① 奥古斯丁，《上帝之国》，卷四，第三十四章；卷五，第十二、十八、廿一章；卷十六，第四十三章；卷十七，第十六章；卷十八，第四十五章以下。参见波斯埃对犹太人历史的神学诠释，《世界通史》，第二部分，第二十章；纽曼（Newman），《赞同的基本原理》（*A Grammar of Assent*），第十章，第 2 节。

② 疑为 Ninus 之误。——译者

有另一种划分，即按照精神进步的标准划分为三个时期：首先是律法前的（童年），其次是律法下的（成年），最后是圣宠下的（老年或者老年世界[mundus senescens]，黑格尔的“精神的老年”）。

鉴于这种严格宗教的观点，我们不可能期待奥古斯丁对世俗的历史有特殊的兴趣。在他的著作中，只有两个帝国体现了世俗的事件，即东方亚述人的帝国和西方罗马人的帝国；这是黑格尔那个命题的先声，即全部合理的历史是从东方向西方进步的。埃及、希腊和马其顿只是被一笔带过。亚历山大大帝被说成是一个通过有罪的虚妄（impia vanitas）玷污耶路撒冷神庙的大强盗。耶路撒冷象征着上帝的国，而巴比伦和罗马（第二个巴比伦）则象征着人的国。

作为一个熟悉维吉尔（Vergil）和西塞罗（Cicero）的罗马公民，奥古斯丁对罗马——其历史同样是服务于上帝目的的一个手段——的伟大和优越，并不能无动于衷。但与俄里根（Origines）和优西比乌相比，他的判断有着引人注目的差距。[①] 他放弃了把罗马帝国与基督教的产生和传播和谐起来的传统尝试。“因为就有死者那为期不久的尘世人生而言，只要掌权者不迫使受制于死亡的人不信上帝和行不义，至于他生活在谁的统治之下，是无所谓的”。[②] 他的中心主题和旨趣是末世论意义上的信仰史，这是世界历史内部的一个神秘事件，对于不用信仰的眼睛来看的人来说，是隐秘的、不可见的。只是由于期待上帝之国对罪人之国在历史时间彼岸的最终胜利，整个历史进程才是进步的、有意义的和可理解的。

---

① 奥古斯丁，《上帝之国》，卷五，第廿一章。

② 同上，第十七章；《教父奥勒留·圣奥古斯丁选集》，卷一，页272—273。

我们对进步、危机和世界秩序的担忧不会为奥古斯丁所赞同。因为从基督教的立场来看，只有一种进步，即朝着信仰和无信仰、基督徒和反基督者的越来越明确的分野进步，只有两个有决定性意义的危机，即堕落和耶稣受难。只有一种世界秩序，即神的创世秩序，与此相反，各帝国的历史则是“在无穷多样化的愚蠢享乐中喧闹不已”。

现代的哲学家，甚至神学家经常指摘说，奥古斯丁的世界历史纲要是他的著作最薄弱的一环，他并没有正确对待历史程序的“本真”问题。[①] 诚然，奥古斯丁忽略了在首要原因——由天意规定的上帝计划——和程序本身中起作用的“次要”原因之间建立一种关系。但是，正是缺乏世俗事件和神圣事件之间的一种可以精确规定的相互关系，把奥古斯丁的基督教护教学以有利于自己的方式，同波舒埃的无所不包的政治历史神学和黑格尔的历史哲学区别开来了。波舒埃和黑格尔都证明过多，他们从世俗事件序列的成就中，引申出救赎历史的展现。在奥古斯丁这里，我们觉得是缺乏对世俗历史的理解和尊重的东西，可以归诸于他对以最高的统治权促进、阻碍和扭转人类计划的上帝的无条件承认。要求《忏悔录》的作者对经验事实做出一种历史的批判，其错误不亚于期望一位现代历史学家对肉体复活的问题感兴趣，而奥古斯丁的《上帝之国》整个最后一卷都是讨论这个问题的。

---

① 参见舒尔茨(《世界历史中的信仰和无信仰》)关于奥古斯丁的研究：菲吉斯《奥古斯丁的〈上帝之国〉的政治角度》(*The Political Aspects of Auqustine's City of God*), London/New York, 1921；罗切尔(F. W. Loetscher)，“奥古斯丁的《上帝之国》”(Ausustine's *City of God*), *Theology Today*，卷一，1944年10月。

十、奥罗修

《驳异教徒历史七卷》[①]于四一八年左右由奥罗修(Orosius)在其老师奥古斯丁的鼓动下写成。天意监护的原则、主题和护教的目的,与奥古斯丁的《上帝之国》,尤其是第三卷完全相同。但是,奥罗修的著作的历史内容要更为丰富,并且更为强调异教时代和基督教时代的幸福与不幸的对比问题。尽管奥罗修的著作与奥古斯丁的《上帝之国》在时间上大致相同,但他对罗马帝国的态度却不是同一种态度。奥罗修为身为"罗马人和基督徒"而自豪,他到处为这种自豪寻求避难所,而且还能够找到"他的祖国及其律法和宗教"[②];且不说这种自豪,似乎年轻的一代已经与蛮族统治下的新状况和解。奥罗修认为,蛮族其实根本没有那么差劲,他们很快就文明化了,并且把留下来的罗马人当作同伴和朋友对待,"以至

① 我们引用的是拉丁版的保罗·奥罗修《驳异教徒历史七卷》(*Historiarum adversum Pasonos Libri VII*),C. Zangemeister 编,Leipzig,1889。奥罗修的这部书于四九四年得到一个教皇谕令的官方认可,从此成为一部历史教科书,并在整个中世纪都得到像弗莱辛的奥托(Otto von Freising)这样的人物的引用(《奥托……论两个国度的历史》(*Ottonis ... Historia de duabus civitatibus*),Hofmeister 编,Hannover/Leipzig,1912)。阿尔弗雷德·格多斯(Alfred der Groβe)曾编纂了一部奥罗修的盎格鲁撒克逊翻版。只是自但丁(Dante)之后,奥古斯丁主义的历史观才被约阿希姆的追随者所动摇。

② 奥罗修,《驳异教徒历史七卷》,卷五,第二章,第 1—2 节,页 143—144。

于在这些罗马人中，如今已经可以发现一些人宁愿在蛮族人中间生活在自由和清贫中，也不愿在罗马人中间生活在恐惧中并且交纳税捐”。[①] 当然，蛮族长时间以来是一种威胁，但是，他们不是尽可能地夺取整个世界向他们开放的东西，而是只要求与罗马人结成联盟，要求足以造成小型规模殖民的土地，并且为保护罗马帝国效劳。[②] 此外，他们中的许多人（匈奴人[Hunnen]、苏埃维亚人[Sueven]、汪达尔人[Vandalen]、勃艮第人[Burgunder]）都成了忠诚的基督徒；似乎应该颂扬上帝的圣宠，因为通过蛮族的入侵，如此众多的民族学会了认识真理；即使这动摇了我们的政权，但没有这次机会，上述情况就不会发生。[③] 尽管他们给一个没落的世界带来了许多灾难，但正是这种灾难才有利于一个新世界的明天；这个新世界尽管没有保留罗马人的统治，但却保留了罗马文明的福祉，即它的罗马风格（Romania）。[④]

无论是对于奥罗修还是对于奥古斯丁来说，历史之所以是救赎历史，恰恰是因为它是一个在面对造物主时却滥用自己自由的有罪族类的历史。但是，由于人受到了原罪的玷污，他的得救的历史就只能由教化和惩罚构成，这既是正义的，也是仁慈的。

每一个发现通过自身并在自身之中反映人类的人，都感

① 奥罗修，《驳异教徒历史七卷》，卷七，第四十一章，第7节，页296。

② 同上，卷一，第十六章，第2—3节，页29。

③ 同上，卷七，第四十一章，第8节，页296—297。

④ 参见布瓦西尔（G. Boissier），《异教世界的终结》（*La Fin du Paganisme*），卷二，Paris，1894，页397以下。

觉到，这个世界自创造人以来就是由好的时代和坏的时代交替的周期来教育的。这样我们就被告知，罪和罚是随着第一个人的出现就马上开始了的。此外，即使是那些从中间周期开始、不曾提到前此时代的人所描述的，也仅仅是战争和不幸。这些战争和一方或者另一方所遭受的灾害有什么不同呢？毋庸置疑，当时的那些灾害，如同今日还以某种规模存在一样，或者是明显的罪，或者是对罪人隐秘的惩罚。[①]

描述从创世到今日（即一个长达五千六百一十八年的周期）借助“欲望的火炬”焚毁世界的罪人的激情和被罚，描述世界的不幸和上帝的审判，是奥罗修那无所不包的历史神学的目的。它建立在这样一种信仰之上，即一个真正的上帝，在一个确定的时间借助一个唯一的事件启示自身，根据把人引回到其造物主这个唯一的目的来安排历史的程序。当然，异教徒可能会说：假如上帝有能力创造世界，在世界中建立和平并启示自身，它还有什么必要让历史的中间时期，即灾祸和受难的中间时期，绵延达数千年之久，而不在一开始就实现自己的目的呢？奥罗修回答说，只有头脑简单的人才会对巨大的能力与极大的耐心密不可分这一事实感到不满。在人滥用了上帝赋予他的自由之后，他必须对造物主心存感激；造物主不是毁灭了人，而是允许人经受它用来给人提供悔过和解救机会（Gelegenheit）的考验。[②]

① 奥罗修，《驳异教徒历史七卷》，卷一，第一章，第10节以下，页4。

② 同上，卷七，第一章，页233—234。

从罪的坠落背景来看问题，全部人类历史，无论是巴比伦的历史还是罗马的历史，其结果在本质上都是一样的。因为无论人手建立起什么，都将在时间的流逝中衰落和终结。“当我们忧心忡忡地观看曾经如此强大的罗马共和国的大厦时，只会对一个问题发生争论：它之所以发生震颤，是由于年久失修，还是由于外来的入侵给它造成的冲击？”[①]当然，现今的各种自然灾害似乎已经冲垮了堤坝，漫过了所有正常的界限，“但是我发现，过去的日子不仅和现今的日子同样令人沮丧，而且它们越是远离真宗教的慰藉，所造成的灾难就越是可怕”。人的苦难是随着他的罪开始的，因此，人类所遭受的灾难蔓延在整个世界。过去、现在和未来的事件在本质上的相同只允许一个例外：在这个世界的最后日子里，当反基督者出现并且受到判决时，“困境将与从前大不相同”。[②] 人类的苦难不是驳倒了上帝的统治，而是极其清晰地证明了它。只有异教徒才可能不理解，基督徒为甚么对慈爱的父当作达到一个永福的结局所必不可少的手段——公正地施加给自己的教训和惩罚感到欢欣。“如果一个人知道自己、自己的行为和思想，以及上帝的判决，他怎么会不承认，自己的所有苦难都是公正的，甚至是微不足道的呢？”为了永恒的荣耀而在此生中受难，要比像异教徒那样为了尘世的荣誉而忍受苦难更为明智。

之所以说上帝借助苦难来指导人类历史的进程，乃是出自这样一个事实，即上帝是创世的主人，是人的创造者。因为既然我们

① 奥罗修，《驳异教徒历史七卷》，卷二，第六章，第14节，页43。

② 同上，序言，第15节，页3。

是由上帝创造的，那么，我们也就是它甚至借助自己的责备而宣告的同情的对象。而既然一切权力在根本上都是出自上帝，那么，其他所有力量作为出发点的各个帝国也是出自上帝。然而，如果各个帝国相互为敌，那么，最好是由一个帝国来实施统治。这样，最初有巴比伦帝国，后来有马其顿帝国，再后来有阿非利加帝国，最后有罗马帝国。这四个帝国在上帝那不可探究的计划中注定要在前后相继的时代里、在世界的四个主要地区实施统治：巴比伦帝国在东方，迦太基帝国在南方，马其顿帝国在北方，而罗马帝国则在西方。在这些由天意规定的帝国中，第二个和第三个只有暂时的意义，而巴比伦和罗马的历史，就其起源、伟大和古老来说，却表现出一种清晰的对比。"正好是一个衰落，而另一个兴起"，于是对西方的统治转变为对东方的统治。[①] 这一在基督教的罗马达到其巅峰的意义深远的继承关系表明，"有一个上帝指导着各时代的进程，起初偏爱巴比伦人，最后则偏爱罗马人"。但是，二者的没落和衰败是多么不同啊！巴比伦失去了自己的统治，而罗马却保住了自己的统治；因为在巴比伦，统治者遭到了惩罚；而在罗马，在国王的人格中则发现了基督教信仰的沉着冷静。为了基督徒，圣宠被赐予罗马。奥罗修背离奥古斯丁，强调了凯撒奥古斯都的统治和耶稣基督的诞生在时间上重合的重要意义，他解释了所谓的基督教护教士"在政治上的一神论"。[②] 当罗马帝国获得了对亚细亚、

① 奥罗修，《驳异教徒历史七卷》，卷二，第二章，第10节，页37。

② 彼德松(E. Peterson)，《作为政治问题的一神论》(*Der Monotheishus als Politisches Problem*)，Leipzig，1935。

阿非利加和欧罗巴的统治时，上帝决定把所有的一切委托给他借助权力和圣宠嘉奖的一个唯一的统治者。整个世界都借助罗马法和罗马和平统一起来了。这是福音顺利传播在尘世的前提条件。“受仇恨驱使亵渎神灵的人被迫违背自己的意志，承认和认可这一遍及全世界的和平。这一宁静的愉悦，不是出自凯撒的伟大，而是出自上帝之子的力量；上帝之子降临在凯撒时代”，乃是为了借助他那些能够周游列国作为罗马公民与罗马公民谈话的使徒来启迪世界。这就证明了，奥古斯都的帝国乃是为基督在未来通过许多神迹和奇迹宣告的降临做准备。再也没有比奥古斯都被事件的一种隐秘安排注定为基督开辟道路更引人注目的了。“同样毋庸置疑的是……我们的主耶稣基督把借助它的意志而得到扩张和捍卫的罗马带到了它在降临时所从属的权力的顶峰。因此，完全可以称它为一个罗马公民”①

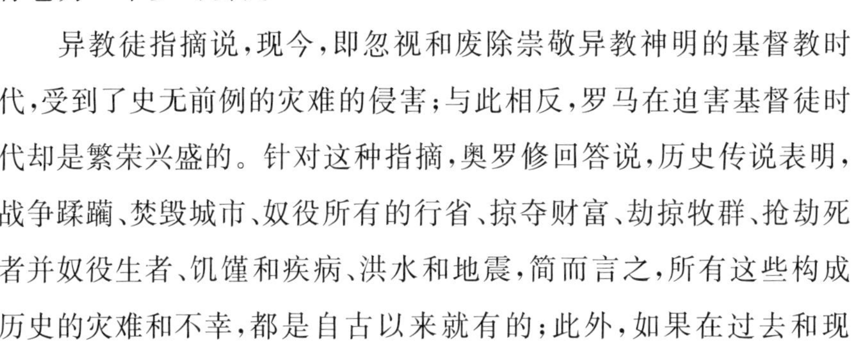

异教徒指摘说，现今，即忽视和废除崇敬异教神明的基督教时代，受到了史无前例的灾难的侵害；与此相反，罗马在迫害基督徒时代却是繁荣兴盛的。针对这种指摘，奥罗修回答说，历史传说表明，战争蹂躏、焚毁城市、奴役所有的行省、掠夺财富、劫掠牧群、抢劫死者并奴役生者、饥馑和疾病、洪水和地震，简而言之，所有这些构成历史的灾难和不幸，都是自古以来就有的；此外，如果在过去和现在之间做出公正的比较，则基督教时代所遭受的灾难要少得多。

事件必须与事件进行比较，但是，不能把我们此刻对现今灾难

① 奥罗修，《驳异教徒历史七卷》，卷三，第八章，第 8 节，页 73；卷六，第一章，第 8 节，页 187；卷六，第廿二章，第 8 节，页 232。

的感受与关于过去事件的带有某种色彩的报道进行比较。我们必须克服一种自然的爱好，即赋予关于过去灾难的报道的和赋予我们现今自己所遭受的不幸的，并不是同一种意义。“过去的事件在事实上越是令人沮丧，叙述它们就越是受人欢迎。对于我们由于厌恶现今而期盼的未来事件，我们总是相信它们将更为令人愉悦。但是，就当今的事件而言，我们未能做出公正的比较。因为无论现在的灾难多么微不足道，它们也远不如过去由其他人所遭受的灾难和未来将发生的灾难那样受人欢迎”。[①] 回忆只唤回丰功伟绩和成就，却遗忘了由它们所造成的苦难；他人的灾祸在回忆的、歪曲了的视野中成为轻松愉快的叙述。

> 让我们判断一下，亚历山大的时代是由于他征服世界的英雄业绩而更值得颂扬，还是由于他给整个世界带来的堕落而更值得诅咒。今天，我们会碰到许多人，他们认为现今时代是好的，因为他们战胜了自己的障碍，在他人的苦难中找到了自己的幸福。然而，可能有人会说：哥特人是罗马世界的敌人。我们将回答说，整个东方当时也是这样看待亚历山大的，而当罗马人把遥远的、爱好和平的各民族拖入战争时，别人也是这样看待罗马人的……敌人造成的毁灭是一回事，征服者的功名则是另一回声。罗马人和亚历山大用战争来逼迫各民族，把它们纳入自己的帝国，用自己的律法来统治它们。现在，哥特人正在蹂躏我们的国土；如果他们在某个时候征服了

① 奥罗修，《驳异教徒历史七卷》，卷四，前言，第2—3节，页99。

它们(上帝保佑别这样),就会按照它们自己的律法来统治它们。后世将会称我们今日视为自己最残暴的敌人的那些人为强大的国王。①

人们总是期望着更好的时代,一些人期待它们在未来,另一些人则把它们投影在过去。但是,"如果两种人都责骂他们自己的时代,那么,除了这些时代要么总是好的,但却没有被评价为好的,要么永远不会是好的,从中还能得出别的什么结论呢?"②人们对他们自己的福祉的狭隘兴趣,使他们不能在事物的现实关系中观察它们。如果异教徒说,罗马在它持续不断的成功、胜利、盛大的游行,以及富裕的时代里是幸运的,则必然有人会告诉他们,每当罗马胜利和感到幸运的时候,其余的世界就被战胜并感到不幸。"鉴于震撼着整个世界的不幸,人们赋予唯一一个城市的兴盛的这一丁点艰辛的幸运又能有什么意义!如果人们由于唯一一个城市的财富得到增多就把那些时代视为幸运的,为什么不由于在这些时代许多秩序井然的民族最强大的帝国被一场可怕的毁灭所颠覆,而宁可称这些时代为不幸的呢?"③

只有在布克哈特的《世界历史研究》中,尤其是在他的《世界历史上的幸运与不幸》这一讲演中,我们才发现对我们的比较判断中的误判,和对作为人类历史原初形式的行动与承受的相互作用,有

① 奥罗修,《驳异教徒历史七卷》,卷三,第二十章,第10节以下,页88—89。

② 同上,卷二,第十一章,第10节,页49。

③ 同上,卷五,第一章,第4节以下,第141页。

类似的洞见。然而，他们的分析的不同之处在于，布克哈特面对的是现代的乐观主义，而奥罗修面对的则是古代的悲观主义和衰落的体验。因此，布克哈特必然强调我们的幸运要求最终的无意义，而奥罗修作为护教士则坚持基督教时代的相对改善，他为了“基督的目前圣宠”而把基督教时代与“过去无信仰的混乱”区分开来。因为丰功伟绩是在什么样的关系中被认识的，“是被视为苦难还是被视为英雄业绩，与过去的时代相比，二者在我们的时代都是微不足道的。在这两种场合里，与亚历山大的时代做出……有利于我们的对比都不可能。如果说勇敢，则敌人的英雄气概就不够突出；但如果说到苦难，则罗马人的困境就还不够糟糕”。[①] 尽管奥罗修试图在世俗的层次上把基督教时代和异教时代彼此区分开来，并由此在罪和罚之间建立一种联系，但他还是会同意布克哈特的现实主义论断的，即人首先是一个“忍耐者”或者病人，历史是一种病理学，除了在这个世俗世界里期待世俗的幸福作为上帝对人类德性的奖赏之外，没有任何东西是非基督教的。因为两个人一个作为信徒，一个作为怀疑论者[②]，都会认识到，恶的力量在世界的家政事务(Haushalt)中扮演着一个本质性的要素，而基督教是一个受难、荣耀和十字架的成功宗教。布克哈特返回到沉思的开朗平静中，而奥罗修则返回到信仰的开朗平静中。保罗在被监禁的时候，并没有打算越狱或者改善囚禁的处境，而是只对一件事感兴

---

① 奥罗修，《驳异教徒历史七卷》，卷三，第二十章，第13章，页89。

② 参见作者本人的“世界历史中的怀疑和信仰”(Skepsis und Glaube in der Weltseschichte)，载 *Die Welt als Geschichte*，1950，页3。

趣，即自己的遭遇会有助于在执政官的近卫军中传播福音。和保罗一样，奥罗修在考虑蛮族入侵可能产生的影响时，他希望这些影响将提供一个在异教徒中传播福音的机会。“因为如果期盼永生的基督徒在某个时候以某种方式被迫离开这个世界，这对他又有什么损害呢？另一方面，虽然生活在基督徒中间，但却顽固地反对信仰的异教徒，人们对于他的皈依不能抱任何希望，他最终必然要死去，因此，即使他稍稍延长自己的寿命，他又有什么收获呢？”①假如异教徒对圣父和如今各民族所获得的希望有所认识，“那么，即使他们受难更多，他们也会……更轻松地接受惩罚的”②，对于一个像奥古斯丁或者奥罗修这样的基督教信徒来说，世俗的历史没有自身的意义，这充其量是对自己超历史的实体，即对由一个神圣的丌端、·个神圣的中点、一个神圣的终结确定的救赎历史的残缺不全的反映。

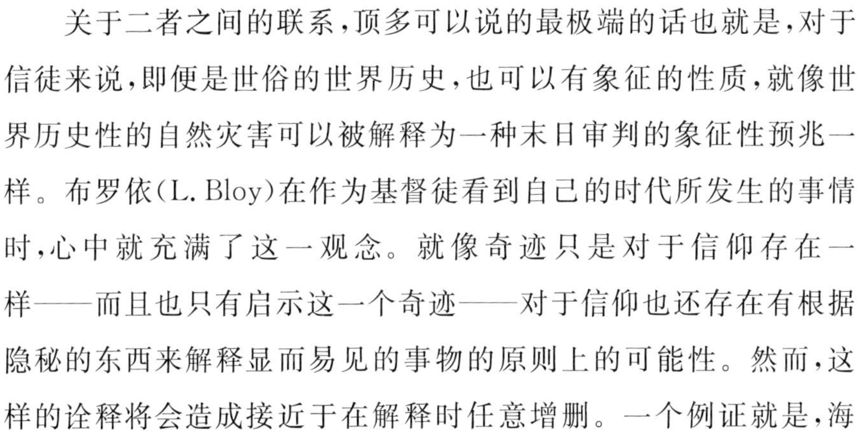

关于二者之间的联系，顶多可以说的最极端的话也就是，对于信徒来说，即便是世俗的世界历史，也可以有象征的性质，就像世界历史性的自然灾害可以被解释为一种末日审判的象征性预兆一样。布罗依(L. Bloy)在作为基督徒看到自己的时代所发生的事情时，心中就充满了这一观念。就像奇迹只是对于信仰存在一样——而且也只有启示这一个奇迹——对于信仰也还存在有根据隐秘的东西来解释显而易见的事物的原则上的可能性。然而，这样的诠释将会造成接近于在解释时任意增删。一个例证就是，海

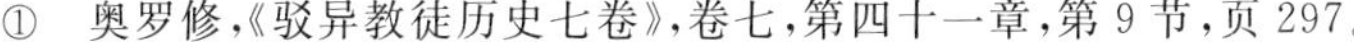

① 奥罗修，《驳异教徒历史七卷》，卷七，第四十一章，第 9 节，页 297。

② 同上，卷四，第六章，第 40 节，页 111。

克尔(Th. Haecker)在他一九三九到一九四五年的日记中写道：

> 对于基督徒来说，外部事件的意义可能不同到可怕的程度。这里，意义被理解为世界历史与上帝之国的历史或远或近的关系。基督徒可能会不同意兰克(Ranke)的观点，即每一个时代离上帝都同样近。或者，他可能会否认，与拿破仑统治下的欧洲相比，奥古斯都统治下的罗马、希律(Herodes)和彼拉多(Pilatus)统治下的犹大国，与救恩史有更为重要的关系……至于今日的历史与救赎史有一种更为接近的关系，许多人都和我有一致的看法。

对此，必须做出以下的说明：救赎历史与奥古斯都统治下的罗马更为接近，只是在世界历史的意义上才是现实的接近，而在救赎史的意义上，这种现实的接近只是一种表面上的接近，因为救赎历史与世界历史的关系是不能以世界历史的方式证明的，是不能从信仰出发确定的。对于信仰的思维来说，“奥古斯都统治下的罗马”与“基督”实际上的重合并不排除，上帝只要愿意，也可能在一千年前，或者在二千年后，在拿破仑统治下的欧洲，或者在斯大林(Stalin)统治下的俄国，或者在希特勒统治下的德国启示自己。此外，由于救赎历史所涉及的，自始至终都根本不是世界历史的帝国、民族和人民，而是拯救每一个个别的灵魂，所以就无法看出，为什么基督教对于世界历史的差异，甚至对于文化和野蛮的区别，不能实际上漠不关心。文化和野蛮在不同的条件下启示着人的同一种本性，人在历史的开端并不比他在历史的终结时少什么。

十一、《圣经》对历史的解释[①]

无论是基督教之前的异教，还是基督教之后的异教，都是从一个开端出发计算历史时间的。他们的历史通常是把一个决定性的政治事件（例如罗马的建立或者一个革命性的新开端）作为后来事件的稳定基础，以它为开端的。即便是犹太人，在计算历史时间时，也是在着眼于一个末世的情况下从一个开端，即从创造世界出发的。基督教的时间计算是特别的，它是从一个在时间实现时发生的中心事件出发计数的。在犹太人那里，决定性的事件还在未来，对弥赛亚的期待把所有的时间划分为一个现在的时代和一个

① 我们犹豫不决地用这一章来结束历史哲学和历史神学的系列。这一章在本质上根据的是库尔曼（O. Cullmann），《基督与时间》（*Christus und die Zeit*），Zollikon-Zürich，1946。我觉得，这本书是对"救赎历史"的最清晰，也最合逻辑的阐述。也许会有人指摘，库尔曼的阐述与其说是一种《新约》的诠释，倒不如说是一种哲学的建构。为了维护他的观点和我的接受，有必要说明，一种建设性的诠释不得不是建构性的，即它必须在整体联系的"精意"中解释、补充，和加强对"字句"的残缺不全的指点。它以这种方式展现了《新约》的神学逻辑。在教父中间，爱任纽（Irenäus）最清晰地阐明了救赎历史的这种逻辑。对一种救赎学说的历史理解只能是一种"教义的"理解，在我们这个时代，施韦策尔间接地为教义地对待《新约》福音的必要性提供了一种历史的证明。他指出，即使把历史上耶稣的活动和福音与其教义的一末世论的前提条件分割开来，它们依然是不可理解的（《耶稣生平研究》[*Geschichte der Leben Jesu Forschung*]，1913，第二版，第廿一章）。与施韦策尔在一种经验的或者自然的历史，和一种教条的或者末世论的历史之间所作的区分相对应的，是在世界历史和救赎历史之间所作的一般区分。

未来的时代。对于基督徒来说,救赎历史的分界线不是一种单纯的将来时(futurum),而是一种现在完成时(perfectum praesens),是已经发生了的主的降临。鉴于这个中心的事件,时间既是向前计算的,也是向后计算的。基督诞生前的历史年代递减,而基督诞生后的历史年代则根据一个终极时间递增。在这个直线型的,但又是双重的时间图式内,《圣经》所说的历史被理解为一个救赎历史,它从许诺一直前进到实现,并以基督为中点。

在这关涉到一个中点的运动中,出现了一种愈演愈烈的虚构和演绎,它在唯一具有代表性的形象基督身上达到了其巅峰;继它之后,是与日俱进地把中心事件扩展为一个全世界范围的信徒共同体,他们在基督之中并凭借基督生活,建立起由犹太人和异教徒组成的教会。[①] 与保罗对救赎历史的阐述(拉 3:6 以下;罗 9—11 章,5:12 以下)相联系,库尔曼(O. Cullmann)在这种意义上刻画了救恩计划,即拯救的历史救治(Ökonomie)。[②]

在这神的救治的实施中,所有的一切都是通过耶稣基督而出自上帝,并归向上帝的。把历史程序的这一图式规定为一个救赎历史的神学原则,是人违背上帝意志的罪和上帝拯救他堕落了的造物的意愿。从这一神学观点来看,历史的基本特征就是一个从背离向重新和解进步的运动,是为了通过一再重复的反抗和奉献

---

① 参见彼德松对《罗马书》的注释:《犹太人和异教徒组成的教会》(*Die Kirche aus Juden und Heiden*),Salzburg,1933。

② 库尔曼,《新约中基督的王权和教会》(*Königsherrschaft christi und kirche im Neuen Testament*),Zollikon-Zürich,1946,页 35—36;并请参见《基督与时间》,页 99 以下。

活动在终结时达到开端而走过的唯一的大弯路。唯有人的罪和上帝的拯救意图才要求并且说明了历史的时间。如果没有原罪和最后的拯救，中间的时间将是不必要的。

这段中间时间，即全部历史，既不是一段空洞的时间，在它里面没有发生任何事情，也不是一段繁忙的时间，在它里面一切都可能发生，而是从秕糠考验和甄别麦粒的关键性时间。其稳定的内容是由“上帝的感召和人的回应”这样一个命题的各种变种构成的。把历史体验为“中间时间”，意味着生活于两种相互争斗的意志之间的极度紧张之中。生活于一种斗争之中，这一斗争的目标既不是一个无法达到的理想，也不是一个显而易见的现实；而是许诺了的救恩。

基督教断言，基督之前和基督之后的历史的全部意义和唯一意义，是以耶稣基督在历史上的降临为基础的；这一断言是如此离奇和极端，以至它只会伤害古代和近代正常的历史意识。对于一个像克尔苏斯(Celsus)[①]这样的古代哲学家来说，基督教的断言狂妄得可笑，因为它赋予一个由犹太人和基督徒组成的无足轻重的团体以宇宙性的意义。对于一个像伏尔泰这样的现代哲学家来说，它同样是可笑的，因为它把一种救赎和启示的特殊历史，与世俗的和普遍的文明历史剥离开来。无论是克尔苏斯还是伏尔泰，都意识到一种救赎历史的丑闻(skandalon)。因此，他们对救赎历史都有一种比那些自由派的神学家更为正确的理解；后者用令人生疑的效力之“精神的价值”去修饰社会历史和经济历史的“冷酷

---

① 俄里根，《驳克尔苏斯》(*Gegen Celsus*)，卷四，第廿三章。

事实”，称事实与价值的这种现代混合为一种“基督教的”历史解释。[①] 一种基督教的历史解释的可能性，既不在于对精神价值的认识，也不在于对耶稣是一个世界历史性个人的洞见，因为许多个人都有过一种世界范围的影响，并且一个比一个肯定地冒充是救世主。基督教的历史解释的命运与耶稣是基督的看法，即与上帝道成肉身说密切相关。

从信仰的角度来看，基督之前和基督之后的世俗事件，并不构成有意义的事件的一个连续序列，而是仅仅构成了救赎历史的外在架构。它们是否重要，是根据它们对审判和拯救的可能意义来衡量的。因此，《旧约》和《新约》的历史旨趣有一个完全确定的界限，这都集中在少数人物和事件身上，天意把这些人物和事件与救赎历史，即唯一具有重要性的“历史”联系起来。[②]

尽管有宗教历史和世俗历史的这种差异，无论是神学家还是世俗的历史学家都还一再试图，或者通过以宗教的方式解释政治的世界历史（波舒埃），或者使救赎历史服从于文明的历史，借此来把握他们无法把握的东西。但是，他们始终未能把一个归诸于另一个，并从而消除二者之间的差别。从信仰的立场出发，充其量能够说救赎历史囊括了其他所有历史，因为世界历史起源自堕落。[③] 由于世

① 例如参见马修斯（B. S. Mathews），《历史的精神解释》（*Spiritual Interpretation of History*），1916；凯斯（S. J. Case），《基督教历史哲学》（*The Christian Philosophy of History*），1943。

② 参见迈尼埃尔（P. S. Minear），《信仰的眼睛》（*Eyes of Faith*），Philadelphia，1946，页142—143。

③ 参见巴特（K. Barth），《教会教义学》（*Kirchliche Dogmatik*），卷三，第一章，第64节。

俗的事件只是在罪与拯救的联系中发生的，所以它们从来不是完全世俗的，而是“在圣殿之外的”（pro-fan），是鉴于圣殿（fanum）和圣徒而可以为寓意的和类型学的解释所把握的。作为救赎历史的一种指示，世界历史是一种“比喻”，是隐秘地显而易见的。

现代历史意识虽然摆脱了对一个具有绝对意义的中心事件的基督教信仰，但它坚持基督教信仰的前提和结论，即坚持过去是准备、将来是实现；这样，救赎历史就可以被还原为一种进步发展的无位格神学，在这种发展中，每一个目前的阶段都是历史准备的实现。由于转化为一种世俗的进步理论，救赎历史的图式也就可以表现为自然的和可证明的。

基督教的历史观和时间观不是理论证明的可能对象，而是一件信仰的事情。只有借助信仰才能够“知道”：极遥远的过去和极遥远的未来，最初的事物和最终的事物，都在作为救世主的耶稣基督里面相互联系起来。没有一个历史学家能够作为历史学家，在历史上的耶稣里面发现上帝之子和第二个亚当[①]，在耶稣的教会的历史中发现所有真正的——之所以是真正的，乃是因为受到了圣灵的启迪——历史的核心。不仅开端和终结的“神话”，[②]而且

---

① 参见基尔克果关于耶稣是一个“象征”的分析：《基督教的训练》（*Einübung im Christertum*），《全集》（*Gesammelte Werke*），第廿六部，Düsseldorf－Köin，1951，页118以下。

② 参见多德（C. H. Dodd），《历史与福音》（*History and Gospel*），London，1938，页168；《使徒的讲道及其发展》（*The Apostolic Preaching and its Developments*），London，1936，关于“末世论和历史”的附录。布尔特曼比多德更为坚定，他不仅把非神话化运用于开端和终结，而且运用于《新约》的整个时间结构：《启示和救赎历史》（*Offenbarung und Heilsgeschehen*），1941，页28以下。

还有《圣经》报道中的真正历史的东西，也都以启示信仰为前提条件，为的是能够指示审判和拯救。[①] 对于一个经验主义历史学家的自然理性来说，设想我们的永恒救恩和对整个创造的拯救取决于二千年前偶然发生在巴勒斯坦的一个事件，是不可能的。从经验主义的角度来看，以色列的历史和基督教教会的事件与其他事件相同，都是处在世俗事件进程的一个确定的时期，但并不是救赎历史的为一个中心事件作准备并实现这一事件的阶段。[②] 另一方面，中心事件的历史就像在福音中所报道的那样，到处都是以救赎历史自始至终不可分解的统一为前提的。耶稣基督的特殊历史同时也就是一个普世的救赎历史。如果现代的基督徒并不感到这一特殊事态的普世要求——即一个有时间规定的"一次"应该被看作是"永远"——是一种丑闻，那么，这只能归咎于缺乏想象力，归咎于把对基督的信仰与基督教宗教混为一谈，导致了混乱。

对于一个信徒来说，救赎历史的启示性质并不是世俗历史的明显景象，而是一种超世俗的光，照亮了人类无能的黑暗。[③] 沿着救赎历史的道路走，意味着避开重大事件的大道，无论它们是辉煌的，还是卑下的。它是一条做出断然放弃的狭窄小道，由于它贯穿着世俗事件的众多道路，所以也赋予一些事件以意义。在世界历史的视角里，耶稣基督是一个新教派的建立者；以信仰的眼睛来看，他是主基督(Kyrios Christos)，因而是整个事件的主人。世界

① 参见库尔曼，《基督与时间》，页 81 以下。

② 同上，页 115 以下。

③ 参见尼布尔，"今日新教的影响"(The Impact of Protestantism Today)，*Atlantic Monthly*，1948 年 2 月，页 60。

历史的主人是亚历山大、凯撒、拿破仑、列宁和希特勒，而耶稣基督是上帝的王国的主人，只是就世界历史与审判和拯救相关而言，他才是世界历史的主人。世界的个别历史只是间接地属于孤傲而又普世的救赎历史，就其自身而言是无法与救赎历史媲美的。只是作为上帝的计划的背景和工具，《旧约》和《新约》中的各个帝国和世界历史个人才出现在《圣经》历史解释的视野中。

在可见的人物和事件背后，隐秘的权力作为原初的力量或者执政官(archontes)，以不可见的方式发挥着作用。自从基督以来，这些力量已经被征服、被战胜；尽管如此，它们仍然是强大的，仍然在发挥作用。就不可见而言，历史发生了彻底的转变；但就可见而言，历史始终还是那个历史，因为上帝的王国已经出现，但尽管如此，它仍然作为一个末世而遥遥无期。这种二重性在本质上适用于自基督以来的一切历史：时间已经实现，但是还没有完成。[1] 基督复活和它重新降临之间的时间是最后的时间，这是不容更改的；但是，只要它还在延续，它就是现今虽然隐秘的基督之国在所有历史的和历史地可知的时间彼岸清晰可见的上帝之国中完成之前的时间。在这种历史实现中，一切"尚未"存在的东西都"已经"存在。由于这种实现的二重性，虔信的基督徒生活在现在与将来之间的极度紧张之中。他们已经有了信仰，并且还在希望。他们轻信地为自己恐惧不安地等待着的东西而感到愉悦。[2]

① 参见库默尔(W. G. Kümmel)，《许诺和实现》(*Verheißung und Erfüllung*)，Basel，1945。

② 参见阿尔特豪斯(P. Althaus)，《终极的事物》(*Die letzten Dinge*)，1945，第五版，页45—46。

为了说明“实现了的末世论”和它在未来的现实之间的成问题的关系，请注意库尔曼对末世与胜利日（Victory-Day）所做的比较。在一场战争的进程中，决定性的战役可能早在战争实际结束之前很久就进行过了。只是谁没有认识到这一战役的关键性质，他也就不会意识到，胜利从此已经确定了。大多数人只是在胜利日已经宣布的时候才相信这一点。这样，耶稣受难和复活——救赎历史的决定性事件——就给相信主日的人带来了最终未来的确定性。在这两个层次上，即在世俗的历史和神圣的历史中，未来的希望都建立在对一个已经发生了的事件的信赖上。决定性战役和胜利日之间的紧张充满了整个中间时期，它是最后的，但还不是终极的战争阶段，因为终极目标是和平。决定性战役的结果导致结局已经存在，但它还在不确定的远方，因为没有人能够预言，敌人为了推迟自己的最终失败，还会做出甚么样的挣扎。[①]

① 库尔曼的阐述（《基督与时间》，页 72－73）说明了一个问题，即终极事物的延迟具有什么样的意义。他把原始基督教的期待在时序上的误解，比作轻率地预言胜利日。他指出，在这两种场合，对一个临近的终结的虚假期待都建立在肯定的信念之上，即决定性的事件已经发生。他针对维纳（M. Werner）论证道：“这并不是说，好像对耶稣基督身上已经发生的实现的信仰，是上帝之国尚未发生的临近期待的代用品似的，而是恰恰相反，是这种信仰导致了临近期待”。但是，我们必须问一问：如果一个过去的事件所许诺的实现遥遥无期地延迟，那么，对这一事件的“决定性”意义的信仰是否还能维持住？很可能，战争再继续一年或者三年并不会动摇这种信赖，但是，如果战争再进行一百年或者一千年，又会怎么样呢？胜利日延迟过久，自然而然会动摇对先前战役的决定性特征的信心。因此，就有了许多力图满足《新约》中的“临近期待”的尝试，而且是以末世论观点的时间意义为代价的。例如，阿尔特豪斯（《终极的事物》，页 263 以下）就把期待终结在时间上临近的“错误”形式，与其中应该包含的“本质性”意义分割开来，这种意义就是，鉴于一个终极日子始终临在的“可能性”，期待唤起了一种始终保持着的“清醒”。他指出，末世是“在本质上”临近的，即“任何时候都完全临近的”，也就是说，是“在原则上”临近的，尽管不是事实上临近的！因此，我们设想，历史的终结，不能像我们对

作为对上帝之国的一种末世论的宣告，新约神学在本质上对这个世界的政治历史是漠不关心的。无论是同异教的斗争，还是后来国家与教会的对立，都表现出《新约》的思维方式；这种思维方式是非批判的、狂热的，因为原始基督教还没有参与和卷入这个世界的历史。唯一对于《新约》福音来说不是附带的，而是本质性的争论，是与犹太教的未来主义的争论。这种未来主义还是期待弥赛亚在未来，并且反对犹太人和基督徒对终极事物所作的启示录式计算。[①] 犹太教的期待依然是一种希望和期盼的信仰，与它那惊人的坚韧不拔相比，基督教的希望差不多可说是理性的，因为它立足于对一个完成了的事实的信仰。[②] 第一代基督徒之所以相信末世的胜利和上帝之国在未来的启示，乃是因为他们确信，被钉在十字架上的耶稣的国隐秘的临在。基督教的信仰，如同在最初的基

（接上页）待转眼临近的死亡那样，也就是说，不能考虑衰老将至的外在迹象，而是要把它当作每一时刻都可能发生的事情。

阿尔特豪斯没有认识到个人生命终结和历史终结之间的原则区别。死亡何时来临的时间不确定性并不排除，而毋宁说是加强了死亡终将来临的确定性，因为无论在原则上还是在事实上，这种确定性都是以人必有一死的经验为基础的。但是，就历史的终结而言，对上帝之国将降临的实在性的信仰，却不能脱离对时间的追问，"何时"的不确定性很可能会动摇必有一个终极日子的信念。对一个末世的信赖是仅仅与信仰荣辱与共的，如果信仰和希望确实是鲜活的，那么，信徒也就会意识到，终极事物可靠的临近，而一种纯粹假定的预备（"好像"终极的日子每天都在眼前似的），则是与一种被阿尔特豪斯称之为"遥望"的希望相适应的，这种希望根本不是真正的期待。

① 《马可福音》（*Mark*）十三章 3 节以下；《马太福音》（*Matt.*）廿四章 26—27、36 节，《路加福音》（*Luk*）十七章 20—21 节；《使徒行传》（*Apg.*）一章 6—7 节；《帖撒罗尼迦前书》（*Thess*）五章 1 节以下。

② 参见阿尔特豪斯，《论信仰和希望》，《终极的事物》，页 45 以下；基尔克果，《宗教演讲录》（*Religiöse Reden*），海克尔译，München，1922，页 33 以下。

督教信经中所表述的那样，[1]既不承认一个孤立的未来，也不承认一个孤立的过去，也不能被归结为“一瞬间”在存在上的“判决”。[2]信经囊括了拯救的全部历史，无论是在未来还是在过去，但它并不在耶稣基督身上虚构这两者，它“昨天、今天，甚至永远都是同样的信仰”。

对人类历史的这样一种神学理解既不能被改写为世界历史概念，也不能在哲学上展开。世界历史的建立和变革，忽略了基督教的希望和期待的终极现实性。没有一种世俗的进步能够在任何时候接近基督教的目标，因为这个目标是世界历史依然臣服的罪和死的解脱。救赎历史有时也说明世界历史，但世界的事件自身却是盲目的。从《新约》的视角来看，提庇留（Tiberius）和奥古斯都、希律和彼拉多的意义[3]并不是由他们的地位和行为决定的，而是由他们在上帝的救赎计划中所起的作用决定的；因此，彼拉多在基

① 库尔曼，《最初的基督教信经》（*Die ersten christlichen Glaubensbekenntnisse*），Zollikon-Zürich，1943。

② 布尔特曼与基尔克果过分强调了由耶稣基督此时此地说出，并唤起一种判决的随时临在的可能性。对基督教末世论的这种“存在上的”诠释忽略了一个事实，即基督教的“判决”同样是借助对一种未来实现的希望才可能的。对死亡的预先体验支撑着海德格尔对有限存在的分析，并被布尔特曼（《耶稣传》，第二章，第 4 节）用来说明临近的上帝之国在存在上的意义。但即使对于这种预先体验来说，一个未来的末世的现实性也是本质性的。海德格尔和布尔特曼两人都断言，人和上帝的末世（eschaton）“真正的”未来性，任何时候都在于我们的判决的瞬间。他们都弄错了一个事实，即无论是死亡的临近还是上帝之国的临近，如果它们不是被作为现实的事件期待在未来，都不能导致一种判决。从基尔克果关于存在着的个人“掌握”客观真理的命题出发，存在哲学和存在神学对死亡，即对上帝之国的诠释，同样否定了这两者，直到使它们面目全非。参见阿尔特豪斯对布尔特曼存在上的末世论的批判（《终极的事物》，页 2 以下）和库尔曼对基尔克果存在上的“同时性”的批判（《基督与时间》，页 128、148）。

③ 《路加福音》三章 1 节、二章 1 节。

督教的信经中就获得了虽然是从属的，但却是有意义的地位。耶稣本人是作为一个罗马公民出生在一个世界历史的处境之中的，但他却没有打算把罗马及其帝国基督教化。“神圣罗马帝国”是一个悖论。一个新教徒将毫不犹豫地赞同这一论断，尽管在承认这一论断原则上也包含了一种基督教民主制、一种基督教文化和一种基督教历史在神学上的不可能性时，他将会犹豫不决。[1] 文明和野蛮的区分是在历史的层面上表现出来的，而“基督教文明”这个词组，和“文明的基督教”这个词组一样是可疑的。作为世界的一段历史，基督之后的历史与基督之前的历史没有质的不同，而且无论是从纯经验的立场出发，还是从基督教的立场出发来评价都是如此。历史经历了所有的时代，是行动和承受、征服和屈服、罪和死的历史。在其世俗表现中，它是令人痛苦的怪胎和一再受挫的昂贵努力——从汉尼拔（Hannibal）到拿破仑，直到当代的领袖——的不断重复。历史是一种一再留下废墟的、极其紧张的人生的舞台。设想为了完成基督的受难，行为和承受的这种历经所有时代的重复是必不可少的，这虽然令人恐惧，但在《新约》的精神中却的确是这样的。[2]

① 参见贝利（J. Baillie），《什么是基督教文明》（*What is a Christian Civilisation*），New York，1945。关于对世界历史的一种极端新教的评价，请参见《路德著作集》，卷十五，Weimar，页370；以及第406封信。

② 《歌罗西书》（*Kol.*）一章24节。

结　　语

历史问题在历史自身范围内是无法解决的。历史事件自身不包含丝毫关于一种全面的、终极的意义的指示。历史没有终极的事件。从历史自身出发解决历史问题，过去不曾有过，将来也不会有。因为人的历史体验是一种总是失败的体验，即便是基督教，作为历史性的世界宗教也失败了。[①] 世界仍然是亚拉里克时代的那个世界，只不过我们的征服和破坏——还有重建——的手段要完善多了。

我们越是从十九世纪和十八世纪的历史哲学返回到它借助《圣经》信仰的最初兴起，就越是不能为一个富有意义地进步着的发生程序找到——约阿希姆除外——一个精心描绘的草图。黑格尔在这方面比波舒埃更有信心，波舒埃比奥古斯丁更有信心，奥古斯丁又比保罗更有信心，而在各福音书中，则不能发现一种历史哲学的丝毫暗示，所发现的只是关于基督拯救的福音，而且是关于尘世发生程序的。耶稣这个词所包含的唯一指示是关于世界历史

① 参见别尔嘉耶夫，《历史的意义》(*Der Sinn der Geschichte*)，Taube 译，Tübingen，1950，页 294—295；奥韦尔贝克，《基督教与文化》(*Christentum und Kultur*)，Basel，1919，页 72。

的，它把我们对皇帝所负的义务与对上帝所负的义务分离开来了。[①] 基督教传统最突出的特征恰恰是这种二元论：在《旧约》中是特选子民和异教徒之间的二元论，在《新约》中则是上帝之国和这个世界的尺度之间的二元论。前者是历史内部的二元论，后者则把世界与一个超历史的上帝之国对立起来。保罗之所以能够以某种方式提出一种历史神学，乃是因为他把异教徒的前后相继理解为犹太人宗教历史的实现。但即便是他，对世俗历史也不感兴趣。与神圣历史和世俗历史的相反维度相联系，奥古斯丁阐明了基督教的历史神学。神圣的历史和世俗的历史有时相遇，但在原则上却是分离的。波舒埃革新了奥古斯丁的历史神学，他更为强调世俗历史的相对独立性及其与神圣历史的相互关系。关于上帝在世界历史中的救治，他知道的比奥古斯丁要多，但比黑格尔要少。伏尔泰和维科把宗教的历史纳入并且隶属于文明的历史，从而把世俗的历史从天国的历史那里解放了出来。黑格尔把基督教的历史神学改造为一个思辨的体系，这样，他同时也就既保存亦摧毁了对天意的信仰。孔德、蒲鲁东和马克思断然否认神明天意，用对进步的信仰取代了它。他们把宗教信仰转变为反宗教的大胆尝试，即提出世俗历史的可预言的法则。最后，布克哈特抛弃了神学的、哲学的和社会主义的历史解释，并由此把历史的意义还原为纯粹的连续性——没有开端、进步和终结。他之所以必然过分强调

① 参见辛科维奇（V. G. Simkhovitch），《为了理解耶稣》（*Toword the Understanding of Jesus*），New York，1927，这是一种以历史和政治的方式解释基督福音的非历史和非政治意义的尝试。

纯粹的连续性，因为这种连续性乃是更完满地确立意义的可怜剩余。然而，对于他来说，和对于狄尔泰、特洛尔奇和克罗齐一样，对历史的信仰是“最后一种宗教”。要历史相对主义自己医好自己，这是现代历史主义落空的希望。

现代对历史、对作为“历史”的“世界”的过高评价，是我们背离古代的自然神学和基督教的超自然神学的结果。它既缺乏智慧，也缺乏信仰。经典古代把历史看作是与人的本性和宇宙密不可分的；《旧约》教导说，人是按照上帝的形象创造的，而基督教教义则把仿效基督置于中心。按照《旧约》，基督降临虽然是一个非常的事实，但并不是世界历史连续性内部的一个特殊事实，而是独一无二的事件。它通过闯入历史和自然的进程，即罪与死的链条，而一劳永逸地使整个历史程序和自然程序成了问题。精确地与人同上帝和自身发生关联的强度相比，这个世界的历史失去了意义。我们被世界的历史所淹没，在宗教上变得枯竭了，而奥古斯丁的《忏悔录》却不包含一点认真参与世界事务的暗示。不管情愿还是不情愿（nolens volens），基督教只是被拖入了世界历史的漩涡，由天意规定的上帝意图，也只是作为被世俗化和理性化的原则，才成为一个体系。作为超验的原则，上帝的意志永远不能成为一种在各个国家，甚至教会的前后相继和命运中说明历史意义的系统阐释的对象。按照基督教的理解，只是就上帝在一个历史人物身上启示自己而言，历史才具有决定性的意义。但是，与历史上柏拉图对话中的苏格拉底不同，历史上福音书中的耶稣首先不是一个历史教师，而是道成肉身的上帝。只有我们这些超出对基督的信仰在“基督教”的概念中，并超出基督教在“历史”的概念中思考的现代

人，才习惯称这一启示为一种历史的启示。这里不仅包含了过去的现实，而且包含了两千年未实现的末世论。从《新约》的立场出发来看，上帝在一个历史人物身上的启示是他在“人子”身上的自我显现，而这个人子借助复活超越了任何历史人物的生与死，为自己是上帝之子或者一个神人提供了最好的证明。对于信徒来说，历史不是人的努力和进步的自律王国，而是一个需要拯救的罪与死的王国。在这一考察方式的范围内，历史进程自身不可能被体验为决定性的。[①] 对历史的绝对重要性的信仰使斯宾格勒和汤因比的著作成为畅销书，这种信仰是通过现代历史意识，从古典的宇宙论和基督教神学为它造成的原初限制解放出来而实现的。这两者都限制历史体验，阻止它成为毫无节制的。

特别是十八世纪末与传统的决裂，给现代历史和我们现代的历史思维打上了革命的标记。法国的政治革命和英国的工业革命，及其对整个文明世界的普遍影响，加强了一种现代意识，即生活在一个历史变革就是一切的时期里。历史的这些变革主要是由自然科学促成的。自然科学的进步，不仅加快了历史运动和革新的速度，而且也扩大了它们的影响范围，它们还使大自然成为人的历史活动中一个可以在很大程度上加以监控的要素。我们今天以前所未有的方式借助自然科学“创造”着历史，然而，自从历史从古代的和基督教的限制中解放出来，我们又被历史所制服。因此，历史如今所获得的地位，就相当于数学的物理学在十七世纪的地位。

① 参见克吕格，《当代思维中的历史》(*Die Geschichte im Denken der Gegenwart*)，Frankfurt，1947。

对于现代历史意识来说，既不能在古代宇宙论的意义上，也不能在基督教神学的意义上来理解历史，这是确定无疑的。

只有一种极其特殊的历史，即犹太人的历史，作为政治历史，即便在今天也还可以严格地在宗教上加以解释。在《圣经》的传统内部，唯有犹太人的先知才是极端的"历史哲学家"，因为他们提出的不是一种哲学，而是一种对上帝关于其特选子民的预定意图不可动摇的信仰。上帝惩罚这个民族的不服从，奖赏她的服从。犹太人生存的特例就可以证明一种对政治历史的严格宗教的理解，因为唯有犹太人才是一个历史的民族，而且是凭借其宗教、凭借西乃山的启示的行为而成为这样一个民族的。[①] 出自这一理由，犹太民族过去和现在都可以以神学的方式来理解自己的历史－政治命运。希腊人所观察到的、体现在可见苍穹的合规则运动中的永恒法则，是在犹太人涉及上帝的干预的历史兴衰中启示给犹太人的。上帝把亚伯拉罕从吾珥唤出，引导以色列走出埃及，在西乃山上立法，立大卫为王，借助亚述和巴比伦的鞭子惩罚自己的子民，又借助波斯人居鲁士之手解救他们。令人吃惊的是，在犹太人的历史上，对神明意图的这种信仰的力量恰恰是在所有的经验确定性都对它不利的时候达到顶峰的。当亚述世界帝国征服了近东时，先知并不是把以色列实质上的衰亡看作是上帝无能的证明，而是看作上帝全能的间接表现。在以赛亚看来，犹大国的覆灭不是

① 参见罗森茨威格（F. Rosenzweig），《救星》（*Der Stern der Erlösung*），卷二，Berlin，1921，页 212—213；卷三，页 48 以下。

巴力(*Baal*)的胜利,而是耶和华的胜利。[①] 亚述本身只是以色列的上帝手中的一个工具,上帝一旦达到了目的,就会放下这一工具。正是其民族历史上的灾难,加强和传播了对上帝意志至高无上的信仰。为了实施一种惩罚而推动世界帝国的上帝,也同样会为了解而利用它们。信仰上帝筹划世界历史命运的可能性,是以信仰一个具有普世意义的神圣民族为基础的,因为只有各民族,而不是各个个人,才是历史的真正主体,而唯独一个神圣的民族,才与救赎历史的主人有直接的联系。

基督徒并不是一个历史的民族,他们在世界上休戚相关,只是以信仰为基础的。按照基督教的理解,救赎史不再限制在一个特殊的民族身上,这是国际性的,因为它被个体化了。在基督教中,救赎史涉及的是个别灵魂的拯救,而不管它的种族、社会或者政治隶属关系。各民族为上帝之国所做出的贡献,不是根据共同的成就或者共同的否弃,而是根据被拣选者的数量来衡量的。由此得出,各基督教民族的历史命运不可能是对政治历史的一种典型基督教式的诠释的对象,与此相反,犹太人的命运完全可以设想为一种典型犹太式诠释的对象。即便我们接受那个传统的命题,即由犹太人和异教徒组成的教会是特选子民的继承人,它也依然是基督的神秘躯体,与特选子民的历史特性不同,后者自身就已经是一个教会。由此可知,一种犹太教的历史神学是可能的、内在地必然的,而一种基督教的历史哲学则是一个人工造物。假如它确实是

① 参见别尔嘉耶夫,《历史的意义》,第五章;多德,《历史与福音》(*History and the Gospel*),London,1938,页 32—33。

以基督教的方式思维的，它就不是一种哲学，而是在十字架的标志中对行为和承受的一种理解，与一定的民族和世界历史个人没有本质的关系；而假如它是哲学，它就不是基督教的。这样，就产生了一种值得注意的情景，即一种历史哲学的尝试，虽然是建立在《圣经》的传统之上的，但恰恰是这一传统破坏了以哲学的方式阐释上帝作用的尝试。

然而，说我们现代的历史意识起源于《圣经》的思维，因为它是以对未来实现的展望为前提条件的，这一论断需要做出一种限制，必须在一种历史起源和它的可能后果之间做出区分。即使假定犹太人的弥赛亚主义和基督教的末世论为我们对世界历史的后基督教理解开启了未来的视野，我们也不可以把自己现代的、世俗的思维穿凿附会地加进《旧约》和《新约》的"历史"意识。大洪荒之后的历史比任何历史都清晰地说明了《圣经》的历史和现代的历史之间的差异。当大地充满了人们的恶时，上帝后悔创造了人类，决心要根除整个人类，只有一个家庭例外。除了世界的历史与信仰中的仿效之间明显的不协调之外，这一段故事还能教导我们别的什么呢？与此类似，《新约》的福音也不要求历史的行动，而是要求悔过。在《新约》中，没有任何东西支援这样一种设想，即确立了原始基督教的那些事件是一个进步程序内部世俗发展的一个新时期。对于最初的基督徒来说，这个世界的历史已经达到了其终点，他们不是把基督看作历史事件链条上具有世界历史意义的一环，而是看作一次性的救世主。随着耶稣基督的降临，开始的不是世界历史的一个新时期，人们可以称之为"基督教的"，而是历史终结的开端。基督之后的时代，只是就它是终极时代而言才是基督教的。

而由于上帝的国是不能在任何进步程序中实现的，所以，即便是末世论的救赎历史，也不能赋予世界历史以新的、能够发展的意义；世界历史已经实现，因为它已经达到了自己的界限。这个世界的历史的"意义"，其实现是违背世界历史的，因为救赎历史并不继续，而是撤销毫无希望的世界历史。从《新约》出发来看，只是就基督之后的前几代人还必须生活在这个世界上而言，世界历史才挤进了《新约》非世俗的福音，但它并不是从福音出发的。

因此，如果我们断言，我们现代的历史意识起源于基督教，则这仅仅意味着，《新约》的末世论观点启迪了对未来实现——最初是在历史生活的彼岸，后来是在历史生活的内部——的展望。由于过去的基督教意识，我们才有了后来的历史意识，这种历史意识就其起源来说是基督教的，如同就其结果而言，由于它缺乏对基督是一种终结的开端的信仰，它是非基督教的一样。如果我们在《新约》的意义上理解基督教，在我们现代的意义上理解历史，即理解为人的行动和世俗事件的一个进步程序，那么，一种"基督教的历史"就是胡说八道。对这一充满矛盾的复合词的虽然重要、但却是唯一的辩解在于这样一个事实，即世界历史——尽管有末世论的事件、末世论的福音和末世论的意识——延续了它那不可救药的进程。基督之后的世界接受了基督教对一个目标和一种实现的展望，同时也告别了对末世临近的生动信仰。如果致力于维持和推进当代社会的那种现代精神，仅仅看到了这种末世论观点的无用性，那么，它也就忽视了，基督教宗教的建立者觉得社会的崩溃是肯定无疑的和迫在眉睫的，对于他们来说，聚精会神于终极的问题，相应地对在此期间可能发生的东西漠不关心，正是他们的最后

期待的合理结果。[①]

在信仰的基础上制订出一个进步的世俗历史体系的不可能性，与借助理性建构一个合理的历史计划的不可能性正好相配。健康的人类理智证实了这一点。因为有谁敢对同时代事件的目的和意义做出终极的判断呢？事实上，自战争结束以来，我们看到了德国的失败和俄国的胜利、英国的自保和美国的权力扩张、中国的革命和日本的投降。但是，我们未能看到和预见到的东西，则是隐藏在这些事实中的历史可能性。在一九四三年有可能和在一九四四年很有可能的事情，在一九四二年还不明显，而在一九四一年则极不可能。希特勒也可能会在第一次世界大战中，或者在一九三九年十一月，或者在一九四四年六月一命呜呼；尤其是，在历史上经常有极不可能的事情成为真实的。

历史事件表面上的偶然性有无穷无尽的实例。被塔西佗(Tacitus)和普里尼(Plinius)看作是一种无足轻重的犹太教口角的基督教却征服了罗马帝国；另一种口角，即路德的口角，则分裂了基督教教会。即便在这样一些无法预见的发展实现了的情况下，它们也不是无可争辩的事实，而是实现了的可能性，并且作为这样的可能性，还面临着重新被撤回的可能性。基督教也可能会像古典的异教那样消失，它也可能会败给诺斯替主义(Gnostizismus)，或者依然是一个小宗派。基督本人作为一个历史人物，也可能会受到诱惑，在犹太人中、在尘世上建立上帝的国。从人的智

---

① 怀特海(A. N. Whitehead)，《观念的历险》(*Adventures of Ideas*)，New York，1933，页19。

慧和无知的立场出发看，在历史条件和决定、努力、失败的这种无法衡量的相互交替中，一切都可能会是另一种样子。

虽然历史命运的普遍进程如果达到某个顶点，就显得是不可改变的，因而也是可以预言的。就连欧洲也有自己“先知”：波德莱尔和海涅(Heine)、鲍威尔和布克哈特、陀思妥耶夫斯基和尼采。但是，他们中没有一个人预见欧洲垂死挣扎的现实状况和结局。他们所预见的，只是可能进程的普遍趋势。历史显得不是由理性和天意，而是由偶然性和命运指导的。

然而，按照天意信仰的真实内容，各个个人和各民族不是明显地和目标明确地，而是沿着隐秘的弯道被引导的。如果我们使它回溯到它的真正内容，那么，它就与布克哈特的《世界历史研究》的终极智慧那种人类的怀疑惊人地一致。人们的答案，尽管既不是怀疑的动因，也不是信仰的动因，但却是同样的，即鉴于历史程序反覆无常、无法预见而决心听天由命，它是基督教的顺从的世俗姊妹。因为在我们称之为“历史”的波涛汹涌的大海中，人是感到自己听任上帝那无法探究的意志摆布，还是感到自己听任偶然性和命运摆布，都没有多大关系。“愿意的人，命运领着走；不愿意的人，命运拖着走”(Ducunt volentem fata, nolentem trahunt)，这句话很容易就可以翻译成神学的语言；而根据神学的信仰，上帝不仅借助那些服从它的意志的人，而且也同样借助那些违背自己的意志为它服务的人来发挥作用。

再没有人比奥古斯丁更清楚地认识到对命运和天意的异教崇敬和基督教崇敬之间的一致了。他在探讨异教的命运信仰时，区分了两种类型的宿命论：一种信仰星相，以占星术为基础，另一种

则以承认一个更高的权力为基础。[①] 只是前者与基督教信仰无法统一，而后者却与基督教信仰完全一致。尽管宿命这个词是其所指内容的一个不成功的表述：还是可以保留观点，纠正语词（scntentiam tencat，linguam coirrigat）。如果“命运”意味着一种我们无法支配，但却指导着我们气运的更高权力，那么，宿命也可以比作神明天意。[②] 无论是什么把异教的古代与基督教分割开来，它们在敬畏地崇敬宿命或者天意方面、在自愿地臣服于它们方面，都是一致的。对于这二者来说，现代对可以日益进步地支配世界的世俗信仰都表现为一种亵渎神灵。

无论是基督教还是古代，都不像我们那样是世俗的和进步的。如果《圣经》和希腊人关于历史的思维在某个地方是一致的，那就

① 奥古斯丁，《上帝之国》，卷五，第一章和第八章；菲力克斯（M. Felix），《屋大维传》（*Octavius*），卷十一和卷卅六；阿奎那，《神学大全》，第一部，第 116 个问题。

② 对于波爱修（Boethius）（《哲学的慰藉》（*De consolatione Philosophiae*），卷四，第 6 节）来说，命运和天意只不过是同一真理的两个方面罢了。参见布朗尼（T. Browne）在“被误称为命运的天意”中的讨论，载 *Religio Medici*；布朗尼区分了上帝的天意在大自然中和在历史中的作用。在大自然中，天意的道路是清晰的、可理解的；预见它的效果的，不是先知预言，而是预测。但是，在指导人的命运方面，上帝的天意更为不可捉摸，“充满了弯道和迷宫”。出乎意料的偶然事件悄悄地来临，不曾预料的事情出现了。尽管仔细思考的话，显示出来的是上帝之手，但我们却经常错误地把这称作是“命运”或者“偶然性”。谁认为一切都是命运决定的，只要他不固执于这一点，就不会误入歧途。给命运之神福尔图娜（Fortuna）建立了一座神庙的罗马人，尽管是盲目的，但毕竟认识到了某种神圣的东西。谢林也有类似的说法：“命运也就是天意，天意也就是命运……要逃避命运，只有一个办法，即投入天意的怀抱。这是世界在那个最深刻的变革时期，在命运对古代一切美好的和辉煌的东西实施其最后诡计的时候所怀有的情感”（《谢林全集》[*Werke*]，卷一，第五部分，页 429）。并请参见基尔克果关于异教的宿命的分析：《恐惧的概念》（*Der Begriff der Angst*），Jena，1912，第三章，第 2 节，页 93 以下。

是在没有进步的幻觉方面。[1] 基督教对神明天意不可捉摸的干预的信仰,与对世界可能突然终结的信仰相结合,与希腊人关于生生灭灭不断重复的循环说产生了同样的效果,即阻止了对一种无限制进步的信仰出现。由于无论是异教还是基督教,都是宗教的,从而也都是迷信的,[2]所以二者在外表上都是靠潜伏在人的所有行为和实现背后的、不可捉摸的权力和不可见的危险生存的。假如向一位希腊人显示出进步思想,他会指摘这种思想是非宗教的,因为这种思想是违背宇宙秩序的,是与宇宙秩序背道而驰的。在一位十九世纪的严守教义的基督徒那里,这种思想也会产生同样的效果。蒲鲁东有一个命题,即我们的每一个进步都是粉碎天意规定的神明的一个胜利。科尔特斯被这一命题所激怒,以一部新的《上帝之国》作了回答。[3]

无论是希腊人和罗马人的世界,还是基督徒的世界,都是宗教的,而现代世界却是世俗的。如果这种说法是对的,那么,我们关于世界和过去一样总是如此的论断,就需要做出修正。从希腊人

① 参见伯里,《进步的理念》,页 18 以下。

② 在所有现代的定义中,迷信都被按照理性的标准判定为非理性的。实际上,它是宗教信仰的一种原始形式。例如,一位古典的异教哲学家和一位伟大的基督教信徒就是这样理解他的。普鲁塔克(Plutarch)(《论道德》[*Moralia*],卷一,Leipzig,1925,页 338 以下)把一个迷信的人定义为对上帝的思维以颠倒的方式推动的人;无神论者根本不承认上帝,而迷信者只是把上帝看错了。布雷克(W. Blake)("拉法特笔记",引自吉尔克里斯特[A. Gilchrist],《布莱克生平》[*Life of W. Blake*],《人人丛书》[*Everyman's Library*],页 55)指出:"没有一个人是真正迷信的,除非他根据自己知识的程度也是真正宗教的。真正的迷信与虚伪不同,它是无知的真诚,是让上帝和人喜爱的。"

③ 此书由费舍尔(L. Fischer)译成德文,《上帝之国,一种天主教的历史哲学》(*Der Staat Gottes*,*Eine Kotholische Geschichts Philosophie*),Karlsruhe,1933。

的城邦到中世纪的基督教社团和我们生活于其中的国家和城市，不是历史世界，而是人的本性经受住了所有的历史变迁。我们这个时代的共同体不是宗教的，既不是异教的也不是基督教的。它们肯定是世俗的，即是世俗化了的，并且仅仅就此而言还是基督教的。我们现代城市的古老教堂不再是高耸入云的城镇的生活中心，而是被商业区挤迫着的异物。在我们现代世界里，一切都或多或少既是基督教的又是非基督教的：前者是按照古典的异教来衡量，后者是按照原初的基督教来衡量。现代世界之所以在同等程度上既是基督教的又是非基督教的，因为它乃是长达数世纪之久的世俗化程序的结果。基督之前的异教世界在其所有的决定中都既是宗教的又是迷信的，因而是基督教护教士恰当的攻击目标。[①]与此相比，我们现代世界是尘世的和世俗的，然而又依赖于它已经从中解放出来的基督教信仰。要成为“创造者”的野心和对未来实现的追求，背叛了对创世和未来完成的信仰，尽管它们被看作是无关紧要的神话。

当然，极端的无神论和无条件的信仰一样是罕见的，但即便是这样的无神论，也只有在基督教传统内部才是可能的。因为说世界是完全无上帝的和遭上帝遗弃的，这种观点是以对一个关照着自己造物的超验创造上帝的信仰为前提条件的。对于基督教的护教士来说，异教徒之所以是无神论者，并不是因为他们根本不信任

① 参见奥古斯丁，《上帝之国》，卷四，第八章；卷六，第九章。

何神明，而是因为他们是“多神论的无神论者”。[①] 在异教徒看来，基督徒是无神论者，因为他们只信仰唯一一个在宇宙和城邦的彼岸，即在所有古人视为神圣的东西彼岸进行统治的上帝。早期基督教拆掉了异教徒的大众化神灵和保护神的基础，这一事实创造了一种极端的无神论的可能性。因为基督教信仰的唯一上帝与世界极其不同，就像创造者与其造物不同一样，然而他又是一切存在者的源泉；一旦基督教的这种信仰被铲除，这个世界就会以对异教徒来说前所未有的方式成为世俗的。如果宇宙既不像古人认为的那样是永恒的和神性的，也不像基督徒认为的那样是暂时的、被创造的，那么，就只剩下了一种可能性：其单纯存在的、赤裸裸的偶然性。[②] 后基督教世界是一个没有创造者的创造，是一个缺乏宗教视角的世俗世界，它不再是“在圣殿之外的”，而是彻头彻尾尘世的。

基督教的世俗世界成为尘世的，这把现代历史置入了一个悖谬的视角：就起源而言，它是基督教的；就结果而言，它是反基督教的。这两个方面都产生自基督教的尘世成就，同时也是产生自这一事实，即基督教未能使世界作为皈依基督教的世界。这一失败可以用两种方式来说明。一种方式是唯物主义的，它指出了基督教福音的“意识形态”性质；另一种方式是宗教的，它证实了《新约》

① 参见第四章注13；并请参见弗兰克（E. Frank），《哲学理解与宗教真理》（*Philosophical Understanding and Relisious Truth*），New York，1945，页32；斯宾格勒，《西方的没落》（*Untergang des Abendlandes*），卷一，München，1923，页381以下。

② 参见洛维特的“海德格尔：存在主义的问题和背景”（Heidegger，Problem and Background of Existentialism），*Social Research*，1948年9月。

的一个基本命题，即基督的国不属于这个世界。然而，这两种解释没有一种说明了我们这个把自己对一个“更好世界”的希望寄托在物质创造和物质福利之上的“基督教世界”值得注意的分裂。在布克哈特看来，近代历史的两大动力是追求盈利和权力意志。二者本身都是贪得无厌的，而当它们由对一种终极实现的末世论希望滋养的时候，就更是如此了。

西方整个道德的和精神的、社会的和政治的历史在某些范围内是基督教的，但是，它却由于把基督教的基本原理运用于世俗事务而削弱了基督教。世界帝国的瓦解在任何地方都是基督教西方的成果。欧洲人发现了古老的东方世俗世界和新的世俗世界，他们以传教的热情把自己的文明传播到世界的天涯海角。西方的科学家和旅行家、外交官和神职人员、工程师和商人发现和开发了美洲，建立了不列颠世界帝国，推行殖民政策；教会俄国世俗化，强迫日本人对西方开放自己的国土；而在旧欧洲的精神没落期间，它的文明却兴起并征服了世界。问题在于，西方能动性的这种巨大动力是否与它内含的宗教因素毫无关系？难道不是犹太教的弥赛亚主义和基督教的末世论——尽管是以其世俗化的形式——激发了创造性活动的能量，这种能量把基督教的西方改造成为一种世界范围的文明吗？毋庸置疑，不是异教的文化，而是基督教的文化，造成了这一变革。现代科学支配大自然的理想①和进步的理念，既不是出现在古典世界，也不是出现在东方，而是出现在西方。但是，是什么使我们能够按照人的形象重新塑造世界呢？难道对按

① 参见笛卡尔，《方法谈》（*Discours de la Méthode*），第六部分。

照一个创造上帝的形象被创造的信仰、对一个未来的上帝之国的希望,以及为了所有民族的福祉而向他们宣讲福音的基督教劝诫,都转化成了世俗的狂妄要求,即我们应当按照人的形象把世界改造成为一个更好的世界,并拯救原始的民族?

后　　记

历史地证明历史哲学起源自救赎史末世论的尝试，并没有解决我们的历史思维的难题。毋宁说，它给我们提出了一个新的、更为极端的难题，因为这里产生的问题是："终极事物"是否确实是头等大事，未来是否构成了人类存在的决定性视野？而由于只是借助预先体验，未来才存在于希望和恐惧的视野内，这样就产生了一个问题：一种出自期待的人生是否与对世界和人在世界中的处境的清醒观察相一致？

就像希罗多德所阐述的那样，[①]潘多拉（Pandora）的神话把希望看作是一种灾祸，尽管它是一种特殊的灾祸，与潘多拉的盒子里所装的其他灾祸不同。希望似乎是一种好的灾祸，因为希望总是在期待更好的东西的途中。然而，期待一个更好的未来是毫无希望的，因为很难有一个未来在成为现时不使我们的希望落空。人的希望是"盲目的"，也就是说，是不合理性的、计算失误的、虚假的和令人失望的。尽管如此，必死的人不能没有宙斯的这种可疑馈赠而生存，就像他不能没有普罗米修斯盗来的馈赠而生存一样。

---

① 参见弗里茨（K. v. Fritz），"潘多拉·普罗米修斯和各代神话"（Pandora，Prometheus，and the Myth of the Ages），*Review of Religion*，1947 年 3 月。

如果他总是没有希望，是失去希望的（desperans），他将在自己绝望的处境中丧失信心。

按照古代普遍流行的信念，希望是一种帮助人忍耐生活的幻觉，但它在根本上是一种愚蠢的火（ignis fatuus）。另一方面，当保罗由于异教社会没有希望[①]而谴责它时，他所说的希望，其保障和内容并不在于一种世俗的幻觉，而是在于基督教的信仰。基督教信仰希望一个更好的世界，但并没有现代的那种期待，也没有古代那种对宙斯的可疑馈赠的低估。保罗没有接受斯多亚学派的准则，既不希望也不惧怕（nec spe nec metu），而是向我们保证，我们将在恐惧和战兢中[②]通过希望得救。充满了《新约》的对胜利和愉悦的许诺，与受难的新意义是不可分割的。布罗依说："人类开始在希望中受难，因此我们谈到一个基督教时代"。

谁不打算把古代的观点视为清醒的和睿智的，对他来说，把希望提高为一种德性和一种宗教义务的犹太教和基督教信仰，就显得既是愚蠢的又是过分的。健康的人类理智，包括神学家的健康理智，已经把一再坚持早期基督教对末世临近的期待证明为一种幻觉，并由此得出结论，末世论的未来主义是一种神话，这"对于我们"，即对于以存在的方式（布尔特曼）或者以象征的方式（多德）诠

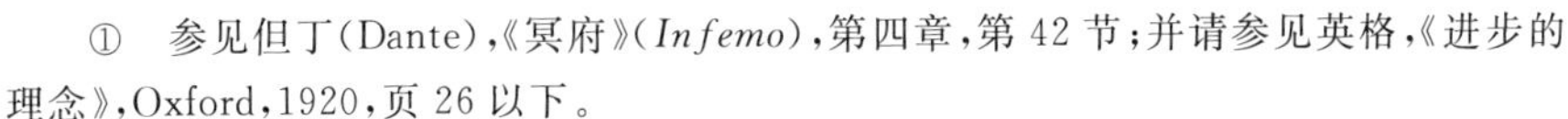

① 参见但丁（Dante），《冥府》（*Infemo*），第四章，第 42 节；并请参见英格，《进步的理念》，Oxford，1920，页 26 以下。

② 《罗马书》八章 24 节；参见马塞尔（G. Marcel）对希望的分析，《人是游客》（*Homo viator*），Paris，1944，页 39 以下；基尔克果，《宗教演讲录》，海克尔译，页 63 以下。

释《新约》福音的我们来说，是无关是紧要的。[①] 但是，早期基督教的这一幻觉表明自己是奇特地经久不衰的，并且不依赖于末世论事件在理性上的可能性或不可能性。一再有严肃的基督徒期待着世界末日和世界在不远的将来的转变，它们的临近与期待的强度有直接的关系。人们也许会奇怪地问：正常的人类理智为什么从来不能说服基督徒放弃自己这种是一种幻觉的未来期待？这个世界已经存续了二千年之久，似乎没有发生过任何造成一个神学上的末世临近的事情。信仰和希望从这一事实中所得出的唯一结论就是，末日推迟了，但正因为此仍将来临。信仰和希望在从一种末世的角度解释现今的事件和灾难时，有理由认为自己是终极审判的暂时标志。就连信徒也承认，虽然《旧约》和《新约》的许诺总是由于事件的实际进程而显得成问题，但他对不可见事物的信仰是可见的证据所不能动摇的。信仰的希望并不能消除信赖和自明之间令人尴尬的冲突，毋宁说是加强了它。提出世界中的一种基督教式存在的终极问题，并且也解决这一问题的，正是同一种信仰。

假如终极事物只不过是世俗事件连续系列最后的事件，那么，对它们的希望实际上就免不了一种幻觉的破灭。只是由于终极事物是被鉴定为末世论意义上的，信仰和对它们的希望才有理由存在。基督教的信仰并不是某件事情很可能发生的世俗期待，而是建立在对上帝拯救计划的无条件信仰之上的一种信念。因此，真

---

① 参见库默尔对布尔特曼和多德曲解《新约》中的末世论现实主义的批判，《许诺与实现》(*Verheißung und Erfüllung*)，Basel，1945，页 86 以下；并请参见福勒(R. N. Flew)，《耶稣及其教会》(*Jesus and His Church*)，1938，页 32；库尔曼，《基督与时间》(*Christus und die Zeit*)，页 33 以下，82—83。

正的希望和信仰行为本身一样是自由的和独立的。基督教的信德和望德是圣宠恩赐。这样一种无条件地希望着的信仰，其理由不可能建立在对它的合理性的理性估算之上。因此，一种信仰的希望也决不会由于所谓的“事实”而成问题；它既不会被一种实际的经验肯定，也不会被它动摇。希望在本质上是信赖的、耐心的和充满了爱的。因此，它既把人从一种贪婪的思维中解放出来，也把人从一种不再期待任何东西的听天由命的态度中解放出来。一个无条件地信赖自己儿子的母亲不可能没有道理，尽管在一位局外的观察者看来，事实似乎并不能为她的信赖辩解。毋宁说，如果儿子用谎言惩罚了母亲的信赖，那也是做儿子的不义。因此，成问题的并不是无条件的信仰和希望是否能够借助相对的合理性得到辩解，而是一种无条件的信仰和一种无条件的希望是寄托在一个人身上，还是仅仅寄托在上帝和神人身上。希望只有通过信仰来辩解，而信仰则自己为自己辩解。也许，只有在过于人性的希望和期待的废墟上，在对一切屈从于幻觉和失望的事物失去信心的可怕基础上，希望和信仰才能发扬光大。

假如对一种建立在其[科学的]前提条件之上的现代意识来说，一种无条件的信仰显得是幻想，那么，它也就忽视了，基督教的福音在任何时代对一位正常公民的健康人类理智来说都是极不可信的。保罗与受过启蒙的罗马人的怀疑智慧发生冲突，一点也不亚于布罗依与受过启蒙的法国人的智慧发生冲突。虽然，自然的理性赞同对宇宙的灾害和历史上的瓦解做出假说性的预言，例如我们现在也承认基尔克果、鲍威尔、尼采和陀思妥耶夫斯基关于旧欧洲的终结所作的预测。理性甚至可以为自己的力量而感到欢欣，因为预言科学和预测的实现是对知识的一种检验，它与富有魅力的满足紧密相连。但是，理性并不能吞并对一个真正的末世连同末日审判和拯救的既是断然的又是未实现的宣告。

理性偏爱于相信[历史程序]的可靠的连续性；历史程序如果在危机和根本的变革中还能延续和实现，就更为可靠。对历史连续性的这种信赖也规定了我们对待灾害的态度：在我们看来，它们不是终极的和绝对的，而是暂时的和相对的。继毁灭之后的是重建，继大屠杀之后的是高生育率，这是一个挖苦人的真理，但尽管如此也仍然是真理。在可探究的历史的层次上，预期例如一次核战争将永远结束文明程序，即通过建设性的毁灭来结束人对世界的占有，实际上是不合理的。

然而，为了始终如一，对历史"连续性"的信赖必须返回到一种循环运动的古典理论，因为只有在一种无始无终的运动这一前提条件下，连续性才真正是可证明的。原因在于，怎么能够想象历史是一种采用直线进步形式的连续程序，不被一种出发点（terminus a quo）和目的地（terminus ad quem）打断，即无始无终呢？现代历史思维没有对此做出明确的回答。他从自己的进步思想中清除了基督教的创世和完成的因素，同时又从古代的世界观中吸取了一种永不止息的连续运动的观念，却没有接受它的圆周结构。在是以基督教的方式思维，还是以异教的方式思维这个问题上，近代精神犹豫不决。它用两个不同的眼睛来观看世界：信仰的眼睛和理性的眼睛。因此，要么是与希腊人的，要么是与《圣经》的思维相比，它的看法必然是模糊的。

附　录　一
约阿希姆学说的变形

莱辛著名的未完成作品《人类教育》，提出了一种进步启示的理念，它应在第三个时代终结；这一理念把莱辛与约阿希姆的学说具体地联系了起来，尽管莱辛削弱了对启示的信仰，并用教育的思想取而代之。基督教启示的经典，或者毋宁说教育，应该像在《新约》中所许诺的那样，由一种“新的永远的福音”来取代。而“十三世纪和十四世纪的某些狂热者的失误，也许……仅仅在于……他们宣称新福音的出现已经十分接近。也许他们所说的世界的三重年龄并不是空洞的怪念头。当他们教导说新圣约和旧圣约同样过时了的时候，他们肯定没有什么坏心眼。即便是在他们那里，也依然是同一个上帝的同一种管理。用我的话来说，依然是同一个对人类进行普遍教育的计划。只不过他们仓促地要实现它，只不过他们相信不用启蒙、不用准备，一下子就能使他们尚未超过童年的同时代人，成为能够配得上他们所说的第三个时代的成年人罢了”。

莱辛把第三个时代理解为即将来临的理性和人类自我实现的国，同时又理解为基督教启示的实现。莱辛的影响是极其深远的。他尤其是影响了法国的圣西门主义者，就连孔德的三阶段发展的思想也很可能是在莱辛论文的影响下产生的。当孔德还是圣西门主义者团体的一个成员时，一个圣西门主义者把莱辛的论文翻译成了法文。随后，莱辛的理论又被德国唯心主义哲学家拣起，他们在自己把基督教教义理性化的尝试中援引了约翰的"精神的"、最具有哲学性质的福音。在费希特的《现时代的基本特征》中，现时代是一个罪恶完成的时代，是在一个与《启示录》的千年王国相应的精神的新时代中最终再生的先驱。费希特就像犹太先知当年所做的那样，谴责了目前的一代人和自己的时代；他期望历史的这个零点会造成一个蒸蒸日上的千年王国，死会造成复活。伊默尔曼(K. Immerman)正确地发现，自查理大帝以来的西方历史，所有重大运动所特有的那种政治上肆无忌惮的极端主义，其真正的起源就在于基督教福音的极端性；与此相反，即便是古代最尖锐的危机也根本没有这种极端主义。[①] 用一个同费希特同时代的人的话说："实现上帝之国的革命愿望是进步教养的生长点，是现代历史的开端。与上帝之国毫不相干的东西，在近代历史中只是次要事物"。[②]

费希特自认为是一个基督徒，而根据他的启示批判，他又被指摘为一个无神论者，这无损于、反而证实了他的历史哲学的基督教

① 参见科尔特斯(D. Cortés)，《论异端与革命》(*Über Häresie und Revolution*)，《上帝之国，一种天主教的历史哲学》，页 306 以下。和孔德一样，科尔特斯也从"强大的新教异端"中推导出近代革命，但是他承认，近代这些革命特殊的极端性和毁灭性力量，起源自接受了基督教的原则：它们通统"披着福音的外衣"。它们之所以是危险的异端，乃是因为它们都是由对一种终极的答案和拯救的信仰所滋养的。

② 施莱格尔(F. Schlegel)，《雅典娜神庙断简》(*Athenäums fragmente*)，第二二二篇。

起源。在后基督教时代，即便是极端的无神论，也要从基督教信仰中获取力量。

对于把基督教宗教改写为哲学的黑格尔来说，同样的东西就是可以用两种方式来解释的活动：解释为对基督教神学的攻击，或者解释为以哲学的语言对基督教神学的维护。[①] 当黑格尔最初着手建构体系并自己说明“什么可以叫作接近上帝”时，近代所有抛弃信仰和希望来“实现”基督教“精神”的尝试在本质上的双重性，就已经表现出来了。这一筹划的最有趣的档案是致谢林的一封信；[②]在这封信中，黑格尔鼓励自己的朋友，要尽可能严重地使神学家难堪，用鞭子把他们“从任何避难的角落里赶出来”，直到他们找不到任何这样的角落来借助康德哲学扑灭“教义学的火灾”。单是神学家的存在就已经向他证明了自己的要求的必要性了。与神学家的这种论战，却以这样的句子结束了：“上帝的国降临，而我们的手也不是多余的”。在作为哲学家接过神学的任务这种计划的意义上，黑格尔做出了近代把上帝之国作为精神的国和历史的国来实现的最广泛的尝试，由此他招致了马克思的批判，马克思只能把黑格尔的实现看作是现实矛盾在“精神上的”，即意识形态上的扬弃。

以哲学的方式论证上帝之国的最深刻、也是最初的尝试，是由谢林在他的《启示神学》的第六十三次演讲中做出的。[③] 和约阿希

① 参见洛维特的《从黑格尔到尼采》，Stuttgart，1950，页 49 以下，179 以下，351 以下。

② 参见第三章，注 4。关于对黑格尔的“精神”哲学与约阿希姆的先知预言所作的一种对比性分析，请参见陶伯斯，《西方的末世论》，Bern，1947，页 90 以下。

③ 《谢林全集》，第二部，卷四，页 294 以下；并请参见哈特曼，《精神的宗教》(*Religion des Geistes*)。

姆一样，他也援引保罗和约翰为未来的使徒，为的是给制订人类的一种精神宗教作论证；因为只有以这种方式，基督教在德国人的宗教改革之后才能继续存在。而他在一八四一年的柏林讲演的一些听众却得出了这样的印象，即经历了“意识的一个新阶段”的兴起和一种“新宗教”的诞生。谢林的主题是，基督的工作只奠定了基础，但以其现今的形态却不能继续存在。基督是“最后的神”，他清除了古代的各种神，并宣告了“精神”来取代自己；精神是不依赖于使徒时代迷狂的天赋而起作用的。基督之后的基督教不再处于异教的一种新的超自然福音和宇宙力量的紧张关系之下，而是自由地发展成为一种完全自觉的人类科学。当基督教进入世界历史的时候，它屈服于这个世界的普遍条件和法则，即转变和发展的法则，它发展了基督植入大地的胚芽。因此，基督教宗教的进步并不简单地在于它的传播，而是在于把局部的灵知(gnosis)发展成为放之四海而皆准的科学。如果基督教宗教停留在原始教会早期的历史状态，是与基督的精神矛盾的。问题在于，《新约》本身是否已经为未来发展的这些阶段给出了一种暗示。

谢林的诠释的结论是，在《新约》中已经规定了一种继续的发展，也就是说，是借助彼得、保罗和约翰这三位使徒的崇高地位和不同性格规定的。第一位奠定了一种连续效法的基础，但历史上的效法并不意味着一成不变地重复这种奠基，它要求一种创造性延续的新原则，如同它最初通过雅各，然后通过保罗，最后通过约翰得到实现一样。就像摩西、以利亚和完成旧约的施洗约翰一样，彼得、保罗和约翰代表着基督教教会的三个发展阶段。所有这三个人又都反映着同一个上帝的三位一体。彼得是圣父的使徒，保罗是圣子的使徒，而约翰则是圣灵的使徒，他将导向未来的完全真理。第一位代表着天主教的时代，第二位代表着新教的时代，而第三位则代表着人类宗教完成的时代。在一个注释中，谢林表述了他的惊喜：对在约阿希姆的宣告中，他发现自己的图式已经被说出来了，后来他在内安德（Neander）的《基督教宗教和教会的历史》中又发现了一样的图式。

众所周知，黑格尔和谢林对十九世纪的俄罗斯思想家有多么大的影响。第三圣约的构思在俄罗斯有许多类似的东西，例如在克拉辛斯基（Krasinsky）的《圣灵的第三帝国》中和在梅列日科夫斯基（Mereschkowsky）的《第三圣约的基督教》中。鲜为人知的是，一位德裔俄罗斯作家的一部影响极大的书的标题《第三帝国》，就是出自作者默勒（A. M. van den Bruck）与梅列日科夫斯基的相识。想一想第一帝国，即德意志民族的神圣罗马帝国，存续了大约一千年，第二帝国存续尚不足半个世纪，而据说要永远存续的第三帝国却只存续了十二年，不禁令人感慨万千！

尼采给《瞧，这个人》注明的日期是"元年第一天"（错误的纪元是一八八八年九月三十日），为的是重新确定西方的历史，确定为一个旧的基督教时代和一个新的反基督教时代；此时，他做出了彻底重新估价欧洲全部历史进程的最后尝试。这看起来是一位孤独的作家的狂妄怪癖，然而却表明是一个决定性的问题。人们可能不会拒斥这样一个问题，即我们传统的基督教纪元是否有历史的理由，把历史的时间区分为一个旧时代和一个新时代，一个前基督教时代和一个后基督教时代，只有在基督教确实创造了一个新世界的情况下，才是有道理的。然而，基督教最初根本没有要求改变世界历史，它宣告了世界末日之后的新天新地。但是，世界并没有终结，而是和以前一样存在。维护自身、使对世界末日的期待未能实现的，正是世界自己。尽管如此，如果我们还为自己的历史年表和历史思维保留基督教的架构，那么，只有当我们也维护作为我们纪元基础的基督教期待，我们这样做才是有意义的，因为基督教把历史时间区分为“一个基督诞生前的时代”和一个“基督诞生后的时代”，其本质意义并不取决于对世界历史时期的实际划分，而是以一个绝对的末世论转折点为基础的，而这个转折点恰恰使对一种连续的世界历史的信仰成为问题。但在十九世纪，期待一个决定性转折点临近的并不是职业神学家，而是像基尔克果、马克思和尼采这样的人物。正是尼采，才敢于披着一种“未来哲学”的外衣宣告一种新福音，即《查拉图斯特拉》，系统理解这种新福音的钥匙在第一篇“论三种变形”中。三种变形分别由一只骆驼、一只狮子和一个小孩这些寓意的形象代表。骆驼的“你应该”是《圣经》的法则，狮子的“我要”是近代的局部自由，而宇宙的小孩的“我在”则是一种与上帝，即与世界重新和解的亲在自由地要着必然性的未来自由。

从约阿希姆到莱辛和尼采的这些观念史的联系至少说明了一点，即约阿希姆的幻觉和基督教的传统惊人的变形能力。然而，基督教把自己理解为一种新圣约，它完成了圣约的许诺，从而取代了旧圣约。这一事实必然要求继续的进步和革新，不管它们是宗教的、非宗教的，还是反宗教的。因此，把进步的世俗非宗教性从其神学模式中引申出来，是有可能的。

这样一种起源的历史结果却改变和颠倒了最初的意向，这一事实与历史的“法则”并不矛盾，毋宁说是证实了它。在历史上，总是会出现比一个运动的创始人的意图所包含的更多或者更少的事情,总是会出现有点不同的东西。历史的伟大先驱为其他人开辟了他们自己并不曾走的道路。卢梭为法国大革命开辟了道路,马克思为俄国革命开辟了道路,尼采为法西斯主义的反革命开辟了道路;但是,不仅卢梭不会在罗伯斯庇尔(Robespierre)身上重新认出自己,马克思也不会在列宁和斯大林身上重新认出自己,尼采也不会在墨索里尼(Mussolini)和希特勒身上重新认出自己。

基督教的历史图式,尤其是约阿希姆的神学史构思,创造了一种精神氛围和一种观察方式,只有在这种观察方式中,某些在古典的思维架构中不可能的历史哲学才成为可能。如果没有进步的理念,就既不会有美国革命和法国革命,也不会有俄国革命;而如果没有对上帝之国的原初信仰,就不会有世俗的向一种实现进步的理念。虽然我们不能断言,耶稣的教诲就体现在这些政治运动的宣言中。遥远的历史结果和意图的原初意义之间的不一致说明,按照世俗化的导线进行推导的图式,不能混同于一种因果规定。因此,也不能直截了当地让一个历史运动的精神创始人为该运动所造成的结果负责。"责任"在历史上总是有两个方面:筹划和教导某种东西的人的责任,和依照这种东西行动和对此做出回应的人的责任。对于受到一种设问推动和挑战所做出的这种或者那种回应的直接责任,是不能证明的。在它们之间没有等号,但也没有独立性,二者共同造成了历史结果。因此,这些历史结果就其可能的意义而言,始终是双重意义的。基督教可以归根究底地为自己被世俗化及其历史后果"负责",但是,最初宣告一个上帝之国却不是为了把世界像对于异教徒来说的那样世俗化。

附 录 二

尼采对永恒复归说的恢复

一八八四年，在完成了《查拉图斯特拉》之后，尼采在从威尼斯发出的一封信中写道："我的著作还有时间，我根本不愿与这个时代当作它的任务要解决的东西同流合污。也许五十年后会有一些人……弄清楚我做了些什么。但现在，要公开地谈论我而又不无限地落在真理的后面，不仅是困难的，而且(按照展望的法则)是完全不可能的"。五十年后也就是一九三四年，此时尼采事实上已经成了公开讨论的对象，并且是具有世界历史意义的对象。他的思维被称作一个双面体，[①]一种非秘传的"新异教"，一种"同一事物永恒复归"的秘传新异教。

无论这一学说必然显得多么令人诧异，多么悖谬，对于尼采本人来说，它是基本的体验和他的成熟哲学的结果。如同基督教的宣告对犹太人来说是绊脚石，对于希腊人来说是一种愚蠢一样，对那些信仰进步的宗教，或者也信仰一种日益前进的衰落的宗教的

① 参见菲吉斯，《自由意志，或者尼采的福音与基督的福音》(The Will to Freedom or the Gospel of Nietzsche and the Gospel of Christ)，New York，1917，页 309 以下。

人来说，尼采对永恒复归的宣告是一种惹人讨厌的东西和一种愚蠢。无论是愚蠢还是睿智，永恒复归说都是理解尼采哲学的钥匙，并且说明了尼采哲学的历史意义，因为它又重新复活了早期基督教和古典异教之间的争执。

尼采的学说是对推动着他最初思维的某个问题的某种回答。他第一次思考这个问题是在十八岁，在撰写《查拉图斯特拉》之前二十年，在他学生时代撰写的两篇论文《宿命和历史》与《自由意志的宿命》中，[①]最初他承认，获得一个能对我们传统的基督教生活观和世界观做出判断的立足点是非常困难的。这样一种尝试可能是毕生的任务，因为我们怎样才能不受惩罚地把二千年的权威扔到一边呢？为了发现一片新大陆，不要指南针就敢跳入怀疑的大海，这可能会表现为青年人的愚蠢。[②]

因此，为什么要沉溺于对基督教和非基督教的人生意义的模糊思辨，而不求助于历史和自然科学呢？但是，我们不能避免提出追问，在存在者整体中人的此在的意义这一基本问题，不能避免追问自然宇宙内部人的意志和历史的意义，因为与天体的永恒运动及其宇宙必然性相比，历史难道不是某种完全偶然的东西吗？历史的事件也许仅仅是显示一个指标一再重复运动的[表盘]，而这个指标与被指示的事件却毫无内在的联系吗？或者有一个世界的

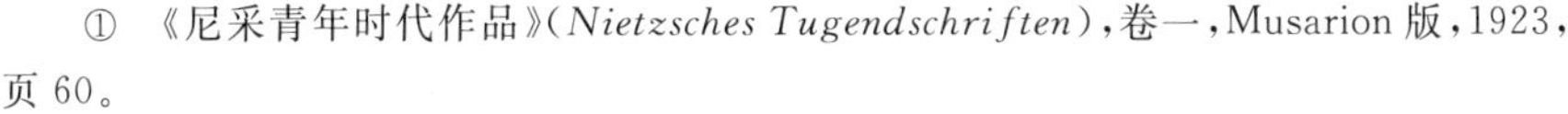

① 《尼采青年时代作品》(*Nietzsches Tugendschriften*)，卷一，Musarion 版，1923，页 60。

② 参见尼采后来作品中哥伦布(Columbus)的形象，《朝霞》(*Die Morgenröte*)，第 575 节；诗《新哥伦布》(*Der New Columbus*)；《权力意志》(*Der Wille zur Macht*)，第 957 节。

圆环，它既环绕着自然事件，也环绕着人们的决定？我们可以在宇宙必然性的圆圈里把人类理解为最里面的圆圈，以至“此在的大钟”[①]的隐秘弹簧就是人类吗？然而，为了理解自由的、创造历史的意志与普遍的宿命，或者一切存在者的必然性之间的这样一种综合，哲学家必须把太人性的立场抛到脑后，从一种超人的立场去观察事物。尼采在他的查拉图斯特拉身上的“超人”设想中所找到的这种立场，“距人和时间的彼岸六千码”。然而，他最初却是确定了意志与宿命之间的二律背反。“在意志自由中，为个人蕴藏着分离的、脱离整体的、绝对无限制的原则；但宿命又把人置入同整体发展的有机联系之中，并且试图统治人，迫使人自由地发展反作用力。无宿命的绝对自由使人成为上帝，而宿命论的原则却使人成为自动机器”。[②] 只有在自由的意志是“宿命的最高潜能”的情况下，这一问题才能够得到解决。

一年之后，尼采拟定了一部自传的大纲。其中他再次提出了后来他用永恒复归的意志来回答的那个问题。在叙述了自己的基督教—新教出身之后，他谈到了人在成长时超出一切曾经监管他的东西的各个阶段，最终提出了这样的问题：“最终还束缚他的圆环在哪里？是世界吗？是上帝吗？”用成年尼采的话说，这一选言判断意味着：我们的存在的最高尺度是酒神的世界，还是基督教从无中创造了世界的上帝？最高的存在是一个一切存在者在其中永

① 参见这一图画的再现。《查拉图斯特拉》(*Zarathustra*)，Musarion 版，页 190 和 281；《快乐的科学》(*Die fröhliche Wissenschaft*)，第 341 页。

② 参见这一二律背反的再现。《查拉图斯特拉》，页 191、258—259 页。

远复归的神性宇宙，还是一个一劳永逸地在人类中，并为了人类在十字架的象征中启示自己的有位格的上帝？

二十年后，尼采最终断定，是“世界”拯救了我们偶然的存在，它把基督教的自我又重新纳入到一种宇宙必然性的秩序中。这一新学说的第一次宣布是在《快乐的科学》中，使用了“最大的重点”这个标题，与此相联系，尼采还通过宣布上帝死了来补充它。“你现在所经历和已经经历过的这种人生，你还必须再次并且无数次地经历。这里没有任何新东西，相反，你的人生的每一次痛苦，每一次欢乐、每一次思想，每一次叹息，以及所有极其渺小和极其重大的事情，都必然为你重新来临；而且所有的都还依照同样的套路和次序，树间的蜘蛛和月光依旧，时刻和我本人依旧”。然而，在此提出复归的理念，并不是把它作为形而上学的学说，而是把它作为伦理的命令：要这样生活，就好像“此在的永恒沙钟”总是重新转动，为的是借助一种无法逃脱的责任的重量，使我们的每一次行动都变得艰难。

查拉图斯特拉的本质性“思想体验”就是永恒的复归，在他身上，这种复归不是被宣布为道德假定，而是被宣布为形而上学的真理。查拉图斯特拉要启示“所有存在者的最高品类”。《查拉图斯特拉》与存在的持久真理是一致的，同时又是“过一种新型生活”的计划。尼采原打算给他的代表作用的独特的副标题，后来也保留在《权力意志》的不同草稿中，就是“中午和永恒”。中午是实现的最佳时刻，是顶峰和转折点；此时，永恒的视野一劳永逸地显现出来。对这一永恒时刻的体验被描述为迷狂的灵感，[①]借助它，一切

① 尼采，《瞧，这个人》(*Eue Homo*)，Musarion 版，页 251 以下。

"存在"都在忠实于真理的比喻中成为"语词"。这样,《查拉图斯特拉》的比喻并不要求是单纯的虚构,而是要求是一种新颖的形而上学语言,[①]它恢复了《旧约》的说教诗和寓意谈话的古老文学形式。

查拉图斯特拉的决定性体验是在一场大病或者绝望——一种致命的病——之后,对达到一种新的"良好健康状况"的转变和再生的体验。与近代虚无主义的"占卜者"精确对称的对手是永恒复归的占卜者,近代虚无主义的占卜者描述了现代人的疾病:"我看到一种巨大的悲哀降临人间。最好的人物已经厌倦了自己的工作。一种学说流行着,一种信仰陪伴着它:一切皆空、一切皆同、一切都是过去的。我们的确收获过,但是,为什么我们所有的果实都腐烂了,都变成棕色了呢?昨夜从邪恶的月亮里落下了什么呢?所有的工作都是白费力气,我们的葡萄酒变成了毒药,邪恶的目光烤黄了我们的田园和我们的心。我们大家都枯萎了……我们的所有泉水都干涸了,就连大海也退去了。整个大地要裂开,但深涧却不愿吞噬!唉,能够让人淹死的大海在哪里呢?我们发出这样的哀怨——越过浅平的泥沼"。[②] 从致命的病生育出良好的健康状况的严峻时刻,也就是双重意义的"最佳时机"[③],既是最后的、我们还可以支配的时间,也是神圣的顶点。[④] 在至上幸福的寂静之

① 尼采,《瞧,这个人》,页 252、255—256;参见《偶像的黄昏》(*Die Götzendämmerung*),页 152;《道德的系谱》(Zur Genealogie der Moral),前言。

② 尼采,《查拉图斯特拉》,页 175—176;并请参见页 280。

③ 同上,页 170。

④ 与此相应,在这个时候可以听到两个截然相反的声音:更高级的人的呼救声(页 304 以下)和中午深沉的钟声。中午同时也是让一切事物成为永恒的午夜(页 401 以下)。

前，是绝望的阴森森的寂静。[①] 绝望与解脱、深涧与高峰、黑暗与光明的辩证关系，最终被在一个“光明的深渊”中扬弃。这个光明的深渊的时间是“时间的寂静状态”，因此，中午的决定性时刻既不短也不长，而是一个无时间的定在此刻（nunc stans）或者永恒的。在它里面，由虚无的占卜者所宣告的绝望转化为天福。查拉图斯特拉不是对一切皆同、一切皆是徒劳感到绝望，而是在没有任何太人性的意图的情况下，为同一事物无目的的复归感到高兴；这种复归的时间就是永远临在的循环。[②] 对于尼采来说，发现这一作为假神的圆圈（circulus vitiosus deus）是“从两千年的谎言中走出的出路”，它结束了人们信仰一种从一个绝对的开端朝向一个绝对的终结的进步历史的基督教时代。开端时的创造和堕落、终结时的拯救和审判，二者都最终被世俗化和平庸化为现代从原始状态向文明状态无止境进步的理念。

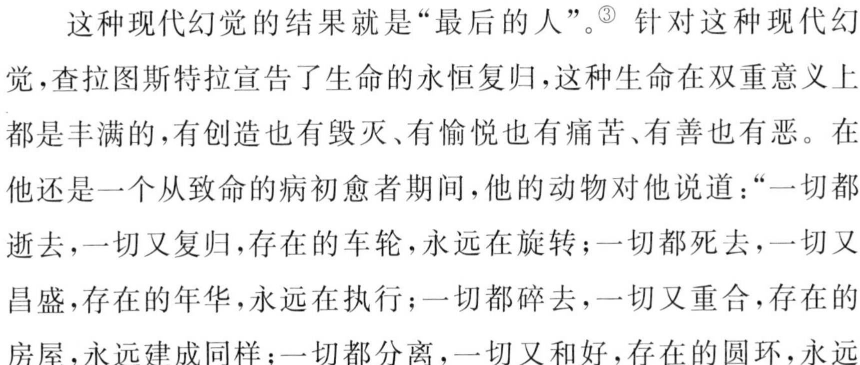

这种现代幻觉的结果就是“最后的人”。[③] 针对这种现代幻觉，查拉图斯特拉宣告了生命的永恒复归，这种生命在双重意义上都是丰满的，有创造也有毁灭、有愉悦也有痛苦、有善也有恶。在他还是一个从致命的病初愈者期间，他的动物对他说道：“一切都逝去，一切又复归，存在的车轮，永远在旋转；一切都死去，一切又昌盛，存在的年华，永远在执行；一切都碎去，一切又重合，存在的房屋，永远建成同样；一切都分离，一切又和好，存在的圆环，永远

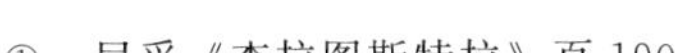

① 尼采，《查拉图斯特拉》，页 190。

② 同上，页 203 以下。

③ 同上，页 14。

忠于自身。存在于每一个此刻开始，那里之球围绕着每一个‘这里’回环。中心到处都在，永恒的道路是弯曲的”。[①] 然而，查拉图斯特拉并不打算吸取这样的思想，即就连最低等的人类也将永恒复归，直到他的动物说服他与自己那宣告拯救学说的命运和解。这样，他实际上成为“超人”，即一个由于要顺应所有天生必然的东西而克服了自己的人。外在的宿命成为他自己的命运。从此开始他生活在完成的中午。此时“世界成为完满的”，而时间流入“永恒的泉源”。[②] 现在，他是一个“祝福者和一个肯定者”。“但是我的祝福是：高居于每一事物之上，就像他自己的苍穹、圆圆的屋顶、蔚蓝的钟和永恒的自信……因为一切事物都在永恒的源泉受过洗礼，都在善恶的彼岸……当我教导说，没有‘永恒的意志’要在万物之上并贯穿万物，我是把这种自由和苍天的晴朗像蔚蓝的钟一样置于万物之上”。[③] 之后，他为更高级的人创作了一首对永恒的酒神颂歌：

哦，人啊！你要注意听！
深深的午夜在说些什么？
我睡过了，我睡过了——
我从深深的睡梦中醒来：——
世界很深，

① 尼采，《查拉图斯特拉》，页 278。
② 同上，页 348 以下。
③ 同上，页 214 以下。

比白昼想象的更深。
世界的痛苦很深——
快乐——比内心的忧伤还要深：
痛苦说：你走开！
但一切快乐都要求永恒——
——要求深深的、深深的永恒！①

这首"沉醉之歌"重复了第三篇结尾的两首永恒颂歌。所有这三首都表明了对环绕着和说明着人的存在的全部存在者最终的、毫无保留的"肯定"。当查拉图斯特拉以一种既要后退又要向前的"最高意志"肯定永恒的必然性是"存在的最高星座"时，自由意志或者历史与宿命之间的矛盾似乎解决了。

必然性的徽章！
存在的最高星座！
——任何愿望都达不到它，
任何否定都不玷污它，
存在的永恒肯定，
我永远是你的肯定：
因为我爱你，哦，永恒！②

① 尼采，《查拉图斯特拉》，页410。
② 尼采，《荣誉与永恒》(*Ruhm und Ewigkeit*)，第四部分。

查拉图斯特拉的灵魂是“最必然的灵魂，它愉快地投入偶然之中”。①

永恒的复归不仅回答了尼采青年时代作品的问题，而且也始终是他晚期作品的基本思想。查拉图斯特拉的“灵魂”在本质上与《权力意志》最后一段格言所描绘的狄奥尼修斯(Dionysos)的“世界”是一致的。二者都代表了全部存在者的最高品类，而哲学家狄俄尼修斯的最后一位学生，同时也就是永恒复归的宣告者。② 就像《权力意志》的批判主题是重估一切基督教价值一样(《权力意志》的第一篇是“反基督者”)，《查拉图斯特拉》无论是在整体上，还是在全部细节上，都是对基督教宣告及其神学前提的倒置。永恒复归说推翻了创世说及其一切结论。③ 狄奥尼修斯和查拉图斯特拉二者都是反基督的。查拉图斯特拉的朋友在驴子的典礼上怀念他，那驴子由于头脑简单而总是只会说“噫一啊，是啊”。④

永恒作为在循环中重复自身存在的永恒肯定，依然是尼采精神偏爱的主导动机。在他病发之后给布克哈特写的一封信中，尼

---

① 尼采，《查拉图斯特拉》，页 266 以下；参见《瞧，这个人》中论查拉图斯特拉；《偶像的黄昏》，第 49 节；《放浪公子之歌》(*Lieder des, Prinzen Vogelfrei*)，《献给歌德》(*An Goethe*)。与此相应，尼采把他自己人生中巧遇的事件，例如《查拉图斯特拉》的完成与瓦格纳(*R. Wagner*)的死，说成是由一种必然的命运送来的“异常的偶然事件”。

② 尼采，《偶像的黄昏》，页 159；《瞧，这个人》，页 228。

③ 与古代各种道德学说不同，从创世信仰得出的最重要结论之一，就是对自杀的无条件诅咒，把它看作是对造物主的反抗。在一个纯道德的层面上，并不能提出不利于自杀的可能尊严的有效论据(参见奥古斯丁，《上帝之国》，卷一，第十六至廿七章)。

④ 尼采，《查拉图斯特拉》，页 396 以下。参见《瞧，这个人》，页 216。崇拜驴子是对早期基督徒提出的一种责难。参见塔西佗，《历史》，卷五，第三章，第 4 节；特图里安(Tertullian)，《护教篇》(*Apol.*)，第十六章，菲力克斯，《屋大维传》，第九章；拉布里奥勒(P. Labriolle)，《异教徒的反应》(*La Réaction Päienne*)，Paris，1934，页 193 以下。

采承认，他虽然曾宁愿依然是巴塞尔的一个教授，但除了牺牲自己，“做新的永恒的小丑”之外，他已别无选择。尼采作为反基督者所重新发现的新永恒，也就是异教徒的宇宙循环的旧永恒。

如果有某种像“理念史”这样的东西存在，那么，尼采在基督教传统两千年之后对这一古典理念的恢复，就是理念史的一个令人吃惊的例证。[①] 正是对同时代基督教的反感，促使他恢复了一个作为异教思维基础的理念。在一种气息奄奄的基督教临近终结时，他必须寻求“未来的新源泉”，而且他在经典的古代找到了这种新源泉。基督教的上帝之死在他心中唤起了对古代世界的理解。至于这一世界由于他作为经典语言文字学家的职业研究已为他所知，则只有次要的意义。许多研究者都熟悉在赫拉克利特（Herak-lit）、恩培多克勒（Empedokles）、柏拉图、亚里士多德、优德谟（Eu-demos）和斯多亚学派那里出现的永恒复归说，但只有尼采才在它里面认识到了在与一种还原为道德的基督教的对抗中、对未来的创造性可能。[②] 通过恢复永恒复归的学说，他证实了自己的洞见，[③]即思维的历史一再地满足各种可能哲学的基本图式，并沿着必然性的轨道返回到一种原初的“灵魂整体家政”中。

尼采并不知道，他自己的反基督徒（contra Christianos）完全

① 在整个中世纪期间，这一理念都不时出现在亚里士多德主义的神学中，例如 S. von Brabant 那里。在近代哲学中，休谟（《自然宗教对话录》[*Dialogues concerning Natural Religion*]，第八部分），费希特（《人的使命》（*Die Bestmmung des Menschen*），卷三，第四章），尤其是谢林（《世界的年代》[*Die Weltalter*]，《谢林全集》，第一部，卷八，页230、337），都探讨了永恒复归的理念。

② 参见菲吉斯，《自由意志，或者尼采的福音与基督的福音》，页 305—306。

③ 尼采，《善恶的彼岸》（*Jenseits von Gut und Böse*），第 20 节。

是以相反的征兆来恢复教父的反异教徒(contra gentiles)。不仅查士丁(Justinus),俄里根和奥古斯丁以论战的方式讨论过的永恒复归说,而且基督教护教士反对异教哲学家所使用的全部主要论据,也都从相反的立场出发,出现在尼采那里。只要把他的论据与克尔苏斯、波尔费留(Porphyrius)的论据进行比较,就不难发现,除了使尼采不是作为一个哲学家,而是作为一个"反基督者"说话的基督教激情之外,他为古代反基督教的论据所附加的东西是多么少。无论是对于克尔苏斯来说,还是对于尼采来说,基督教的信仰都是粗俗的和悖谬的。它通过一种任意的干预,破坏了宇宙的合理性。对于这两个人来说,基督教的宗教都是对贵族德性、市民义务和历代的传统没有感觉的无教养民族的颠覆性反叛。他们的上帝是寡廉鲜耻地好奇的和太人性的,是"一个所有黑暗角落的上帝",对困倦者来说是棍棒。既然唯一的问题就是每一个个人的灵魂得救,那么,无论是克尔苏斯还是尼采都问道:为什么还要有对公共事务的责任心和对高贵出身的感激之情呢?这些"神圣的无政府主义者"——说的是基督徒——把削弱罗马帝国,直到日耳曼人和其他蛮族能够征服它当作是虔诚。[1] 尼采的《反基督者》是对古代的那种责难的恢复,即基督徒是人类的敌人(hostes humani generis),是教育低劣和鉴赏力低劣的粗俗民众。古代和现代对基督教的攻击的历史一致性,证明了古代攻击的持久意义和现代攻击的历史意义,尽管在尼采重新复活古代的攻击之前,古代的攻击早已被人遗忘了。

---

① 参见尼采,《反基督者》(*Der Antichrist*),页 173、187、191、208、223、252—253。

然而，根据变化了的处境，永恒复归的理念并不是一成不变地重新出现的，而是被灾难性地改变了。尼采以断断续续的声音——在基督教"体验"的基地上——唱着存在和产生"天真无邪状态"的赞歌。《查拉图斯特拉》无论是在风格上还是在内容上，每一页都是一种反基督教的福音。尼采的异教远远不是真正的异教，而是和劳伦斯（D. H. Lawrence）的异教[①]一样，由于是反基督教的，所以在本质上还是基督教的。虽然他批判了对希腊文化传统的、人道主义的解释，但他并不像温克尔曼（Winckelmann）和歌德那样体现了经典的古代。他身上基督教良知的痕迹太深了，所以不能完成与基督教对异教所做相反的"重估一切价值"；因为虽然他想把现代人带回到经典异教的古代尺度，但他却是彻头彻尾地基督教的和现代的，以致他仅仅处理了一个问题：想象未来并立志创造它。

查拉图斯特拉是"上帝的克服者"和从上帝之死产生的"虚无的克服者"，是"未来进行拯救的人"。尼采的全部哲学是"一种未来哲学的序幕"。[②] 没有一个希腊人考虑过未来，他们的所有神话、家系学和历史，都把自己的过去现代化，把它当下化为一个永远存续的基础。同样，尼采用权力意志这个概念对自己哲学体系的概括也不是希腊的；尽管宇宙的永恒循环是在意志和决心的彼

---

① 参见劳伦斯（D. H. Lawrence），"不死之鸟"（Phoenix），载 *The Posthumous Papers of D. H. Lawrence*，New York，1936，页 724 以下和页 731 以下；《死去的人》（*The Man who Died*），London，1931；并请参见布雷特（D. Brett），《劳伦斯与布雷特》（*Lawrence and Brett*），Philadelphia，1933，页 288。

② 这是《善恶的彼岸》的副标题。

岸，而权力意志作为对某种东西的意志，却是指向未来的。对于希腊人来说，苍穹的圆周运动启示了一个普遍的逻各斯和一种神性的完成，而对于尼采来说，永恒的复归则是“最可怕的”思想和“最大的重点”，[①]因为它与自己未来进行拯救的意志是矛盾的。对于希腊人来说，生生灭灭的永恒复归说明了大自然和历史中的不断变迁，而对于尼采来说，承认一种永恒的复归，则要求“在人和时间彼岸”的立场。希腊人面对宿命感到恐惧和敬畏，而尼采则做出了愿望次宿命和热爱宿命的超人努力。由于未能把自己的视野在理论上展开为所有存在者的存在的最高秩序，他最初是把它作为一个伦理命令引入的。对于他来说，永恒复归的理论成为一种实践的假说，成为一把“锤子”，为的是把应该取代责任情感的绝对责任心的理念钉入人们心中，而只要人们还生活在上帝的临在和对末日审判的期待中，这种责任情感就仍然有生命力。

由于意志不是在一个圆圈里，而是沿着一个不可逆转的方向运动的，对于查拉图斯特拉来说，就产生了通过自己，并从自己出发“拯救”意志的基本问题。[②] 但是，如果在圆周中任何向前的运动同时也是一种向后的运动，怎么可以把意志纳入宇宙的循环法则呢？尼采的回答是：意志必须通过学会，也“向后意欲”而自己拯救自己。它必须自愿地接受非所意欲的，即我们无所意欲而发生了和存在着的一切事物的过去，尤其是我们自己存在的已经发生了的宿命。所有这些意欲、创造和向后意欲，都是非希腊的、非古

① 尼采，《快乐的科学》，第 341 页。

② 尼采，《查拉图斯特拉》，第二部分，“论拯救”(Von der Erlösung)，页 180。

典的、非异教的；这产生自犹太教-基督教传统，产生自对上帝意志创造世界和人的信仰。在尼采的哲学中，再也没有像强调我们创造性的、合乎意志的本质那样引人注目的了；我们的本质之所以是创造性的，乃是由于意志的活动，就像《旧约》中的上帝一样。而对于希腊人来说，人的创造性本质是"对大自然的模仿"。

尼采彻底经历和思考了《圣经》的"你应该"向现代的"我要"的转变，但却未能完成从"我要"到宇宙小孩的"我在"的决定性步骤。宇宙小孩就是"天真"和"遗忘"，是一种重新开始，是一种游戏，是一个从自身出发旋转的轮。[①] 作为一个现代人，他是那样绝望地告别了任何原初的"对大地的忠诚"，和在天幕下永远安全的情感，以致他那把人类命运与宇宙宿命统一起来，并把人"改写回大自然"的努力，一开始就注定要失败。因此，无论他试图把自己的学说发展到何种地步，他的学说都断裂成为两个无法统一的断片：一种阐述把永恒的复归当作一个客观的、可以借助物理学和数学证明的事实，另一种与此截然不同的阐述，却采取了理应通过其伦理结果来证明的主观假说的形式。[②] 它之所以一分为二，乃是因为把现代自我的偶然存在永恒化的意志与自然世界永恒循环的观点无法相互适应。

尼采并不那么是"狄俄尼索斯的最后一个学生"，毋宁说，他是第一个彻底的背叛者。作为这样的背叛者，他就像"最后一任教

① 尼采，《查拉图斯特拉》，页 25 以下。

② 至于对尼采学说中的疑难的深入探讨，请参见作者的《尼采的同一事物永恒复归的哲学》(*Nietzsches Philosophie der ewigen Widerkunft des Gleichen*)，Berlin，1935，页 82 以下，99—100。

皇”所称他的那样，是“所有不信上帝的人中最虔诚的一个”。在查拉图斯特拉与上帝死后离职的最后一任教皇的谈话中，尼采把自己理解为一个宗教的存在。查拉图斯特拉和教皇二人相互理解，他们都不是世俗的，而是被祝圣了的。在他们谈话的结尾，教皇对查拉图斯特拉说道：“你以这样一种无信仰而比你所信仰的更虔诚！你心中的某个神使你不信神……尽管你自称是最不信神的，但在你旁边，我感觉到一种长期蒙福的隐隐神圣气息和福祉气息，我既觉得高兴也觉得痛心。让我做你的客人吧……仅仅一个夜晚！如今在尘世里，再也没有比在你这里更让我觉得高兴的地方了——阿门！就这样吧！查拉图斯特拉异常惊诧地说……。[①]

① 尼采，《查拉图斯特拉》，页330。

人 名 索 引

图书在版编目(CIP)数据

世界历史与救赎历史 /(德)洛维特著;李秋零,田薇译.—北京:商务印书馆,2017
(汉译世界学术名著丛书:120年纪念版:珍藏本)
ISBN 978-7-100-14905-1

Ⅰ.①世… Ⅱ.①洛…②李…③田… Ⅲ.①历史哲学—研究 Ⅳ.①K01

中国版本图书馆CIP数据核字(2017)第158746号

汉译世界学术名著丛书
(120年纪念版·珍藏本)
世界历史与救赎历史
〔德〕洛维特 著
李秋零 田薇 译

商 务 印 书 馆 出 版
(北京王府井大街36号 邮政编码100710)
商 务 印 书 馆 发 行
北京中科印刷有限公司印刷
ISBN 978-7-100-14905-1

2017年12月第1版 开本710×1000 1/16
2017年12月北京第1次印刷 印张20½
定价:98.00元